가치 있는 삶을 위한 10가지 조언

# 당신의 나이는 당신이 아니다

**EXTRA TIME: 10 Lessons for an Ageing World**

가치 있는 삶을 위한 10가지 조언

# 당신의 나이는 당신이 아니다

EXTRATIME

카밀라 카벤디시 지음 | 신현승 옮김

리차드 카벤디시Richard Cavendish를 기리며.

1930~2016

## 추천의 글

우아하게 나이 드는 법을 알려 주는 사려 깊은 안내서다.

_〈파이낸셜 타임스〉

광범위한 조사 자료를 바탕으로 매우 합리적이고 생동감 넘치는 필체로 독자들의 마음을 사로잡는다. 저자의 주장이 너무나 명확하여 사람들은 이번에도 그녀가 영국 총리에게 은밀히 조언해주기를 기대한다.

_〈더 타임스〉

영감을 끊임없이 불어넣어 주는 책이다.

_〈데일리 메일〉

탁월한 통찰력으로 정부에 경종을 울리는 것은 물론 우리 모두의 경각심을 불러일으킨다.

_〈선데이 타임스〉

장수의 시대에 더 나은 삶의 방법을 훌륭하게 분석했다.

_시몬 젠킨스Simon Jenkins (작가, 〈더 타임스〉 前 편집장)

인간이 더 오래 살 뿐만 아니라 더 성취감 있는 삶을 살 수 있는 엄청난 잠재력에 관한 낙관적이고 고무적이며 실용적인 책이다. 영감을 불러일으키는 필독서임에 틀림없다.

_아리아나 허핑턴Arianna Huffington (허핑턴 포스트 미디어그룹 회장 겸 편집장)

이 책에 또 다른 제목을 붙인다면 아마도 '시간에 관하여'가 될 것이다. 고령화 사회는 더 가난하고 더 슬프게 될 것이라는 만연한 주장들에 대하여 오랫동안 기다려온 훌륭한 반대 근거를 제시했다. 개인과 국가가 늙어가는 것이 더 약해지고 더 둔해지는 것을 의미할 필요는 없다. 카밀라 카벤디시는 어떻게 나이 든 사회가 더 좋은 사회가 될 수 있는지에 대해 힘을 실어주는 중요한 선언문을 썼다.

_로버트 페스톤Robert Peston (저널리스트)

당신은 늙어가는 동안 더 건강하게 지낼 수 있는 방법에 대해 알려주는 이 책을 읽고 싶을 것이다. 카밀라 카벤디시는 다양한 노화 방식의 가장 최근 발전 상황을 알기 위하여 미국, 일본, 유럽 전역에 있는 연구소들의 자료를 샅샅이 조사했고, 자신이 발견한 내용을 열정적으로 명료하게 정리했다. 무엇보다 이런 혜택들을 모든 사람이 최선으로 나누는 방법에 대하여 사회적·정치적 차원에서 해결책을 다루었다. 그녀의 낙관적인 목소리를 환영한다.

_조앤 베이크웰Joan Bakewell (저널리스트, 아나운서)

놀랍고 때때로 낙관적이기도 한 이 책에서 카밀라 카벤디시는 더 오래 사는 것이 무엇인지에 대하여 한편으로는 경고하고, 또 다른 한편으로는 새롭게 정의했다. 부유한 사람들과 가난한 사람들이 어떻게 다르게 늙어가는가에 대한 그녀의 통계와 관찰은 숨이 막힐 지경이다. 무엇보다도 그녀는 노화에 대한 일반적인 개념에 도전함으로써 이 책을 고령화 시대에 장수하는 사람들이 늘어나는 엄청난 변화를 이해하려고 애쓰는 모든 사람이 꼭 읽어야 할 책으로 만들었다.

_에밀리 메이틀리스Emily Maitlis (저널리스트, 다큐멘터리 영화 제작자)

시작하며

# 나이가 우리를 규정해서는 안 된다

2018년 한 네덜란드인이 법적으로 20년 젊어지기 위해 법정에 섰다. 그는 69세의 에밀 레이틀밴드Emile Ratelband로 네덜란드 아른헴Arnhem의 한 법정에서 자신의 현재 법적나이는 본인의 감정 상태를 반영하지 못하고, 구직이나 온라인상에서의 연애도 방해한다며 자신의 공식적인 달력나이(출생을 기점으로 한 달력상의 나이_옮긴이)에 만족하지 않는다고 발언했다. 이에 자신의 출생일을 법적으로 1949년 3월 11일에서 1969년 3월 11일로 바꾸길 원했다.

레이틀밴드는 의사가 자신의 신체적 나이를 45세라고 말했다고도 주장했다. “내가 69세라면 할 수 있는 일이 제한적이지만 49세라면 더 많은 일을 할 수 있어요. 틴더Tinder(소셜 네트워크의 데이트 사이트_옮긴이)에 들어가 69세라고 밝히면 완전히 구닥다리 취급을 받을 게 뻔해요"라며 하소연했다. 그의 친구들은 그에게 나이를 속이면 된다고 충고했지만 그는 '한 번 거짓말하기 시작하면 그 이후로 자신이 말하는 모든 것을 기억해야만 한다'며 거절한 일화도 밝혔다.

레이틀밴드는 나이는 가변적이어야 한다고 주장하며 더 젊게 인정받으려는 자신의 모험을 성전환자로 인정받고 싶어 하는 사람들의 노력에 비유했다. 그는 부모님이 모두 돌아가셨기 때문에 시계를 앞으로 되돌린다고 해서 화낼 사람은 아무도 없다는 설명도 덧붙였다. 심지어 연금에 대한 권리도 포기하겠다고 제안했다.

주위에 '긍정적인 영향'을 퍼트리는 레이틀밴드는 주목받는 것을 즐기는 선동가이기도 하다. 법원은 나이 변경은 투표권과 같은 법적 권리에 '바람직하지 않은 영향'을 미칠 수 있다며 그의 소송을 기각했다. 그러나 이렇게 어처구니없어 보이는 사건은 실제 심오한 의미를 지니고 있다.

역사상 우리는 이전과는 다른 새로운 세상의 문턱에 서 있다. 바로 '엑스트라 타임Extra Time(인간의 수명이 늘어나면서 얻게 된 인생의 추가 시간 같은 개념_옮긴이)'의 출현 때문이다. 그것은 매우 빠른 속도로 우리에게 다가오고 있다.

현재 당신이 50대나 60대라면 당신은 90대까지 살 가능성이 매우 높다. 만약 당신이 시간을 최대한 잘 활용하고 운이 좋다면 그렇게 긴 시간을 생산적이면서도 건강하게 보낼 수 있을 것이다. 오늘날 우리의 달력나이는 생물학적 능력과 점점 더 분리되고 있다.

축구 경기에서 '연장전'이란 여전히 모든 것을 할 수 있는 시간이다. 그러한 시간은 우리 중 많은 사람에게 적용될 것이다. 많은 사람이 '재취업'을 하고 일터로 다시 돌아가고 있다. 생물학과 신경과학의 발전은 우리가 더 젊고 더 오래 살도록 도와줄 것이다. 하지만 제도를 비롯한 우리 사회는 아직 그것에 뒤처져 있다. 레이틀밴드의 외모, 체력, 야망은 전통적인 69세 사람에게 어울리는 모습과는 거리가 멀었다. 그는 할 수 없이 출생년도 변경이라는 극단적인 방법을 취할 수밖에 없었다. 우리는 왜 그것 대신 단순히 69세가 되는 것이 무엇을 의미하는지에 대해 우리의 관점을 바꿀 수 없을까?

## 뒤떨어진 관념에서 벗어나기

1917년 영국의 왕 조지 5세는 100살이 된 사람에게 최초로 생일 축하 메시지를 보냈다. 왕의 메시지를 손으로 받아 적은 서한은 100살이 된 사람에게 자전거로 배달되었다. 2017년 엘리자베스 2세 여왕은 수천 명에게 100세 생일 축하 카드를 보냈고, 그 모든 일을 관리하는 일곱 명으로 구성된 팀을 고용했다.[1]

고령화 시대에 접어들수록 100살이 되는 사람들은 점점 더 늘어날 것이다. 영국 통계청The Office for National Statistics은 현재 영국에서 태어난 아기 세 명 중 한 명은 100세까지 살 것이라고 추정했다. 어떤 과학자들은 우리가 150세까지도 살 수 있다고 예상한다(6장 참조). 이것은 동화 같은 이야기일 것이다. 그 대신 우리에게는 나이 많은 사람들이 머지않아 정부를 파산시키고 GDP(국내총생산)를 저해하는 '인구 시한폭탄' 위에 앉아 있다는 두려움이 널리 퍼져 있다. 만약 사람들이 나이가 들면서 창의성이 떨어지고 60세 전후에 일을 그만둔다면 경제는 침체에 빠지고 젊은 세대는 심각한 세금 문제에 직면할 것이다.

하지만 꼭 그렇게 될 필요는 없다. 에밀 레이틀밴드처럼 은퇴하고 싶지 않은 사람들이 점점 더 많이 늘어나고 있다. 연금 수급자에 대한 근로자의 비율이 줄어드는 것에 대한 우려가 커지는 이유는 공식적으로 '생산 연령'을 15~64세까지로 정의하기 때문이다. 그러나 데이비드 호크니David Hockney는 76세에 세계 최고의 아이패드 화가가 되었고, 티나 터너Tina Turner는 73세에 여성 패션 잡지인 〈보그Vogue〉의 표지 모델로 활동하고 있으며, 유이치로 미우라Yuichiro Miura는 80세에 에베레스트산에 올랐다. 워런 버핏Warren Buffett은 여전히 80대에도 투자를 이어가고 있고, 데이비드 아텐버러David Attenborough는 90대에 TV 시리즈 히트작을 만들고 있다. 노년의 삶을 기회로 생각하는 많은 평범한 사람들이 그들의 뒤를 성큼성큼 따라가며 사업을 시작하고 매우 생산적으로 일하고 있다. 그런 사람들이 시한폭탄의 뇌관을 제거할 수 있을 것이다.

그렇다면 그들은 이러한 시대에 충분히 적응할 수 있을까? 축구

시합이 연장전에 들어가면 체력에 특별한 보상이 주어진다. 이러한 점에서 징조가 매우 좋다. 오늘날 70대는 그 어느 때보다도 더 정정하고, 치매 발병률 또한 점점 낮아지고 있다. 그러나 건강 불균형에 대해서는 해야 할 일이 있다. 영국에서는 기대 수명의 증가가 둔화됐는데[2] 출생 시 평균 기대 수명은 현재 여성의 경우 82세, 남성은 80세에 다가가고 있다. 미국의 출생 시 평균 기대 수명은 3년 연속으로 감소했는데,[3] 부분적으로는 전염병처럼 번지는 마약성 진통제 때문이었다. 두 나라 모두 '비만' 또는 '빈곤'과의 전쟁에 직면해 있다(40~42쪽, 50~51쪽 참조).[4]

세계적으로 인구학자들은 이러한 기대 수명의 하락은 아마도 일시적인 현상일 것이라고 말한다. 21세기는 우리가 실감하는 것보다 훨씬 빠르게 고령화되는 사회에서 더 오래 사는 사람들에 의해 정의될 것이다. 하지만 과연 그들이 더 빨리 늙고 있는가? 50세, 65세, 80세가 되는 것이 무엇을 의미하는지에 대해 시대에 뒤떨어진 관념에만 매달려 있을 경우 우리는 더 빨리 늙을 수밖에 없다.

## 정상이
## 과연 정상일까?

태평양의 오키나와 섬에는 은퇴라는 말이 없다. 세계에서 가장 장수하는 이곳의 여성들은 100세가 되었을 때도 여전히 증손주들을 돌본다. 오키나와에서는 외로워하는 사람이 거의 없다. 동고동락하기로 약속한 '모아이Moai'라는 친지들 간의 공동망 지원을 받기 때문이다. 전형적인 오키나와 집에는 가구가 많지 않다. 사람들은 음식을 먹을 때 바닥에 앉아서 먹는 경향이 있어서 하루에도 몇 번씩 일어났다 앉았다 한다. 또한 그들은 대략 '존재의 이유'로 번역되는 '이키가이Ikigai'에 대한 생각이 투철하다. 일본인 친구들은 나에게 '자신이 즐기는 일과 자신이 잘하는 일이 교차하는 지점'에서 자신의 가치와 이키가이를 발견한다고 알려주었다.

오키나와는 댄 부에트너Dan Buettner의 연구 결과, 전 세계에서 주민들의 만성 질환 비율이 낮고 유난히 장수하는 지역인 블루존Blue Zone 가운데 한 곳이다. 단 한 개의 마법 같은 요소를 찾아낸다는 것은 불가능하지만 모든 블루존에서 공통으로 발견된 현상은 가공식품을 거의 사용하지 않는 채식 위주의 식단, 끈끈한 우정, 목적의식, 충분한 수면, 활발한 육체활동 등이었다.

우리 모두가 해 뜰 때 일어나 토지를 경작하는 섬 생활을 영위할 수는 없다. 그러나 블루존은 우리가 '정상'이라고 생각하는 것들이 믿을 수 없을 정도로 긍정적인 우리 본래 모습의 형편없는 형태일지도 모른다는 사실을 강하게 시사한다.

## 나이가 우리를 규정해서는 안 된다

사랑하는 아버지가 돌아가신 후 나는 2016년부터 이 책을 쓰기 시작했다. 아버지는 '늙어가는 것'을 너무나 두려워한 나머지 자신의 인생을 너무 일찍 단축했다. 나는 아버지가 50세 생일 때 침울해하던 모습을 생생히 기억한다. 아버지가 즐겨 찾던 콘월Cornwall의 절벽에 함께 앉아 물줄기가 산산이 부서져 내리는 것을 바라볼 때 그는 내게 모든 것이 '끝났다'고 말했다. 당시 나는 어린아이였고 50세 된 아버지의 모습은 내가 상상했던 것보다 훨씬 더 늙은 모습이었다. 하지만 나는 그 후 아버지가 자신을 다른 방식으로 생각하기 시작했다는 사실을 알아차렸다.

아버지는 자주 한숨을 내쉬며 "아, 그러기엔 너무 늙었어"라고 말했다. 어머니가 아버지 곁을 떠난 후, 고양이를 무척 좋아하던 아버지는 고양이를 키우고 싶지만 본인보다 더 오래 살아 집 없이 떠돌이 신세가 될지도 모른다는 이유로 기르지 않겠다고 했다. 어머니와 이혼하던 당시 아버지는 58세였고, 그는 집에서 기르던 두 고양이 아더와 메르린을 끔찍이도 그리워했다(고양이들은 이혼할 때 치열하게 경쟁하던 식탁과 함께 어머니를 따라 떠나버렸다). 그는 대체로 아주 건강하게 86세까지 살았고 그때까지 친구가 될 수도 있었을 고양이 없이 혼자 지냈다.

아버지가 돌아가신 후 나는 나이가 걸림돌이 될 수 있는 상황에 대한 생각을 멈출 수가 없었다. 어머니는 비서라는 직업을 잃거나 이혼 후에 주택 담보 대출금을 갚지 못할까봐 두려워 72세까지 자신의 나이를 속였다. 이렇게 속이는 데는 엄청난 부담이 뒤따랐다. 그녀는 혹시라도 나이를 들킬까봐 회사가 마련한 연금 계획에 가입한다는 생각은 꿈도 꾸지 못했다. 그녀는 또한 자신이 점점 노쇠해져 눈에 띄지 않게 된다는 느낌을 싫어했다. 그래서 내 아이들이 '할머니'라고 부르거나 어떤 식으로든 할머니라고 드러내는 것을 허락하지 않았다. 그 일로 그들 사이는 서로 어색해졌다.

나를 임신했을 때 부모님의 나이는 거의 40세였고 상투적으로 말하자면 그야말로 '늙은 아빠'와 '늙은 엄마'였다. 두 사람은 1950년대에 옥스퍼드 대학교에서 만났다. 어머니는 코네티컷 주 그리니치에서 성장한 매력적인 미국인이었고, 아버지는 영국인 목사의 책벌레 아들이었다. 그들에게 일은 열정을 의미했고 보잘것없는 은행 예금과 퇴직이라는 말은 금기시되는 그야말로 지적이며 자유분방한 예술가와 학자의 세계에서 살았다. 아버지는 찰링 크로스 병원Charling Cross Hospital 침대에 누워 〈히스토리 투데이History Today〉에 보낼 마지막 기사를 구술했다. 어머니는 마지막 심장마비가 찾아왔을 때 친구의 복직을 돕기 위한 캠페인을 벌이고 있었다.

부모님의 모습을 떠올릴수록 노인에 대한 숙명론을 전문적으로 새롭게 인식해야 한다는 생각이 커져만 갔다. 나는 기자로서 그리고 영국 보건부Department of Health의 일을 통해 설문지 문화와 저임금에 맞서 투쟁하는 온정적인 간호사와 요양보호사들을 많이 만났다.[5] 내가 국립 병원과 요양원 감독기관 이사회의 일원으로 일할 때[6] 환자들은 전후의 사일로 시설에 수용되는 것이 분명했다. 나는 총리를 보좌하는 '10번가 정책실Number10 Policy Unit'의 책임자로서 사람들을 제 나이보다 미리 늙게 하지만 '선택'의 결과라고 묘사되는 질환인 비만을 퇴치할 조치들과 설탕세 도입을 위해 일했다. 이러한 과정에서 나는 언론들이 100세까지 사는 것에 대해 열광하면서도 그것이 무엇을 의미해야만 하는지에 대해서는 알고자 하는 의욕이 없다는 사실을 알았다.

나는 현재 우리가 지닌 노화의 개념에 도전 과제를 제시하고, 다른 나라들이 고령화 시대에 '노후의 가치 있는 삶'을 누릴 수 있는 세상을 건설하기 위해 무엇을 하고 있는지 알아보기 위해 이 책을 썼다. 영광스럽게도 그동안 나는 얌전하게 옷을 차려 입어야 하고, 일을 그만두거나 요양원에 실려 가는 것을 거부하는 '운명을 거스르는 반항아'라고 할 만한 훌륭한 선구자들을 많이 만났다.

이러한 운명의 반항아들은 무언가가 근본적으로 변했다는 사실을 직감적으로 알아차린다. 그들은 방식이 다르기는 해도 이구동성으로 '나이가 우리를 규정해서는 안 된다'고 주장한다. 나는 이 책을 통해 그들이 말하려는 메시지를 전파하고, 우리가 너무 늦기 전에 자신의 미래를 찬찬히 계획하도록 설득하며, 소위 '노인'에 대한 우리 사회의 고정관념을 바꿔보고자 한다. 나의 아버지가 어떻게 생각했든 간에 50세는 요즘 시대에 확실히 노인이 아니기 때문이다. 그러나 노인에 관한 자료의 대부분은 여전히 우리 중 일부는 인생의 절반밖에 살지 못했을 시점인 50세부터 시작한다.

이 책은 물론 장밋빛 서사가 아니다. 우리가 모두 기분 좋게 120세로 훌쩍 건너뛸 것이라고는 예상하지 않는다. 사실 나는 일종의 경고를 하기 위해 이 책을 썼다. 더 오래, 더 건강하고 의미 있게 사는 것이 아니라면 내가 보기에 오래 사는 것은 축복이 아니다. 나의 부모님도 두 분 모두 100세까지 살고 싶은 마음이 전혀 없으셨다. 그들이 관심을 가졌던 것은 가능한 한 충실히 삶을 살고, 바라건대 되도록 빨리 세상을 떠나는 것이었다.

내가 이 책을 쓰기 위해 자료를 준비하면서 확인한 일 중에 가장 충격적인 것은 바로 부유층과 빈곤층, 고학력자와 저학력자의 미래가 너무도 급격하게 차이가 벌어진다는 사실이었다. 오직 일본만이 건강 문제를 효과적으로 다루기 시작했다. 일본 사람들 가운데 어떤 사람은 80세인데도 '젊은-노인Young-Old'으로 불리고, 또 어떤 사람은 65세인데도 '늙은-노인Old-Old'으로 불렸다. 나는 이것이 우리 시대의 가장 큰 윤리적 도전 과제 중 하나라고 생각한다. 만약 우리가 이 문제를 고려하지 않는다면 부자들과 교육받은 사람들 그리고 운이 좋은 사람들은 90대에도 여전히 번창할지 모르지만 그들은 불우한 사람들을 돌볼 여유가 없는 사회에서 살게 될 것이다. 우리는 그런 일이 일어나지 않도록 미리 조치를 취해야 한다. 문명화된 사회인지 아닌지를 결정하는 한 가지 척도는 바로 '그 사회의 노인을 어떻게 대우하느냐'에 달렸다.

## 천천히, 더 멋지게 삶을 개선하라

이 책은 방대한 주제의 여러 측면을 다루고 있다. 전문가, 학계 권위자, 정책 입안자들뿐만 아니라 일선 실무자들로부터 배운 내용을 반영하여 그것을 열 개의 조언으로 나누어 설명하고자 한다. 노화가 불가피하다는 개념에 도전하는 생물학자, 뇌의 쇠퇴를 예방할 방법을 찾는 신경과학자 그리고 세대 간의 격차가 벌어지는 것을 내버려 두지 않고 세대들이 화합하도록 노력하는 사회사업가들을 인터뷰했다.

먼저 인류에게 심각하고 예상치 못한 도전장을 던진 인구통계학적 추세, 장수, 출생률 감소 등을 조사했다. 자발적으로 자손을 낳지 않는 것은 진화론적으로 볼 때 언제나 불가능한 일로 여겨졌다. 하지만 출산율이 너무 빠르게 떨어지고 있으므로 어떤 나라들은 머지않아 인구 규모가 축소될 것이다. 가령 중국은 부유해지기도 전에 늙어가고 있다. 만약 미국이 활기차게 남아 있고자 한다면 이것은 지정학적 세력 균형을 바꾸어놓을 수도 있다.

거의 아무런 예고도 없이 우리는 '길어진 중년'이라는 인생의 완전히 새로운 단계를 만들어냈다. 2장에서는 이 새로운 단계를 살펴보고, 언론과 정부가 어떻게 잘못된 신호를 보내는지 검토한다. 건강한 수명을 계산하는 대체 가능한 방법, 부유하고 교육받은 사람들과 그렇지 못한 사람들 간의 격차가 커지는 현상을 살펴볼 것이다. 3장에서는 정크푸드와 비활동성 생활 방식이 없다면 진정한 생물학적 노화가 어떤 모습일지 탐구하고, 비만이 사람들을 나이보다 늙게 만든다는 사실을 지적한다. 이 책을 통해 어떤 특정 제품이나 약품을 옹호하려는 것이 아니라 유산소 운동과 반反설탕 식습관의 효과가 설득력이 있다는 것을 강력하게 주장하기 위해서다.

몇몇 실리콘밸리의 억만장자들은 불멸을 찾기 위한 탐구에 나섰다. 그들의 연구는 매혹적이다. 특히 관심을 끄는 것은 105세 이후 사망 위험이 안정되는 '슈퍼 100세인'들이다. 그러나 나의 주된 관심사는 삶을 연장하는 것이 아니라 삶을 개선하는 것이다. 5장에서는 배움에 있어서 사람은 결코 나이가 문제가 아니라는 신경과학 관련 신개발품들을 소개한다. 어떤 종류의 뇌 훈련이 똑똑함을 유지하는 데 도움이 되는지 알아보고, 알츠하이머병을 예방할 수 있는 '인지비축분認知備蓄分'을 살펴볼 것이다. 6장에서는 우리 몸 안의 유전자와 단백질을 사용하여 노화 방지 효과가 있다고 주장하는 약들을 추적한다. 이러한 발견들 때문에 '노화를 질병으로 취급해야 하는가?'라는 이상한 질문이 떠오를 수도 있다. 그러나 앞으로 10년 안에 여러 가지 질환을 한꺼번에 물리치기 위해 우리 몸속에 숨어 있는 회로를 이용하지 않고 한 번에 한 가지 병만 치료하는 것이 오히려 더 이상하게 여겨질지도 모른다.

그것은 우리가 병에 걸리지 않을 것이라는 의미가 아니다. 8장에서는 일본에서 감정은 없어도 환자에게 유용한 로봇과 네덜란드에서 따뜻한 영감을 불러일으키는 간호사를 만나본 경험을 바탕으로 기술과 인간성이 조화를 이루는 좀 더 온정적인 의료 및 요양 시스템을 만들 것을 주장한다.

오늘날 CEO들의 도전은 상당하다. 다세대 노동력이 등장했지만 그것을 관리하기는 쉽지 않다. 일자리가 자동화되고 있음에도 불구하고 베이비붐 세대의 은퇴는 기술 부족 현상을 일으키고 있다. 우리에게는 제4차 산업혁명에 걸맞은 네 번째 단계의 교육이 필요하다. 다행히도 선구자들은 은퇴가 좋다는 생각을 떨쳐버리고 성공적인 사업을 시작했다(4장). 어떤 사람들은 서로 돌봐주기 위해 모두가 필요로 할 형태의 이웃을 조성했다(7장). 또 다른 사람들은 선행을 위해 짐바브웨의 할머니나 영국의 병원 자원봉사자들처럼 노인들의 열정과 이타주의를 활용하고 있다(9장).

수명이 길어지고 젊은 층의 인구가 줄어드는 현상은 사회계약에 큰 부담이 된다. 8장에서는 '어떻게 우리 사회가 젊은이들을 파산시키지 않으면서 노인들을 돌볼 것인가?'라는 문제의 대안으로 독일과 일본의 예를 살펴보며 요양기금을 마련할 새로운 방법을 제안한다. 10장에서는 우리 시대의 새로운 격차는 단순히 젊은이와 노인 사이에 있는 것이 아니라 모든 연령대에 걸쳐 숙련된 사람과 덜 숙련된 사람 사이에도 있다는 사실을 주장한다.

발전하는 데 있어서 가장 큰 장애물 중 하나는 우리 자신의 편견이다. 우리는 무엇보다 우리의 태도를 바꾸어야 하고 노년기가 점점 더 길어지는 것이 아니라 중년기가 점점 더 길어진다는 사실을 깨달아야 한다. 이것은 아주 시급한 과제다. 세상은 그 누구도 예상치 못한 속도로 빠르게 고령화되고 있다. 그것은 우리가 더 오래 살기 때문만이 아니라 이 책의 1장에서 설명하는 소위 '출산 절벽' 때문이기도 하다.

차 례

## 3장.
# 바로 시작하라



## 4장.
# 본업을 포기하지 마라



## 5장.
# 정신 수명을 연장하라

6장.

## 유전자, 불멸을 향한 골드 러시



7장.

## 모두에게 이웃이 필요하다



8장.

## 건강은 마음 씀에서 온다

## 9장.
## 목적 있는 삶이 필요하다



## 10장.
## 새로운 사회계약이 필요하다

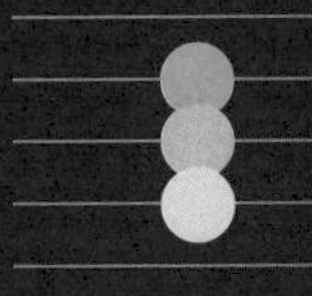

1장

# 인구가 힘의 균형을 바꾼다

"인구 변동은
가족의 의미도 변화시킨다."

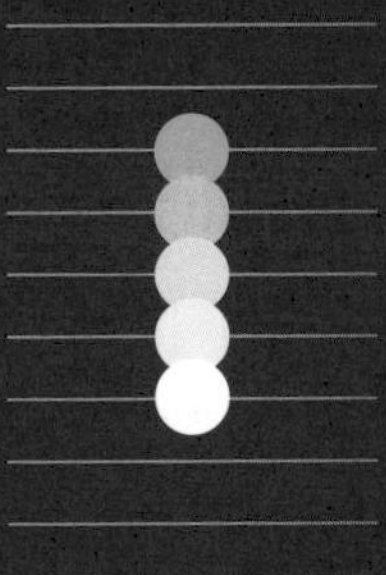

2020년을 기점으로 인류 역사상 처음으로 지구상에 5세 이하 인구보다 65세 이상 인구가 더 많아졌다.[1] 조부모들의 수가 손주들보다 많아진 셈이다. 이렇게 세상이 고령화 세계로 달려가는 데는 두 가지 이유가 있다.

첫 번째는 사람들이 더 오래 살고 있기 때문이다. 20세기에 들어서며 영양과 위생의 개선 그리고 의학의 발달로 대부분의 선진국 평균 기대 수명이 30년 늘어났다. 남성은 현재 스위스에서 가장 오래 살고 출생 시 평균 기대 수명은 82세다. 여성은 일본에서 약 87세까지 가장 오래 산다. 호주, 이스라엘, 캐나다, 한국과 서유럽 국가들 대부분이 바짝 그 뒤를 쫓고 있다. 한때 음주와 흡연으로 방탕한 생활을 하던 남성들이 건전한 생활을 추구한 덕분에 남녀 간 기대 수명 격차가 점점 좁혀지고 있다.

두 번째는 세계 여성들이 어머니의 역할을 외면하고 있기 때문이다. 1964년에 여성은 평균적으로 자녀를 다섯 명 조금 넘게 낳았지만 2015년에는 고작 2.5명을 낳았다.[2]

현재 세계 인구의 거의 절반이 사는 83개국의 출산율은 인구 유지를 위해 여성 1인당 약 2.1명을 출산해야 하는 '인구 대체 출산율'을 밑돌고 있다. 호주, 뉴질랜드, 브라질, 칠레 그리고 유럽의 거의 모든 나라의 출산율도 현재 그 수준 아래에 있다. 남아공과 인도의 출산율은 각각 2.5명과 2.3명으로 인구 대체 출산율을 향해 빠르게 내려가는 중이다.[3]

인구 변화는 국가의 모습을 바꿀 것이다. 일본의 인구는 이미 감소하고 있다. 21세기 중반까지 이탈리아, 폴란드, 한국, 러시아 역시 인구가 줄어들 것이다.[4] 더군다나 이러한 변화는 특히 중국처럼 고령화되고 인구 감소의 궤도에 오른 국가들과 지금의 미국처럼 젊은 이민 인구로 지탱하고 있는 국가들 사이의 지정학적 세력 균형을 바꿔놓을 가능성이 있다.

반면 아프리카가 미래의 젊은이들을 공급할 것이다. 2017년에서 2050년 사이에 아프리카 26개국의 인구는 아프리카 대륙에 13억 명을 추가하면서 두 배가 될 것으로 예상된다.[5]

일단 세계 인구가 2070년 이후 언젠가 약 90억 명에서 110억 명 사이로 추정되는 정점을 찍고 나면 줄어든다는 사실은 자연환경에 있어 좋은 소식이 될 것이다.[6] 그렇지만 인구 감소가 인류에 미치는 영향을 미리 잠깐 경험해볼 수도 있다. 주민의 3분의 1 이상이 65세 이상이고 주요 성장 산업이 장례식장인 일본의 아키타현을 방문해보라.[7] 그곳이 아니라면 젊은 세대들이 이사하는 바람에 지난 15년 동안 학교 절반이 폐교한 중국 동부의 루동Rudong 지역을 찾아가보는 것도 좋다.

인구 변동은 사람들이 사는 겉모습뿐만 아니라 가족의 순수한 의미까지도 변화시키고 있다. 자녀들 수가 점점 적어지면 사람들은 어떤 관계망에 의지할 것인가?

중국 정부는 '노인 권리법'을 제정하여 자식들이 부모를 자주 방문하지 않으면 벌금을 부과하겠다고 으름장을 놓았다.[8] 하지만 자녀들은 이에 맞서 싸우고 있다. 중국판 트위터인 웨이보에는 "도대체 '자주'라는 의미가 무엇인가?"라며 불평을 털어놓는 글이 게재됐다.[9] 또 다른 글에서는 "우리가 부모님을 방문하는 비용을 아무도 대주지 않는다 해도 문제없지만 과연 우리에게 그렇게 하도록 시간을 허락해줄 사람이 있을까?"라고 의문을 제기하며 전통적인 가족 개념을 인정하려 하지 않았다.

무슨 일이 벌어지는지 상상하기에 가장 좋은 방법은 인구통계학자들이 사용하는 인구 피라미드를 살펴보는 것이다. 1950년에 만약 우리가 어떤 나라의 인구를 연령대별 막대그래프로 그리면서 가장 나이 어린 사람들을 맨 아래에 두고 가장 나이 많은 사람들을 맨 위에 표시하면 젊은이가 노인보다 많으므로 막대그래프의 모양이 피라미드처럼 보일 것이다. 일본의 사례를 나타낸 [표 1-1]에서 볼 수 있듯이 피라미드 모양은 유사 이래 계속된 형태였다.

그 이후, 출산율은 떨어지고 수명이 길어지면서 막대그래프의 모양이 극적으로 달라졌다. 전 세계에서 최고령 사회에 속하는 일본은 출산율이 여성 1인당 1.4명으로 세계에서 출산율이 가장 낮은 국가 중 하나다. 50년 전 일본의 기대 수명은 약 72세였다. 지금은

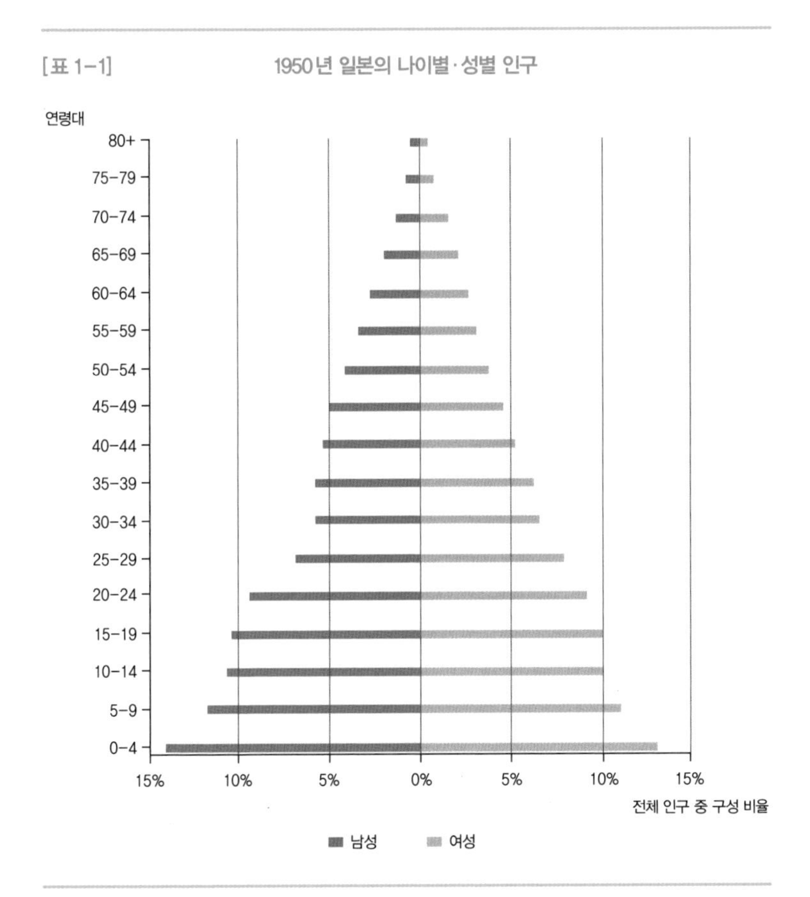


[표 1-1] 1950년 일본의 나이별·성별 인구

84세다. 2015년에 인구의 4분의 1 이상이 65세 이상이 되는 바람에 인구 피라미드의 막대그래프가 [표 1-2]와 같이 원통 모양으로 바뀌었다.

현재 시점과 2050년 사이에 우리의 수명은 더 늘어나 인구 피라미드의 모양은 계속 바뀔 것이다. 세계 인구 중 가장 빠르게 늘어나는 집단은 80세 이상의 사람들로 2050년 일본의 인구 피라미드는 막대

[표 1-2] 2015년 일본의 나이별·성별 인구

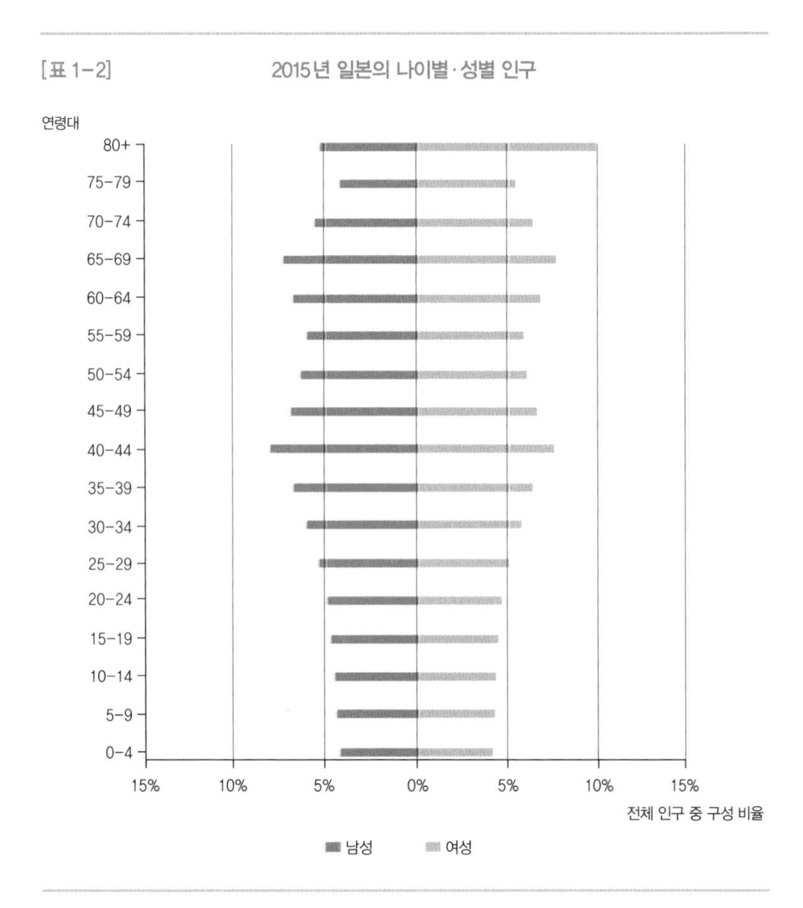


그래프가 위로 쭉 뻗어 올라가면서 바깥쪽으로 펼쳐져 [표 1-3]과 같이 화분 모양이 될 것으로 예상된다.

일본의 한 전직 후생노동성 장관은 '일본 민족은 멸종할 것이다'라고 전망했다. 이때 첫 번째로 떠오르는 질문이 '왜?'이다. 왜 수백만 명의 사람들이 자녀에 대한 생각을 일제히 바꿨을까?

[표 1-3] 2050년 일본의 나이별·성별 인구(추정치)

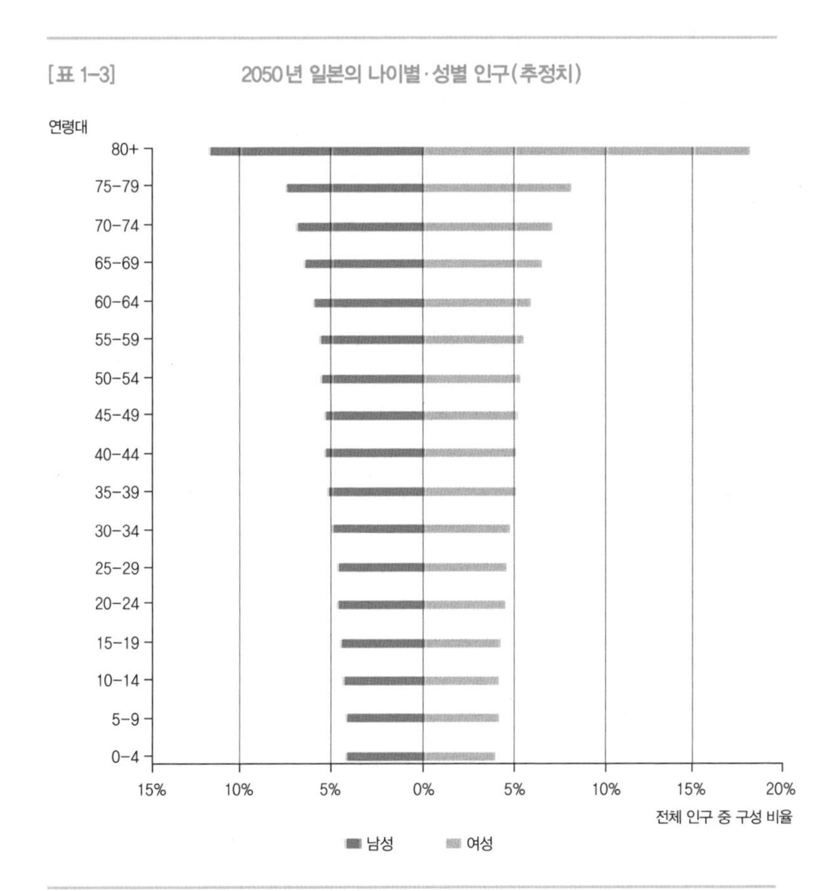


## 서로 관심 없는 초식남과 직장 여성

"이곳 남자들은 자신보다 더 똑똑한 여자를 원하지 않아요."

우리가 도쿄 힐튼 호텔의 로비에서 만났을 때 얌전한 구두에 말쑥한 정장 차림을 한 40대 초반의 일본인 임원인 케이코가 말했다.

"여기 남자들은 여자들이 까다로울까봐 걱정해요. 잠자리에서조차 여자한테 휘둘릴 것을 걱정하지요. 그래서 나는 그런 남자들을 '왜 신경 써야 해?'라고 생각했어요. 엑스박스Xbox 게임에만 정신이 팔려 있는 사내에게 애를 써야 할 이유가 있나요?"

현재 노인 비율이 세계에서 가장 높은 일본에서 무언가 이상한 일이 벌어지고 있다. 2013년에 대소변을 가리지 못하는 노인을 위한 기저귀가 유아용보다 더 많이 팔렸다는 주장이 나왔다.[10] 이와 같은 통계 수치가 현실을 있는 그대로 보여준다. 아기들은 인기가 식어버렸다.

전통적으로 가족을 무엇보다 소중하게 여기던 사회에서 일어난 이러한 변화는 페미니스트 혁명에 뿌리를 두고 있다. 여성들은 남편과 가정에 대한 헌신적 봉사라는 전통을 떨쳐버리고, 새로운 변화에 적응하기 위해 남성들에게 도전하고 있다. 내가 런던에서 만난 어느 일본 학생은 "솔직히 말해서 아이는 걱정 안 돼요. 하지만 남편을 참고 견딜지는 잘 모르겠어요"라고 말했다.

영어를 완벽하게 구사하고 뉴질랜드인과 결혼한 30대 후반의 한 일본인 여성은 "그것은 어렵지요"라며 이렇게 말했다. "내가 아는 많은 친구들이 자신의 직업에 대해 진지해요. 그것은 그들에게 기회예요. 집에 돈도 벌어다 주지 못하는 남자 때문에 골머리를 앓고 싶지는 않을 거예요."

여성들이 더욱 야심적으로 변해감에 따라 그들은 닛케이 칼럼니스트인 마키 후카사와Maki Fukasawa가 2006년에 지어낸 용어인

이른바 '초식남'들에 대해 깔보듯이 이야기한다. 초식남은 여자에게 데이트 신청하는 방법을 모른다. 여자들에게 지레 겁을 먹고 있는 것이다. 게다가 진정 시사하는 바는 그들이 여자에게 관심조차 없다는 사실이다. 〈일본 타임스〉는 한 조사에 의하면 '20대 후반의 남자 중 20퍼센트가 성생활에 관심이 거의 없거나 전혀 없다'고 보도했다. 혹자는 너무 장시간 근무하는 바람에 불구가 되었다고 했다.[11]

그런 고정관념이 어느 정도까지 사실인지는 분명하지 않다. 일본에는 아직도 러브호텔이 많지만 대부분의 호텔들은 샐러리맨들이 잠시 휴식을 취할 수 있도록 만들어졌다. 그리고 결혼한 부부들이 낳은 아이의 수는 여전히 인구 대체 출산율 수준을 맴돌고 있다. 하지만 훨씬 더 많은 사람이 독신으로 지낸다. 중매결혼이 사라지면서 과거처럼 어머니가 신부를 구해다주는 것에 익숙한 수십만 명의 남성들이 적응하느라 몸부림치고 있는 것이다. 50세 일본 남성 네 명 중 한 명은 결혼한 적이 없다.[12] 일본은 아직도 혼외자식을 불편해하는 국가이므로 이것은 출산에 효과가 없다.

자녀를 두는 것은 역시 돈이 많이 드는 일이다. 설문조사에 따르면 20~30대 남녀에게 돈이 부족한 것이 결혼에 매우 심각한 걸림돌이라고 한다.[13] 부부들은 점점 맞벌이를 해야 한다. 하지만 직장인들이 늦게까지 책상을 지켜야 하는 문화에서 직장 생활과 어머니 역할을 함께한다는 것은 쉽지 않은 일이다.

물론 비용 문제가 전부는 아니다. 고용주들이 고용에 대해 더욱 개방적으로 되면서 많은 여성이 그들을 부양해줄 남편을 찾을 필요에서 해방되었다. 이런 현상은 아이러니하게도 인구가 줄면서 일본 경제가 번창하려면 반드시 모든 인적 자원을 활용해야 한다는 인식에도 일부 원인이 있다. 오늘날 인구 그래프의 모든 곡선이 감소 추세를 보임에 따라 전문가들은 해결책을 찾기 위해 필사적이다.

"일본으로 오는 이민자를 늘려야만 합니다. 그렇지 않으면 이 나라가 사라지는 것을 목격하게 될 것입니다."

도쿄에 있는 UCLA 일본 센터UCLA Japan Center의 수석 경제학자인 준 사이토Jun Saito 박사가 경고했다. 사이토 박사는 일본이 어떻게 해서든 노동 인력으로 여성이나 노인의 수를 늘린다 하더라도 외국인 근로자를 더 많이 받아들여야 한다고 판단했다. 그는 "물론 달성하기 어려운 목표지만 우리가 내일 당장 출산율을 2.1명으로 올린다고 해도 인구는 60년에서 70년 후에나 안정될 것입니다"라고 주장했다.

일본인들이 이민자를 받아들이기 싫어한다는 사실은 아주 유명하다. 일본에서 외국인 근로자는 전체 일본 노동력의 2퍼센트 미만이다. 일본 정부는 최근 건설이나 요양 서비스와 같은 업종에서 저숙련 외국인 근로자를 위한 비자를 새로 만들어 동반 가족을 5년 후가 아니라 즉시 데려오도록 허락함으로써 그동안의 금기를 깼지만 그 수는 매우 미미하다. 간병인 비자를 받은 외국인 근로자는 열여덟 명에 불과했는데 이는 시험이 일본어로 되어 있었기 때문이기도 하다.

“내가 생각하는 최악의 시나리오는 우리가 이민자를 위한 문호를 개방한다 하더라도 아무도 오려고 하지 않는 것입니다”라고 사이토 박사는 말했다.

## 부유해지기 전에 늙어버리다

중국인들은 이러한 상황을 중국의 ‘회색 장성’이라고 부른다. 2100년이 되면 중국의 노인 인구는 인도를 제외한 다른 모든 나라의 노인 인구를 소인국 사람들처럼 작아 보이게 만들 것이다. 노인 인구가 너무 많아서 그들을 우주에서도 볼 수 있을 것이라는 농담이 활개를 친다. 시원한 이른 아침, 베이징의 천단天壇 주변 공원에서 수백 명의 노인이 카드놀이를 하거나 태극권을 연습하거나 체조를 하곤 한다. 주로 여성들로 이루어진 약 50명의 무리가 경쾌한 음악에 맞춰 춤을 춘다. 그들은 나무 사이로 난 길 위에서 안무 동작에 따라 침착하고 우아하게 움직인다.

그것은 행복하고 보기 좋은 장면이다. 여성들은 동작에 따라 자신만만하게 정확히 스텝을 옮긴다. 하지만 미래에 대해서도 그렇게 자신감을 느끼기는 어렵다. 이 공원에 있는 노인의 대부분은 은퇴했다. 중국의 생산가능인구(경제활동이 가능한 만 15세부터 64세까지의 인구_옮긴이)는 2012년 이후 감소 추세로[14] 2050년이 되면 거의 4분의 1이 감소할 것으로 예상된다. 미국 기업연구소American Enterprise Institute의 인구통계학자 니콜라스 에버스타트Nicholas Eberstadt는 이것이 중국의 GDP 성장률을 떨어뜨릴 것으로 예측했다. 세기 중반에 이르러 중국 국민은 일본 국민과 비슷하게 나이 들어 보일 수 있겠지만 일본처럼 풍요롭지는 않을 것이다.

출산율은 1978년 정부가 1가구 1자녀 정책을 도입하기 전부터 이미 떨어지고 있었다. 이제 중국은 외아들, 외동딸로 넘쳐난다. '4-2-1' 문제로 알려진 것처럼 많은 사람이 부모 두 명과 조부모 네 명을 부양해야 한다. 또한 너무나 많은 중국 가정에서 딸보다 아들을 선호하기 때문에 독신남들이 증가하여 충격적인 과잉 상태가 되었다. 이런 '광군光棍(독신남을 의미함_옮긴이)'들은 신부를 찾기 위해 애쓸 것이다.

위험을 감지한 공산당은 2015년에 1가구 1자녀 정책을 철회했다. 그러나 그것은 아무래도 너무 늦은 듯싶다. 둘째 아이를 갖겠다고 자원할 만한 자격을 갖춘 가정은 거의 없다. 너무 많은 사람이 생활비가 비싼 도시로 이사했기 때문에 그들은 아이를 키울 수 있다고 생각하지 않는다. 중국의 엄마 열 명 중 일곱 명은 일을 하고 있어 아이를 하나 더 키울 시간이 거의 없다.

결혼이 매력을 잃고 있다. 〈당신이 바로 그 사람이라면If You Are the One〉과 같은 중국 TV의 데이트 쇼에서 성공한 중국 여성들은 잠재적 구혼자들이 못생겼다거나 가난하다고 흠을 잡는다. 현재 여성들은 남성보다 대학교에 더 많이 다니고 있고, 많은 남성은 미혼 여성들을 '성뉘剩女(독신녀를 의미함_옮긴이)' 혹은 '남은 여자'라고 부르며 험담에 맞서고 있다. 중국 데이트 웹사이트인 바이흐닷컴Baihe.com의 조사에 따르면 여성의 75퍼센트가 남편이라면 누구나 자신의 수입보다 두 배는 더 벌어야 한다고 답했다.

중국사회과학원The Chinese Academy of Social Sciences은 중국 인구가 2029년에 14억 4,000만 명으로 정점을 찍은 뒤 '막을 수 없는' 감소세로 돌아설 것으로 예측했다.[15] 또한 2065년이 되면 중국 인구는 1990년대 중반 수준까지 줄어들 것으로 전망하고 있다. 이것이 군사 강국으로서의 중국에 무엇을 의미할까? 펜실베이니아 주 피츠버그에 있는 듀케인 대학교Duquesne University의 정치학자인 마크 L. 하스Mark L. Haas는 중국이 현재의 군비 지출을 유지하기에는 노인층이 너무나 큰 부담이기 때문에 다른 국가들과 '고령화에 따른 평화'를 유지해야 한다고 제안했다. 그러나 그것은 확실하지 않다. 중국은 민주주의 국가들만큼 노인들에게 돈을 써야 한다는 부담감이 없을 수도 있고 생산성을 높이기 위해 기술을 사용할 수도 있다. 하지만 인구 감소 규모가 너무 커서 이민자들을 충분히 받아들여 경쟁 분위기를 조성하기에는 역부족이다.

그 대신 중국 정부는 남아공과 인도가 하는 것처럼 재외 교포를 본국으로 유치하기 위해 5년짜리 복수 입국 비자를 제공하기 시작했다.[16] 또한 현재 남성 60세, 여성 55세인 정년을 늘리는 것도 고려하고 있다.[17]

이러한 조치들로 과연 충분할까? 중국은 만성 질환을 겪는 인구의 증가가 서구 수준까지 근접해 있다는 부담에 직면해 있다. 급속한 도시화와 함께 정크푸드와 스트레스가 뒤따랐으며 국민 다수는 아직 흡연 습관을 버리지 못했다. 마오쩌둥 시대에 중국 국민은 놀라울 정도로 건강했다. 기대 수명이 세계에서 가장 꾸준히 증가하여 1949년 35세에서 1980년에는 65세가 되었다.[18] 이와 같은 건강한 생산가능인구는 중국이 전례 없는 경제 성장을 추진하는 데 있어 도움이 되었다.[19] 그러나 지금의 중국은 일본과 같은 복지 혜택과 의료 서비스를 갖추지 못했고 대부분의 일자리가 수작업과 육체노동이 필요한 시점에서 늙어가고 있다. 게다가 경쟁자인 미국은 다른 길을 걷고 있다.

## 강력한 무기로 변한 인구

미국은 대부분의 다른 부유한 국가들보다 출산율이 높아 오랫동안 인구통계학적 예외 국가였다. 현재 중국의 인구는 미국의 약 4배다. 그러나 미국이 이민자들에게 대문을 걸어 잠그지 않는 한 그 격차는 금세기 말에 절반으로 줄어들 것이다.[20]

[표 1-4]를 통해 앞으로 수십 년간의 지정학적 위치를 엿볼 수 있다. 생산가능인구가 중국은 유럽과 마찬가지로 감소하지만 미국은

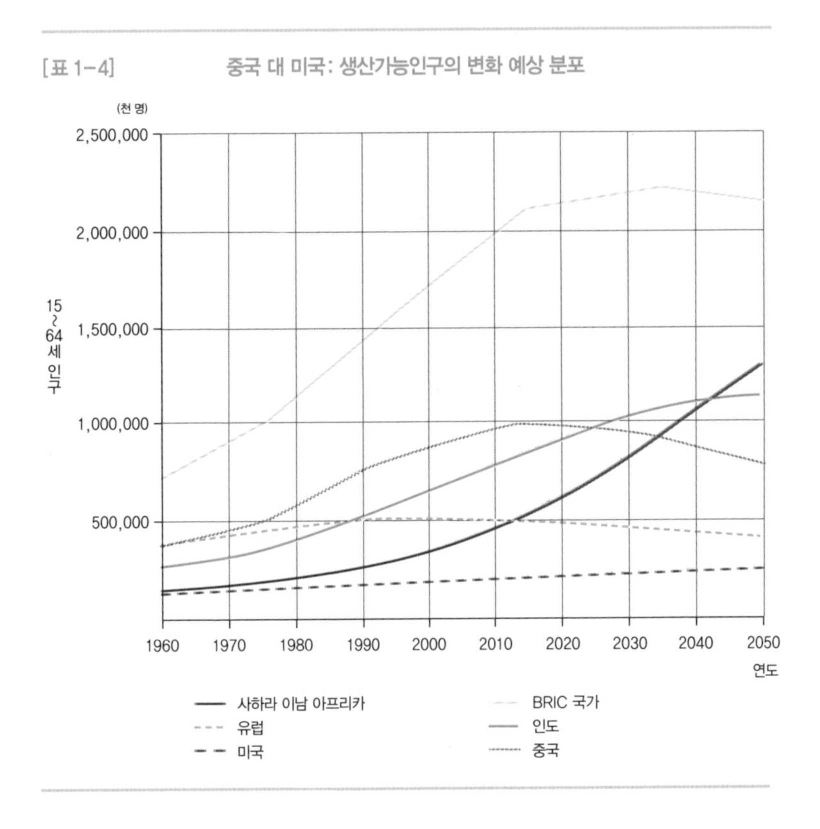


[표 1-4] 중국 대 미국: 생산가능인구의 변화 예상 분포

안정되어 있다. 금융위기 이전에 미국의 출산율은 2.12명으로 인구를 스스로 유지할 수 있었다.[21] 이것은 어느 정도 이민자의 비율이 높고 이민자들이 대가족을 이루는 경향이 있었기 때문이다. 미국의 신생아 중 23퍼센트를 외국 태생의 여성들이 낳지만[22] 이민자는 인구의 13퍼센트만을 차지한다.[23]

또한 미국 여성들은 다른 OECD 국가의 여성들보다 아이를 더 일찍 낳는다. 평균 출산 연령은 영국이 28세, 이탈리아가 31세인

반면 미국은 26세다. 여성 중 아이를 낳지 않는 비율은 영국 18퍼센트와 독일 23퍼센트에 비해 미국은 불과 14퍼센트다.[24]

그럼에도 미국 역시 어두운 면이 있다. 미국은 다른 부유한 국가들에 비해 기대 수명이 뒤처지는데 비만율이 높아 뇌졸중으로 인한 사망자 수를 줄이지 못한 것이 원인 중 하나로 꼽힌다. 그러나 현재 미국의 출생 시 기대 수명은 에이즈/HIV 전염병으로 감소하던 시기 이후 처음으로 3년 연속 감소하고 있는데, 이는 프린스턴 대학교의 케이스Case 교수와 디튼Deaton 교수가 '절망사'[25]라고 이름 붙인 자살, 알코올, 오피오이드Opioid(아편과 비슷한 작용을 하는 합성 진통제_옮긴이)로 인한 사망이 늘어난 데 일부 원인이 있다.[26] 빈곤과 불평등이 실질적인 도전 과제로 등장한 것이다.

2017년 미국은 출산율 또한 40년 만에 최저치인 1.76명을 기록했다.[27] 이런 현상이 금융위기 이후의 일시적인 현상인지 아니면 새로운 방향인지는 확실하지 않다. 미국 내 멕시코인들의 출산율은 2006년부터 2013년까지 3분의 1이 떨어졌는데 어느 정도는 금융 긴축 때문이기도 하지만 아직도 수치를 회복하지 못했다.

이민자들이 출산의 마력을 발휘하려면 계속해서 이민을 와야 한다. 이민 2세대와 3세대는 이민 온 나라의 문화에 젖어 아이를 덜 낳으려는 경향이 있기 때문이다. 인구가 강력한 지정학적 무기로 변하고 있으므로 자국민 앞에 이민의 벽을 쌓는 대통령은 누구나 그가 예상한 것보다 더 많은 것을 얻을 수 있을 것이다.

## 젊은 여성 교육의 필요성

경제지 〈이코노미스트〉의 한 여론 조사에 의하면 오늘날 인도의 부부들은 이상적인 가족의 자녀 수를 두 명이라고 생각한다.[28] 그것은 영국인과 미국인이 말하는 이상적인 가족의 자녀 수보다 적다. 생물학자인 폴 에를리히Paul Erhlich가 그의 저서 《인구 폭탄The Population Bomb》에서 대량 기근을 예측한 지 50년이 지난 후, 인도의 젊은 인구는 천천히 증가하고 있다. 현재 인도 여성의 평균 자녀 수는 2.3명밖에 되지 않는다. 여성이 시크교, 자이나교, 기독교라면 더 적게, 힌두교라면 약간 더 많이 그리고 이슬람교라면 훨씬 더 많이 아이를 낳는다.

인도가 여기까지 오는 데는 중국처럼 1가구 1자녀 정책이 필요하지 않았다. 비록 정부가 국민에게 다양한 방법으로 소가족을 꾸리도록 분위기를 조금씩 조성해갔지만 인도는 젊은 여성들을 교육하면 자녀 출산율을 줄일 수 있다는 원리에 근거하여 출산 정책에 성공한 좋은 사례다. 특히 우리가 이런 사실을 받아들인다면 교육은 여러 가지 형태로 이루어질 수 있다. 실제로 케이블 TV가 농촌 지역에 파고들어 자녀 없는 독립 여성들과 소가족의 세련된 도시 여성들을 주인공으로 한 볼리우드Bollywood(인도의 영화 산업_옮긴이) 연속극을 방송하면서 출산율이 떨어졌다.[29]

시청자들은 등장인물의 이름을 따라 아기 이름을 짓고 가정폭력에 대해 덜 관대해졌으며 피임을 하기 시작했다. 인도만 이런 일이 벌어지는 것은 아니다. 브라질에서도 텔레노벨라Telenovelas(텔레비전 소설이라는 뜻으로 스페인이나 포르투갈 및 중남미 국가에서 제작되는 일일 연속극_옮긴이)가 유사한 효과를 가져왔다.[30]

인도는 여전히 빈곤과 문맹을 극복하기 위해 노력하고 있지만 도시화, 경제적 번영, 공중 보건과 함께 무엇보다도 '교육'이 강력한 피임약인 것으로 여겨진다.

## 도시에서 산다는 것

"자녀를 두는 것이 우리의 부모 세대에게는 중요했어요."

싱가포르의 한 30대 공무원이 조엘 코트킨Joel Kotkin 연구원에게 설명했다. 조엘은 젊은 전문가들과 인터뷰를 광범위하게 진행하고 있었다.

"하지만 우리 세대는 가족에 대해 비용편익분석을 하려는 경향이 있어요. 비용은 확실하지요. 하지만 혜택은 그렇지 않아요."[31]

이처럼 소름 끼치는 실용주의는 아시아의 많은 지역, 특히 부동산 가격이 높은 지역에서 공명을 불러일으키고 있다. 싱가포르, 도쿄, 홍콩, 상하이, 베이징 등 세계에서 생활비가 많이 들기로 유명한 도시들에서 출산율이 가장 낮은 것은 우연이 아니다. 싱가포르 정부는 '결혼과 부모되기 패키지Marriage and Parenthood Package'를 통해 자녀를 둔 부부에게 상당한 액수의 특별 수당을 제공한다. 하지만 이 제도는 그다지 잘 작동하지 않는다. 야심 찬 많은 젊은이들은 자신의 직업에 더 집중하는 듯하다. 싱가포르는 30~34세의 대학 졸업생 중 3분의 1이 미혼이고, 출산율은 1.2명에 불과하다.[32]

이런 현대 근로자들은 노년에 자신들을 돌봐줄 사람이 아무도 없다는 것을 걱정하지 않는 듯하다. 아시아 전역에서 전통적인 친족 모형이 무너져 내리고 있다. 소셜 네트워크는 친척이 아닌 친구로 점점 더 연결되며 아이를 갖지 않는 것이 정상이라는 관념을 고착시키고 있다.

## 미래의 이상형을 기다리는가?

2017년, 위키리크스Wikileaks의 창업자이자 법망을 탈출해 도망자 신세인 줄리안 어산지Julian Assange가 '자본주의+무신론+페미니즘=불임=이민'이라는 트윗을 작성했다. 그는 'EU 출산율=1.6명, 인구 대체율=2.1명, 메르켈, 메이, 마크롱, 젠틸로니(당시 독일, 영국, 프랑스, 이탈리아의 지도자) 모두 자식이 없다'고 계속 트윗했다.

이것은 유럽이 처한 상황을 깔끔하게 요약한 것이었다. 게다가 이러한 지적이 국민의 대부분이 여전히 가톨릭 대가족과 연관된 이탈리아만큼 강력하게 적용되는 곳은 없다. '사랑'의 나라 이탈리아는 현재 유럽에서 가장 낮은 출산율을 보인다. 이것은 부분적으로 청년 실업의 결과다. 2008년 금융위기 이후 길고 암울한 경기 침체 시기를 지나면서 많은 이탈리아인이 일자리를 찾아 해외로 돌아다니는 것이 눈에 띄었지만 그러지 못한 사람들은 자식들을 부양할 수 없을까봐 두려워하고 있다.

평범한 이탈리아 여성은 여전히 아이를 두 명 이상 낳고 싶어 한다.[33] 그러나 이탈리아 여성들은 평균적으로 EU의 다른 지역보다 고령인 31세가 되어서야 비로소 첫째 아이를 출산한다.[34] 그러한 이유 중 하나는 젊은 여성들과는 대조적으로 35세 이하 이탈리아 남성의 3분의 2가 여전히 부모와 함께 살고 있기 때문일 것이다.[35] 정치인들은 이런 마마보이들을 '성장하지 않으려는 밤보치오니Bamboccioni('큰 아기'라는 의미로 성인이 되어서도 부모에게 얹혀사는 사람들을 의미함_옮긴이)'라고 불렀다. 정치평론가 안토니오 폴리티Antonio Politi의 주장에 따르면 이탈리아 여성들은 밥벌이도 못하고 아버지 책임도 완수하지 못하는 이탈리아 남자들 때문에 가정 꾸리는 일을 단념하고 있다.

여성들에게 임신을 너무 늦게까지 미루지 말라는 경고는 보기 좋게 역풍을 맞았다. 베아트리체 로렌진Beatrice Lorenzin 이탈리아 보건부 장관이 국가적으로 '임신의 날Fertility Day'을 제정하고 전국 여기저기를 돌며 강연할 때 그녀는 격분한 반대 시위대와 맞닥뜨렸다. 여성들은 이탈리아어로 '우리는 기대한다' 혹은 '우리는 기다린다'라는 의미인 "시아모 인 아테자Siamo in attesa"[36]라고 쓴 플래카드를 들고 거리를 행진했다. 그들은 일자리와 감당할 수 있는 육아는 물론 남녀평등도 기다리고 있었다. 아직도 많은 이탈리아 여성들이 임신을 하면 직장을 잃는다. 네 명 중 한 명꼴로 첫 아이를 가진 지 1년 이내에 해고된다.[37] 로맨스가 완전히 사라진 것은 아니지만 여성이 일하면서도 남성과 동등한 대우를 받지 못한다면 출산율에는 문제가 생긴다.

독일은 이탈리아와 비슷하게 아이를 갖지 않는 비율이 높다. 그러나 유럽 번영의 중심부에 있는 사람들에게 이것은 비용 문제가 아니다.

"자식, 부엌, 교회의 시대에는 아이를 갖는 것이 당연했지요. 하지만 그것은 선택권을 계속 열어두고 싶어 하는 세대에겐 고리타분한 생각이에요. 그들은 공부하고 싶어 하고 좋은 직업도 갖고 싶어 하지요. 그러니 아이를 갖기에 결코 좋은 때가 아니에요."

뮌헨의 소아청소년과 의사인 잔 케슬러Jan Kessler가 말했다.

여성들은 성공을 즐기며 어머니 역할에 대한 구태의연한 관점에 늘 시달려야 하는 것을 싫어한다.

"내가 직업을 갖는 것에는 아무도 신경 쓰지 않아요. 하지만 아이를 놀이방에 맡긴다면 사람들로부터 맹공격을 받을 거예요."

결혼한 어느 교수가 내게 말했다.

일부 독일 여성들은 직장 생활과 어머니 역할을 동시에 하려고 할 경우 '까마귀 엄마'라는 의미의 '라벤무터Rabenmütter' 꼬리표가 붙을까봐 두려워한다. 새끼 돌보는 것을 등한시한 채 썩은 고기를 먹는 까마귀의 이 끔찍한 이미지는 어떤 이유든 아이를 갖는 일에 확신이 없는 일부 여성들에게 무거운 짐을 지우는 듯하다.

독일 정부는 육아 휴직을 후하게 허용하고 주간 탁아소를 대대적으로 확대했다. 정부는 현재 방위비의 거의 3배에 달하는 예산을 가정에 대한 혜택에 사용한다[38](영국은 방위비의 약 1.3배를 사용한다).[39] 일곱 명의 어머니이자 독일 정부의 장관을 지낸 우르줄라 폰 데어 라이엔Ursula von der Leyen이 개혁을 주도하며 남성의 출산 휴직에 보조금을 지급하고 남성도 육아의 절반을 책임져야 한다고 선언했다. 출산율은 이민자들 덕분에 소폭 증가했다. 연방 통계청Federal Statistical Office은 이런 추세를 유지하려면 2040년까지 매년 50만 명의 이민자가 필요할 것으로 추산했다. 메르켈 총리가 2015년에 약 100만 명의 난민에게 국경을 개방한 데 따른 반발을 떠올렸을 때 그럴 가능성은 적어 보인다.

출산율은 시간제 근무와 출산 혜택이 일상화된 영국에서 더 높은 편이다. 그것은 높은 이민 수준 때문이기도 하다. 영국에서는 이민자들이 전체 인구의 약 14퍼센트를 차지하지만 신생아의 28퍼센트를 외국 출생의 여성들이 낳았다.[40]

또한 영국은 외동들의 나라를 만들고 있다. 영국 가정의 거의 절반이 자녀가 한 명뿐이다. 물론 그것이 얼마나 의도적인지는 확실하지 않다. 여론 조사에 따르면 영국인들은 이상적인 가족의 자녀 수를 두 명이 조금 넘는 수준이라고 말했지만 실제 출산율은

1.76명이다.

교사인 사라 데이비스Sarah Davies는 30대 중반의 나이에 용기를 내어 오래 사귄 남자친구에게 결혼해서 정착하자고 말했다. 그러나 남자친구는 그녀를 차버렸다. 이제 그녀는 출산할 때 자신의 나이가 너무 많지 않을까 걱정한다.

"절박해 보이면 아무도 나를 좋아하지 않을 거예요."

그녀는 데이트 사이트를 바라보며 침울하게 말했다. 데이비스는 영국 언론이 어리석게도 자신들의 생식능력을 낭비한다고 자주 비난하는 그런 가상의 인물들 중 한 명이 아니다. 그녀는 남성들이 다른 시간표를 따르는 것이 두려워 몇 년 동안 자신의 생체 시계가 재깍거리는 소리를 내지 못하도록 죽이고 있다.

"그들에게 동기부여가 될 만한 게 없어요."

그녀는 다음과 같이 회상했다.

"내가 남자라면 잘 모르긴 해도 저 역시 직업에 초점을 맞췄을 거예요. 성공하기 전까지는 아이한테 방해받고 싶지 않겠지요."

'적합한 배우자가 없다'는 사실이 최근 체외수정IVF을 하려는 미혼 여성들이 증가하고, 40세 이상 여성의 출산율이 1949년 이후 가장 높은 수준이 된 이유를 설명할 수 있을 것이다.[41] 이것이 매우 유능한 직장 여성들이 각자의 시간표를 고수하느라 왠지 아이를 갖는 일을 '망각'했을 것으로 추측하는 것보다는 가능성이 더 높아 보인다.

## 기대 수명의 증가 폭은 왜 줄고 있을까?

영국에서 기대 수명이 급격하게 증가하던 것이 최근 들어 그 증가 폭이 급격히 둔화됐다. 독일, 스웨덴, 네덜란드에서도 그보다는 조금 떨어진 정도지만 마찬가지로 증가 폭이 둔화됐다. 이런 현상에 보험계리사들은 깜짝 놀랐다. 혹자는 정부가 공공 서비스에 대한 정부의 지출을 축소했기 때문이라고 비난하지만 다른 국가들도 같은 정책을 모두 시행한 것은 아니다.[42] 어떤 사람들은 그것이 심장마비와 뇌졸중 치료에서 거둔 엄청난 혁신의 속도가 둔화한 것과 더 관련이 있다고 생각한다.

20세기 동안 유아와 어린이의 사망이 감소하면서 출생 시 기대 수명은 상당히 증가했다. 반면 65세부터의 기대 수명은 거의 변화가 없었다. 그러나 1970년부터 2011년 동안 노인들은 급격한 변화를 목격했다. 65세에 내다본 기대 수명이 이전 세기보다 20배나 빨리 증가한 것이다. 주된 이유가 무엇일까? 사람들이 금연한 덕분에 심장마비와 뇌졸중으로 인한 사망자 수가 크게 줄었기 때문이다.

그러던 것이 2011년부터 진행이 더뎌졌다. RBC 캐피털 마켓의 보험 분석가인 고든 아이트켄Gorden Aitken은 '기대 수명의 개선이 더 점진적이던 2000년 이전으로 되돌아갈 가능성이 있다'고 말했다.

"2000년부터 2010년까지 우리는 더 부유한 사람들이 더 건강해지는 것을 목격했습니다. 하지만 심혈관 질환으로 인한 사망자 수를 같은 비율로 계속 줄여나가기는 어렵지요. 게다가 비만과 당뇨병이 증가하고 있습니다."

그 변화가 다른 사회경제 집단에 어떤 영향을 미치는지에 대해 일치된 의견은 없다. 한 자료에 따르면 '풍족한 사람'들은 영향을 받지 않고 '곤궁한 사람'들은 새로운 질환으로 사망할 확률이 늘어난다고 한다. 또 다른 자료에서는 모든 집단이 기대 수명의 개선 속도가 둔화되는 현상을 겪고 있는 것으로 나타났다.[43]

이러한 차이점들은 연금 지급액에 영향을 미치기 때문에 보험회사 입장에서 매우 중요하지만 상대적으로 우리에게는 덜 중요하다. 예를 들어, 아이트켄은 2018년에 사망할 가능성이 전년보다 증가하지 않았다고 말했다. 문제는 기대 수명의 증가에 대한 전망이 너무 낙관적이었다는 사실이다. 현재 영국에서 65세 남성은 86.5세까지, 65세 여성은 88.4세까지 살 것으로 예상한다.

## 미래의 젊은이가
## 늘고 있다

사하라 이남 아프리카는 또 다른 인구학적 곤경에 빠져 있다. 아프리카 인구는 2100년까지 4배 증가하여 40억 명이 될 것으로 예상되고,[44] 나이지리아는 미국을 제치고 세계에서 세 번째 인구 대국이 될 것으로 전망된다. 나이 든 세계가 오그라들 때 젊은 세계가 싹트고 있다는 전망은 크게 고무적이다. 탄자니아 대통령 존 마구푸리John Magufuli는 높은 출산율이 자국의 경제를 활성화할 것이기 때문에 산아 제한이 필요 없다고 주장했다.[45]

그러나 애석하게도 그는 잘못 생각하고 있는지 모른다. 아시아 호랑이들이 이룩한 큰 폭의 경제 성장은 소위 '인구배당Demographic Dividend'에서 비롯했다. 즉, 생산가능인구가 급속히 증가함에 따라 빠른 성장과 투자가 가능해졌고, 그 뒤를 이어 출산율이 급격히 하락하여 자녀를 적게 둔 부모들이 자녀 교육에 더 많은 투자를 할 수 있게 됨으로써 기술 기반을 강화할 수 있었다.

사하라 이남 아프리카는 인구가 계속 증가하지만 인구배당이 없는 다른 길을 가고 있다. 1인당 국민소득이 느리게 증가하고 사람들이 낮은 기술 수준에 머물러 있다면 일하고자 하는 사람들은 많아도 일자리를 찾지 못할 것이다. 거기에 환경이나 인프라에 들어갈 경제적 부담까지 생각해보라. 마구푸리 대통령도 마음을 바꾸게 될지 모른다.

## 더 오래 산다고
## 더 오래 아이를 낳을 수 있는 것은 아니다

출산율 저하는 인간에 의해 천연자원이 한계에 도달한 지구에 좋은 소식인 것만은 분명하다. 그리고 그것은 여성 해방의 다음 단계를 환영하는 것을 의미한다. 사하라 이남 아프리카 이외의 거의 모든 지역에서 여성들은 전통적인 역할의 족쇄를 벗어던지고 있다. 낮은 유아 사망률 덕분에 소가족도 더 안전하게 되었다. 또한 종교의 지배력이 쇠퇴하고 있고, 더 많은 여성이 직업을 찾고 있다. 그러나 동시에 고용 불안과 특히 일자리가 있는 도시에서의 비싼 생활비 때문에 많은 부부가 자식들을 키울 형편이 못될까봐 두려워하고 있다.

이런 사태를 우려하는 일부 정부는 국민들을 매수하려고 한다. 폴란드 보건부는 국민에게 '토끼처럼 번식'하도록 권장하는 끔찍한 홍보 영상을 내놓았다.[46] 노르웨이, 스웨덴, 덴마크, 프랑스, 독일, 러시아는 '아동 수당'을 지급한다. 이러한 계획 중 일부는 몇몇 국가에서 제한적인 성공을 거두었다. 프랑스와 스웨덴은 유럽에서 출산율이 가장 높다. 그러나 모든 여성이 상을 받을 만한 암소처럼 취급받는 것을 원하는 것은 아니다. 많은 여성이 아이를 원하지 않고 또 다른 여성들은 좋은 아버지감을 찾을 수 없는 상황에서 여성들에게 그저 '조국을 위해 출산하라'고 촉구하는 덴마크 정부의 영상은 핵심을 놓쳤다.

전후의 베이비붐 현상이 비정상적이었을지도 모른다. 오늘날 여성들이 직장 생활을 할 기회가 많아지고 경제적 압박이 증가하는 상황에서 사람들 스스로 그러한 것들을 감당할 수 있다고 판단할 때까지 우리는 결혼도 하지 않고 아이도 낳지 않았던 시대로 되돌아갈 수도 있다. 그 결과 일부 여성들은 출산을 너무 늦게까지 미루려 할지도 모른다. 또 다른 여성들은 아이를 낳지 않으면 무언가 잘못되었다는 전체주의적 시각에서 해방되었다고 느낄 것이다.

고령화 시대에 사람들은 더 오랜 기간 공부하고 더 늦게 독립하며, 30대 중반까지 결혼하지 않고 경제적으로 자립하지 못할 수도 있다. 그때가 되면 생체 시계가 마감 시간을 매정하게 가리킬지도 모른다. 이와 같은 부조화 때문에 어떤 연인들은 매우 실망하게 될 것이다.

머지않은 미래에도 우리는 꼼짝 없이 생식능력이 남성은 약 45세, 여성은 30세 전후에서 감소하는 현상 안에 갇혀 살아갈 것으로 보인다. 하지만 대부분 다른 측면에서 보면 우리는 더 오랫동안 더 젊게 지낸다.

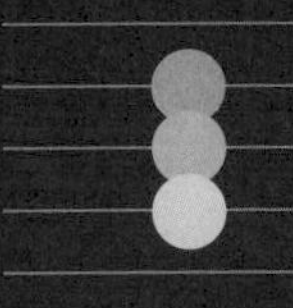

2장

# 당신은 생각보다 더 젊다

"삶의 단계가
변하고 있다."

"19세인 나의 대녀代女(성세 성사나 견진 성사를 받을 때 종교상의 후견을 약속받은 여자를 가리킴_옮긴이)는 어깨너머로 내가 글 쓰는 모습을 보고 있다. 그녀는 150살이 되는 2150년에도 이 글을 읽을 수 있을까?"

이는 미국의 두 전문가가 인간의 노화를 주제로 10억 달러짜리 내기를 걸었던 질문이다.

버밍햄 앨라배마 대학교의 생물학과장인 스티븐 오스타드Steven Austad는 쥐의 노화를 더디게 하는 여러 가지 획기적인 발견을 바탕으로 2150년이 되면 150세의 인간이 등장할 것으로 예측했다(6장 참조). 그러나 그의 친구인 제이 올산스키Jay Olshansky 일리노이 대학교 공중위생학과 교수는 이 의견에 동의하지 않았다. 그는 뇌가 극복할 수 없는 걸림돌이 될 것으로 생각했다. '우리는 엉덩이, 심장, 기타 등등을 대체할 수 있지만 뇌만큼은 대체할 수 없다'고 주장했다.[1]

이렇게 서로 엇갈린 의견을 내놓은 두 사람은 2000년에 내기를 했다. 그들은 각각 150달러를 투자 펀드에 넣어두고 2150년에 승자의 상속자가 그것을 현금으로 찾아간다는 계약서에 서명했다. 그 후 그들이 초기 투자금을 두 배로 늘린 까닭에 상금액은 약 10억 달러가 될 것으로 예상된다. 만약 오스타드의 말이 맞는다면 그때까지 살아 있는 사람 중 누군가는 내기에서 승리한 사람이 누군지 보려고 서성대고 있을 것이다.

우리가 인간의 수명이 150세로 뛰어오를지 기다리는 동안 몇 가지 다른 변화가 이미 우리 앞에 슬금슬금 다가왔다. 19세인 나의 대녀는 청소년기에서 벗어나 성인이 되어야만 했다. 하지만 그녀는 이제 막 대학교에 들어가 빚이 쌓이고 있으므로 앞으로 몇 년은 부모와 함께 살기를 원했다. 현재 너무나 많은 사람이 이런 상황 속에 있다. 일부 전문가들은 청소년기가 24세까지 계속되어야 한다고 주장한다. 그 나이는 현재 영국, 프랑스, 독일, 호주에서 자식들이 부모를 떠나 독립하는 평균 연령이다.

호주의 수잔 소여Susan Sawyer 교수는 청소년기가 두 방향으로 연장되어야 한다고 주장한다. 현재 일부 소녀들의 경우 사춘기가 어린 나이에 시작하는 것을 반영하여 시작 시점을 10세로 당기고[2] 종료 시점을 24세로 늘리는 것이다. 심리학자 로렌스 스타인버그Laurence Steinberg 역시 이제 우리는 인간의 두뇌가 20대까지 계속 성장하는 것을 알고 있으므로 청소년기의 새로운 종료 시점인 24세까지 부모의 개입을 연장하는 것이 매우 유익할 것이라고 주장한다.

청소년기가 만약 14년 동안 지속된다면 그 이후의 삶의 단계에는 어떤 일이 일어날까? 그 시기 또한 길어지고 있다. 우리는 1장에서 사람들이 아이를 늦게 낳는 현상을 살펴보았다. 이와 더불어 성인의 독립적인 성년기 역시 더 오래간다.

## 점점 더 길어지는 중년

지난겨울, 의사인 내 친구는 동네 병원에서 65세 이상인 사람들의 독감 백신 접종을 담당했다. 낯선 백발의 사람들이 구름 떼처럼 몰려왔다. 그들은 그동안 건강에 아무런 문제가 없었기 때문에 한 번도 그를 찾아오지 않았다.

이 사람들은 자신에게 붙어 있는 모든 꼬리표를 무시하는 집단의 일원으로 그 규모가 점점 커지고 있다. 자신이 늙었다고 생각하지 않고, 늙은이처럼 행동하지 않으며, 노인들을 대상으로 한 제품도 사지 않는다.

영국에서는 장애가 있는 65세 이상의 인구 비율이 20년 동안 계속 감소하고 있다.[3] 미국에서는 75세 이하의 4분의 3이 청력이나 시력에 문제가 없고, 걷는 데 있어서도 어려움이 없으며, 인지 장애도 없다.[4] 이들은 인생의 마지막에서 퇴직한 사람들이 아니라 물려줄 것이 많이 남아 있고 필요한 자격을 다 갖춘 사람들이다. 75~84세의 사람들로 세대를 한 단계 높여보면 그들 중 절반은 아직도 그런 장애를 갖고 있지 않다.

그렇다고 해서 노인들이 열쇠를 놓아둔 장소를 잊어버리지 않는다든가 집중력을 잃지 않는다는 뜻은 아니다. 하지만 이는 우리가 가진 두려움 중 일부는 너무 과도하다는 것을 의미한다. 여러 여론 조사에서 대부분의 사람이 누구나 너무 오래 살다 보면 치매나 치매의 일종인 알츠하이머병에 걸릴 것으로 생각한다고 응답했다.[5] 그러나 80세 이상의 여섯 명 중 한 명만이 치매를 앓고 있다.[6] 즉 많은 사람이 치매를 앓지 않는다. 그리고 덴마크, 스웨덴,[7] 영국, 미국에서 치매에 걸릴 위험은 20년 전과 비교하면 5분의 1이 낮아졌다.[8] 미국에서 치매 진단을 받는 평균 연령은 2000년에 80.7세였고, 2012년에는 의사들이 치매를 더 잘 발견하게 됐음에도 82.4세로 서서히 올라갔다.[9]

전문가들은 치매 발병률이 떨어진 이유에 대해 확신하지 못하지만 60세 이상의 성인 5,000명을 대상으로 한 프라밍햄 심장 연구Framingham Heart Study에서 치매 발병률이 떨어진 것은 심장 건강이 개선되었음이 반영된 결과라고 말한다.[10] 영국의 경우, 치매 발병률이 여성보다 남성이 더 빠르게 감소했는데 이는 이전에 남성들이 담배를 더 자주 피웠기 때문일 수 있다. 머리기사로 치매에 대한 뉴스가 계속 늘어나고 있지만 정작 점점 늘어나는 것은 치매를 앓고 있는 노인의 전체 수이지 우리의 개인적인 위험은 아니다.

## 지구상의 새로운 아이들,<br>젊은-노인

현재 지구상에서 가장 늙은 사회에 사는 일본인들은 이미 오래전에 고령화 사회의 현실에 직면했다. 일본인들은 여전히 정정하여 손주들 뒤를 좇아 이리저리 뛰어다니는 사람들을 '젊은-노인'이라고 부르고, 노쇠하여 다른 사람의 도움이 필요한 사람들을 '늙은-노인'이라고 부른다.

도쿄 JF 오벌린 대학교JF Oberlin University의 다카오 스즈키Takao Suzuki 노인학과 교수는 '30년 전과 완전히 다르게 젊은-노인들은 매우 활동적이며 건강하고 생산적이다'라고 말했다. "예를 들어, 걷는 속도가 훨씬 더 빠릅니다. 세계보건기구WHO는 65세를 '노인'으로 정의하지만 노인학자와 노인병 전문의들의 주요 관심사는 건강의 관점에서 매우 달라진 늙은-노인에 관한 것입니다."

스즈키 교수는 아주 깨끗한 하얀 셔츠 위에 민망하지만 귀엽게 생긴 얇은 검정 카우보이 넥타이를 매고 화이트보드에 정력적으로 그림을 그렸다. 그는 젊은-노인은 60세부터 시작하고 늙은-노인은 75세부터 시작하는 표를 그리면서 늙은-노인은 그 나이보다 훨씬 뒤에 시작할 수 있다고 설명했다. 스즈키 교수는 일본의 기대 수명이 특출하게 길어진 것은 2차 세계대전 이후 좋아진 의료 체계, 경제적 번영, 그리고 사람들이 생선 위주로 단백질을 더 많이 섭취할 여유가 생기는 등 영양 상태가 좋아졌기 때문이라고 주장했다. 그는 패스트푸드 음식점이 여전히 상대적으로 적기 때문에 탄수화물, 지방, 설탕의 소비는 거의 변화하지 않았다고 말했다. 서양 전문가들과 달리 그는 비만보다 남편이 사망한 후 홀로 된 여성의 영양 부족에 대해 더 걱정했다. 그의 설명에 따르면 일부 홀로 된 여성들은 남편의 연금을 전액 물려받을 자격이 안 되므로 식료품을 사러 상점에 갈 형편이 안 된다고 한다.

## 세계에서 가장 나이 많은 스튜어디스

82세의 베트 내시Bette Nash는 재키 케네디Jakie Kennedy와 함께 비행했던 추억을 내게 들려주었다.

1965년, 전직 미국 대통령의 매력적인 부인이 베트가 스튜어디스로 근무하고 있는 비행기로 걸어 들어왔다.

"당시 우리는 하얀 장갑을 껴야 했어요. 내가 등을 돌린 채 장갑을 끼고 있는데 '이 비행기가 워싱턴으로 가는 비행기인가요?'라고 물어보는 목소리가 들렸어요. 그녀는 정말 다정했고 어떤 서비스도 요청하지 않았답니다."

베트의 기억으로는 그 비행기가 지금 그녀가 근무하는 에어버스와는 매우 다른 콘스텔레이션Constellation(미국 록히드사가 1950년대 제작한 비행기 기종_옮긴이)이었다고 한다. 그녀는 여전히 일하고 있으므로 아마 세계에서 가장 나이 많은 스튜어디스일 것이다. 그녀가 근무하는 아메리칸항공은 그녀의 근무 60주년을 기념하는 파티를 열었다. 워싱턴 DC와 보스턴 간 왕복 비행기의 정기 탑승 고객은 그녀에게 축하 선물을 건넸다.

베트는 "나는 고객들을 잘 응대해요"라고 말하며 은퇴할 생각이 전혀 없다고 했다. 속사포처럼 말하는 그녀는 활력이 넘쳤다.

"며칠 휴가를 내고 은퇴에 대해 생각하다가도 유니폼을 다시 입고 공항으로 운전하는 순간 기분이 정말 좋아요. 그 이유는 바로 항공사에서 일하는 직원들과 고객들 때문이지요. 나는 고객의 사소한 요구 사항도 알고 있어요. 그들은 겨울이면 토마토 원액 주스를 마시고 여름에는 얼음을 채운 토마토 주스를 좋아한답니다. 출근하는 게 너무 편해요."

지난 60년 동안 기술은 크게 변했다. 베트는 이제 비행기표를 손으로 쓸 필요가 없다. 하지만 사람들은 변하지 않았다.

"고객들을 친절하게 대하면 고객들도 나를 친절하게 대해요. 모든 사람이 바라는 것은 그저 약간의 사랑과 친절이랍니다."

스튜어디스 일은 육체적으로 피곤하지만 베트는 다른 사람에게 일을 미루는 법이 없다.

"나는 시간이 있어도 앉아 있지 않아요. 기내를 다니며 손님들과 이야기를 나누지요. 오후에 잠깐 낮잠을 자요. 그 사실은 인정해요. 하지만 젊은 사람들도 피곤하긴 마찬가지지요."

그녀는 아침 일찍 일어나 아들에게 아침을 차려주고 공항까지 한 시간 정도 차를 몬다. 그녀는 퇴근길이 더 피곤하다고 말한다.

"예전 같으면 집에 오는 길에 장을 보거나 다른 일을 했겠지요. 하지만 지금은 그냥 기름만 넣는답니다."

그녀가 꾸준할 수 있는 비결은 무엇일까? 그녀는 잠시 생각에 잠겼다. "지금 생각하면 내 인생의 목표는 계속 움직이는 것이라고 생각해요"라고 말하며 껄껄 웃는다. 그녀는 TV를 보면서 앉아 있을 수도 있지만 결코 오래 앉아 있지 않는다. "해야 할 일은 언제나 있어요."

그녀는 운동과 식이요법을 따르지 않아 계면쩍게 웃으면서도 "아직도 배를 채울 수 있답니다"라며 초콜릿 먹는 것을 인정했다. 자신도 모르는 사이에 그녀는 노년 생활 방식의 전문가들이 권하는 3가지 원리인 활동적인 생활, 목적의식 유지, 사람과의 교류를 따라 하는 듯하다.

베트 내시는 늙었는가? 그녀는 잠시 생각한다. "나는 내가 늙었다고 생각하지 않아요. 나에게는 장애인 아들이 있어요. 늙었다고 느낄 만큼 한가롭지 않지요. 그는 필요한 게 너무 많아요. 내 여동생은 파킨슨병과 치매를 앓고 있습니다. 그녀를 보면 그녀는 늙었다는 생각이 들어요. 하지만 실제 나이는 나보다 어리답니다."

베트는 지금까지 우리가 생각하던 방식으로 보면 '늙지' 않았다. 하지만 그녀의 여동생은 늙었다. 이 지점에서 토론이 혼란스러워지는 것이다. 고정관념은 이제 더 이상 들어맞지 않는다. 우리가 입증하려는 것은 달력나이에서 생체나이를 분리하는 것이다.

## 새로운 단계에는 새로운 신호가 필요하다

독일의 수상 오토 폰 비스마르크Otto von Bismarck가 논쟁의 여지가 있지만 세계 최초로 1889년에 국민연금을 만들었을 때 연금개시 연령을 70세로 정했다. 당시 독일인이 평균 45세 전후까지 살았으므로 연금을 타는 사람은 거의 없었을 것이다.

오늘날 독일인의 기대 수명은 81세다. 그러나 독일의 연금개시 연령은 65세이고[11] 평균적인 독일인은 62세에 직장을 그만둔다. 유럽 전역에서 정년은 기대 수명을 따라가지 못하고 있다. 영국인들은 1950년대 때보다 더 일찍 은퇴한다.[12]

현재의 추세가 계속된다면 유럽, 아시아, 북아메리카의 일부 지역에 사는 우리 중 몇 사람은 인생의 4분의 1을 은퇴한 상태로 보낼 것이고 그것은 미친 짓이나 다름없다.

2005년, 아데어 터너 경Lord Adair Turner이 회장을 맡았던 독립적인 영국 연금위원회는 영국 정부가 연금개시연령을 2030년까지 66세로 올리고, 2050년에는 68세로 올려야 한다고 권고했다. 그는 이제 이것 역시 충분히 멀리 내다본 것이 아니라고 생각한다. 영국 정부는 현재 2028년까지 연금개시연령을 67세로 올릴 계획이다. 하지만 그는 여전히 '이것으로 충분하지 않을 것이다. 1950년에 65세 남자의 평균 기대 수명은 12년이었다. 우리가 2003년에 평균 기대 수명을 검토했을 때 그것은 20년이었다. 2050년이 되면 65세의 평균 기대 수명은 35년이 될 수도 있다. 우리는 그보다 수년 전에 연금개시연령을 늦추기 시작해야 한다'고 생각한다.

터너 경은 보험계리사들이 기대 수명이 얼마나 빠르게 늘어나는지 단순히 깨닫지 못한 것이라고 말했다.

"생명의 한계에 대한 지배적인 가설이 있었어요. 그들은 인간의 기대 수명을 계속 증가하다가 그다음에는 마지막 부분이 없는 곡선으로 표시했지요. 결국 우리는 기대 수명이 줄어들 이유가 없다고 말한 셈입니다."

그들은 왜 그렇게 잘못 알았을까? '흡연 때문이다. 담배회사들은 대량 살인자였다'고 터너 경은 말했지만 아무도 담배회사들의 힘이 줄어들 것이라고는 생각하지 않았다.

연금은 우리가 노인과 우리 자신을 어떻게 보는지에 영향을 미치는 많은 신호 중 하나다. 이런 신호들을 시대적 흐름에 맞게 새롭게 바꿔야 한다. 오늘날 65세가 의미하는 바가 완전히 달라졌기 때문이다. 1950년대에 영국의 65세 여성 노인은 14년을 더 살 것으로 예상했다.[13] 하지만 영국 통계청에 따르면 오늘날 평균적인 65세 여성 노인은 23.4년을 더 살 수 있다.[14]

그럼에도 현재 65세는 많은 기관에서 국민에게 노인 개념을 적용하는 연령이다. 그 나이에 독일인, 스웨덴인, 캐나다인, 호주인, 영국인이 공식적으로 은퇴할 수 있고, 미국인들은 (연방 의료보험인) 메디케어Medicare 혜택을 받을 수 있다. 재무설계사들은 사람들이 50대가 되면 종종 연금 포트폴리오를 채권으로 바꾸기 시작하는데 65세가 분수령이라고 한다. '65+'는 흔히 설문지에 표시할 수 있는 최대 연령층으로 마치 종말의 시작처럼 달리 표시할 수 있는 연령 항목은 더 이상 없다.

영국에서는 60세가 되면 누구나 무료 버스 승차권을 받는다. 이것은 '노인 버스 승차권'이라고 불리는데 이것 때문에 자신의 버스 요금을 충분히 낼 수 있으며 아직도 활기차게 출퇴근하는 사람들의 얼굴이 화끈거릴 때가 많다. 미국에서는 노인들을 '시니어'라고 부르며 그들에게 지금 계산으로 30년이 될 수도 있는 기간 동안 시니어 할인을 제공하는 것은 너무나 당연하다고 생각한다. 그러나 그들은 그 기간의 상당 부분을 '늙은-노인'이 아닌 '젊은-노인'으로 지낼 것이다.

만약 사람들이 얼마나 많은 생일을 즐겼는지가 아니라 그들의 생이 몇 년 남았는지를 기준으로 사람들을 규정한다면 어떻게 될까? 분명히 그것은 가정이다. 우리 중 누구도 개인적으로 우리가 언제 최후를 맞이할지 알 수 없다. 하지만 우리는 평균치를 알고 있다. 그리고 그 평균치를 적용하면 상황이 다르게 보인다.

만약 노년을 여생이 15년 이하로 남은 경우라고 가정한다면 우리는 베이비붐 세대가 74세가 되기 전까지는 그들을 '노인'이라고 부르지 않을 것이다. 그때까지 그들은 중년이다. 물론 이것은 개략적인 기준일 뿐이다. 모든 사람이 74세에 건강하게 지내는 것은 아니다. 어떤 사람은 다른 사람의 도움이 필요할 것이다. 하지만 이것은 여전히 유용한 사고실험(머릿속에서 단순화된 조건을 생각하고 이론에 따라 추론하는 실험_옮긴이)이다.

오스트리아 빈에 있는 국제 응용 시스템 분석 연구소International Institute for Applied Systems Analysis의 인구학자들이 그 기준을 마련했다. 오스트리아인들은 유럽에서 고령화의 시작 시점으로 65세를

정한 것에 이의를 제기했다.[15] 우선 그들은 남아 있는 기대 수명을 측정했다. 그다음에는 예를 들면 정신적 민첩성의 감소와 타인에 대한 의존성의 증가와 같이 보통의 '노인'과 관련된 특징들의 목록을 작성했다. 이를 근거로 그들은 노르웨이, 일본, 리투아니아, 미국을 포함한 4개국의 경우 대부분의 베이비붐 세대들은 70대 중반까지 중년이라고 결론지었다.

달력나이를 기준으로 '노인'을 분류하는 방법이 불충분하다는 통찰은 캐나다계 미국인이던 인구학자 노먼 라이더Norman Ryder로부터 시작됐다. 그는 1970년대에 국가 지원이 필요한 나이보다 예상되는 기대 수명이 더 좋은 지표라는 사실을 깨달았다. 그것이 결국 국가가 관심을 두는 것이었다.

"만약 사람들이 65세가 되었다고 해서 스스로를 노인이라고 생각하지 않고 그 대신 자신이 얼마나 더 오래 살 수 있는지를 고려한다면 기대 수명의 증가가 빠르면 빠를수록 실제로 노화는 더디게 진행될 것입니다"라고 빈 연구를 이끌었던 인구학자 세르게이 스헤르보프Sergei Scherbov가 말했다.

"200년 전에 60세라면 초고령 노인이었을 겁니다. 하지만 요즘의 60세라면 나는 중년이라고 주장하고 싶군요."

스헤르보프는 현재 UN과 협력하여 소위 '특징 대응 연령'을 이용한 전통적 노화 대책을 다시 설계하고 있다. 예를 들어, 2015년에는 평균적인 65세 일본 여성은 24년을 더 살 것으로 예상할 수 있었다. 하지만 나이지리아의 평균적인 여성이 앞으로 24년 더 살 수 있는 나이는 46세로 일본보다 훨씬 젊다. 공평하기 위해서 그들의 연금 수령 시기는 다른 연령에서 시작해야 한다.

수명이 길어질수록 정부는 국민이 노후를 대비해 충분히 저축하는 것을 장려하기 위하여 어떤 신호를 보내야 할지 신중해야 한다. '25세인 사람들에게 언제 은퇴할지를 말해줄 필요는 없다'고 터너 경은 주장한다.

"만약 그들에게 정년이 고정되어 있다고 말한다면 그것은 상황이 불확실하다는 사실을 말해주지 못할 것입니다. 그것보다는 지금은 65세에 은퇴하는 연금 제도 하에 있지만 그것은 기대 수명에 따라 달라질 수 있다고 알려주는 것이 더 좋을 것입니다."

터너 경은 70세부터 연금 수령을 더 후하게 만들고, 그 나이 이전에 다른 혜택을 줄 사람들에 대해서는 자산 조사를 실행할 것을 제안했다.[16]

## 우리의 고정관념은 구식이다

이런 종류의 제도적 신호가 고령화 사회의 실상을 따라잡지 못하게 만드는 또 다른 이유는 언론이다. 나와 같은 기자들은 나이를 매우 혼란스럽게 다룬다.

2018년 〈더 타임스〉는 50세에도 매력 있게 보이는 방법에 대해 책을 펴낸 프랑스 여성 밀렌 데스클로Mylène Desclaux[17]에 관한 기사를 두 페이지에 걸쳐 실었다. 숨이 막힐 듯한 기사에서 그녀는 49세 이후에는 절대 생일 파티를 열지 말아야 하며, 나이가 들통나는 것을 막기 위해 돋보기를 쓰지 말아야 하고, 이름이 너무 구식으로 들린다면 개명할 것을 권고했다. 다시 말하자면 '거짓말을 하라'는 것이다. 고작 50살인데 말이다! 그렇다면 그녀는 과연 70세 여성들에게는 뭐라고 조언할 것인가.

만약 어떤 기자들 눈에 50세가 늙었다고 비친다면 65세라는 숫자는 이미 죽은 목숨이나 다름없다. 부편집자들은 '연금 수급자'라는 단어를 머리기사에 올리는 것을 좋아한다. 그렇게 하면 내용이 어떠하든 그 주제는 연민의 대상이 된다.

남아공의 케이프타운에서 최근 머리기사로 '용감한 연금 수급자들이 범죄가 득실거리는 거리를 달랑 손전등 하나만 들고 순찰한다'는 보도가 나왔다. '용감한 연금 수급자가 날치기를 쫓다'라는 머리기사는 지갑 도둑을 뒤쫓아 질주하던 69세의 남성에 관한 영국의 〈스윈던 애드버타이저Swindon Advertiser〉의 또 다른 보도였다. 기사가 시사하는 바는 보통 69세에 이런 일을 할 만큼 용감한 사람은 누구나 특별하다는 의미였다. 전 세계에서 '용감한 연금 수급자'라는 제목이 붙은 수많은 이야기를 살펴보면 용기, 에너지, 체력은 사실상 신중년기에 있는 사람들에게서 흔히 찾아볼 수 있다는 사실을 암시한다.

언론도 노인들을 묘사할 때 적극적인 사람에서 소극적인 사람으로 바꿔버리는 기이한 경향이 있다. 우리가 할머니들에 대해 보도할 때 "그녀가 넘어졌다"라고 하기보다는 "그녀가 쓰러졌다"라고 표현한다. 우리는 결코 조지 클루니George Clooney(1961년생인 미국의 영화감독 겸 배우_옮긴이)에 대해서는 그렇게 말하지 않을 것이다.

그렇다면 노인들을 이런 방식으로 비하하는 이유는 무엇일까? 무의식적으로 우리의 말이 사람을 인간 이하의 모자라는 존재로 만들어버린다. 나의 어머니는 모르는 사람이 자신을 '여사님'이라고 부르면 질색했다. 그 말을 들으면 자신의 정체성을 빼앗기고 대단히 노쇠한 쓸모없는 부류로 떨어지는 느낌이라고 했다.

나도 쓸데없이 나이에 초점을 맞추는 바람에 실수한 적이 있다. 캐나다의 베스트셀러 소설가이자 《시녀 이야기The Handmaid's Tale》의 저자인 마거릿 애트우드Margaret Atwood와의 인터뷰에서[18] 나는 77세의 나이에 트위터 팔로워를 160만 명이나 가진 것에 대해 어떻게 생각하느냐고 물었다. 나의 우상 중 한 사람인 애트우드가 번개같이 되받아쳤다. "175만!" 나는 몸 둘 바를 몰랐다. 그녀는 계속해서 말했다. "사실 그들 중에는 로봇이 많아요. 다들 알다시피 '당신의 멋진 그것이 그리워요I miss your great big dick'라는 메시지를 보내면 그건 로봇이지요." 그녀는 나에게 그렇게 깔보는 듯이 대하지 말라고 우아하게 충고한 것이었다. 나는 무슨 생각을 했을까?

"많은 사람들이 아무 생각 없이 연령차별을 한답니다." 케어 잉글랜드Care England의 최고경영자인 마틴 그린Martin Green 교수는 말한다.

"사람들은 '노인'이라는 단어를 '게이'라든가 '흑인'이라는 단어로 바꾸면 결코 입에 담지 못할 말들을 많이 해요. 그들은 바보 같은 늙은이들은 운전하면 안 된다고 주장하지요. 하지만 19세 청년들이 80세 노인들보다 더 형편없는 운전자랍니다."

방송인 조안 베이크웰Joan Bakewell도 '모든 사람이 노인들을 강제 수용소로 보내고 있다'고 말한다. "하지만 노인들이 바로 우리 자신이에요." 85세의 베이크웰은 우아하게 늙는 여성의 화신과도 같은 존재다. 멋진 그녀는 예리함을 하나도 잃지 않았다. 하지만 그녀가 2017년 '100세 인생Life at 100'이라는 TV 프로그램을 진행할 때 제작진들이 나이 든 시청자들을 '그들'이라고 지칭할 때마다 제동을 걸어야만 했다. "그런 구분이 있어서는 안 되지요. 우리는 이 프로그램에서 모두 한 가족이에요"라고 말했다.

말이 중요하다. 노인들을 위해 엄청나게 많은 일을 하는 운동가인 샐리 그린그로스Sally Greengross 남작 부인은 80대인 친구가 병원에서 '노인' 병동을 배정받은 이야기를 들려주었다. "천만에요, 난 늙은이가 아네요!" 그녀는 격렬하게 항의하며 병원 복도를 따라 휠체어를 몰면서 소리쳤다. "나를 다른 곳에 데려다줘요!"

여성들은 남성들보다 더 일찍 그리고 더 자주 연령차별로 고통받는 것으로 보인다.[19] 그것은 우리가 여성들의 외모에 더 관심을 두기 때문이기도 하다. 젊음을 되찾아준다고 주장하는 수십억 달러에 달하는 화장품 산업은 득보다 해가 되는지도 모른다. 개인적으로 나는 주름을 없애려는 노력이 잘못되었다고는 전혀 생각하지 않는다. 하지만 화장품 광고 회사들은 사람들이 '노화'와 끊임없이 전투를 벌인다는 생각으로 먹고산다. 만약 우리가 '항노화'라는 말을 '혐노인'이라는 말과 동의어로 사용한다면 그것은 분명 우리에게 문제가 있는 것이다.

예일 공중보건대학교의 전염병 및 심리학과 부교수인 베카 레비Becca Levy는 개인의 건강은 노화가 어떤 것인지에 대한 개인의 인식에 영향을 받는다는 사실을 발견했다. 그녀가 이끄는 연구팀은 50세 이상의 미국인 수백 명을 20년 동안 추적한 결과 노화에 대해 좀 더 긍정적인 견해를 가진 사람들이 그렇지 않은 사람들에 비해 놀랍게도 7.5년 더 오래 살았다.[20]

노화에 대한 부정적인 성향이 만연해 있다. 방송사, 갤러리, 박물관은 노인들이 시간과 돈이 더 많고 게다가 그 수도 증가하고 있지만 젊은 관객들을 어떻게 하면 더 많이 유치할 수 있을까 고민하느라 많은 시간을 보낸다. 우리는 지혜와 성숙함보다는 젊음, 기술, 에너지를 중시하는 듯하다.

실리콘밸리에 있는 극단의 젊은이들이 이 모든 것을 갖고 노는 것 같다. 2014년 페이스북 직원의 중위연령(직원을 연령순으로 나열할 때 정중앙에 있는 사람의 해당 연령_옮긴이)은 29세, 아마존과 구글은 30세였다. 페이스북 설립자인 마크 저커버그가 '젊은이들이 단지 더 똑똑할 뿐이다'라고 재치 있게 말한 것은 유명하다. 우리가 페이스북에서 다른 사람들의 말을 믿는 것처럼 우리 중 많은 사람은 그의 말을 무심코 받아들였다.

## 경험의
## 가치

'설리'라는 호출명으로 더 잘 알려진 체슬리 설렌버거Chesley Sullenberger가 US 항공의 1549편 비행기가 기러기 떼로 인해 양쪽 엔진이 모두 고장 난 후 뉴욕 허드슨강에 비행기를 안전하게 착륙시켜 탑승객 전원의 생명을 구했을 당시의 나이는 58세였다. 비행기는 맨해튼 스카이라인을 가로질러 크게 흔들리다 좁은 제방 사이의 얼음물 속으로 안전하게 착륙했다. 그것은 보기 드문 위업이었고 그의 이야기는 2016년에 클린트 이스트우드의 할리우드 영화 〈설리〉로 재조명됐다.

설리는 훗날 이렇게 회고했다.

"그것을 이렇게 보는 것도 한 가지 방법일 것이다. 나는 지난 42년 동안 경험, 교육, 훈련이라는 은행에 적은 액수지만 정기적으로 예금해왔다. 그러다가 2009년 1월 15일, 바로 그날 예금 잔액이 충분히 쌓였기 때문에 나는 매우 큰돈을 찾을 수 있었다."

놀라울 정도로 겸손하고 간결한 그의 설명은 축적된 전문지식의 가치를 한마디로 요약했다. 나는 58세라고 해서 모두 영웅이라고 주장하는 것은 아니며, 젊은이들이 아직 나이가 어리다는 이유로 그들의 좋은 아이디어가 무시당하는 경우를 본 적도 있다. 그러나 우리가 오직 경험을 쌓아야만 얻을 수 있는 판단력에 의지하기보다는 '디지털 기술'에 관심이 더 많은 세상에 살고 있다는 것만큼은 확신한다. 개인적으로 나는 아직 훈련 중인 외과 의사에게 수술 받고 싶지 않은 것처럼 초보 조종사가 운전하는 비행기를 타고 싶지 않다. 똑같은 절차를 천 번 반복해본 사람을 원한다.

일부 경제학자들은 노동력이 고령화되는 것이 생산성 감소의 원인이라고 믿는다. 그러나 베이비붐 세대가 값진 경험과 회사에서 축적한 기억을 갖고 무리를 지어 은퇴하는 것이 문제의 부분적인 원인이라면 어떻게 될까?

"나는 구식 사람이에요." 영국의 기소 담당 법정 변호사였던 64세의 제리 헤이스Jerry Hayes는 강간죄로 형을 살 뻔한 죄 없는 청년을 구하기 위해 어떻게 소송에 참여했는지를 다음과 같이 설명했다.[21] 헤이스는 그 청년을 기소하려고 할 때 영국 법정에서 보낸 40년 동안의 경험이 '경고 벨'을 울렸다. 그가 사건을 막판에 넘겨받고 경찰에게 고소인의 휴대 전화 메시지가 있는지를 물어보자 경찰은 거기에는 아무것도 없으므로 피고 측에 메시지를 보여주지 않아도 된다고 주장했다. 하지만 헤이스는 자신의 주장을 굽히지 않고 증거를 요구했다. 그 뒤 전달받은 4만 통의 메시지에서 소위 '피해자'라는 사람이 이 청년에게 계속해서 성관계를 요구한 사실이 드러났다. 그 소송은 파기되고 끔찍한 오심을 면했다. 이것이 가능했던 이유는 기소를 하나 더 성공적으로 수행하는 것보다 정의 구현이 더 중요하다고 믿었던 흰 수염이 덥수룩한 한 남자의 직관과 경험 그리고 지극히 순수한 마음 때문이었다.

## 나의 기대 수명은 얼마인가?

당신의 기대 수명이 얼마인지 알고 싶다면 온라인 연금 계산기에 몇 가지 정보를 입력해보라. 이를테면 당신이 1958년에 태어난 건강한 영국의 백인 남성이라면 그 계산기는 당신의 기대 수명이 90세라고 알려줄 것이다.

그것만으로도 당신은 정신적 충격을 받을지 모른다. 우리는 대부분 우리가 살아야 하는 햇수를 엄청나게 과소평가하기 때문이다. 즉 길어진 중년으로 인한 인생의 추가 시간인 '엑스트라 타임'을 얻었다는 사실을 깨닫기보다는 '할머니는 언제 돌아가셨지?'라고 생각하는 경향이 있다. 영국 재정 연구소UK Institute for Fiscal Studies에 따르면 50~60대 사람들은 75세까지 생존할 가능성을 20퍼센트 낮게 평가한다고 한다. 과부와 홀아비들은 특히 더 비관적이다.

우리는 모두 죽음을 생각하고 싶어 하지 않는다. 하지만 만약 사실과 달리 죽음이 코앞에 닥쳤다고 두려워한다면 너무 일찍 자신을 '늙었다'고 생각할 위험이 있다. 그럴 경우 우리는 미래를 위하여 충분히 저축하지 않고, 앞으로의 진로를 미리 계획하지도 않으며, 미래에 대해서도 긍정적으로 생각하지 않을 것이다.

물론 평균치가 개개인의 전망에 대해 많은 설명을 해주는 것은 아니다. 우리의 장수 여부는 수입, 건강(결혼한 사람들이 더 오래 살지만), 결혼 여부 등 모든 요인에 달려 있다. 그러나 연구 결과 우리 개개인이 얼마나 오래 살지에 대한 가장 설득력 있는 예측 변수는 '교육 수준'이라고 밝혀졌다. 어릴 때 교육에 시간을 더 많이 투자할수록 길어진 중년의 시간을 더 많이 확보하고 가치 있게 활용할 가능성이 크다. 게다가 건강하게 사용할 기회도 더 많아진다.

그 수치는 놀랍다. 2008년 미국에서 학위가 한 개 이상인 백인 남성은 고등학교를 마치지 못한 흑인 남성보다 최대 14년까지 더 오래 살 것으로 예측됐다.[22] OECD 국가에서 그러한 교육 수준을 가진 남성들 간의 수명 격차는 약 7년 정도다.[23]

교육은 재산보다도 더 설득력 있는 수명의 예측 변수다. 교육을 잘 받은 가난한 쿠바인이 미국인보다 기대 수명이 더 높다. 반면에 석유는 풍부해도 교육을 제대로 받지 못한 적도의 기니 사람들은 기대 수명의 평균치가 낮다. 이러한 차이점들은 너무나 분명하므로 어느 전문가는 정부가 병원보다 학교에 더 많이 투자해야 한다고 제안하기도 했다.[24]

## 애비 로드를 경계로 달라지는 것들

지금 나는 런던 세인트 존스 우드St John's Wood에 있는 애비 로드 스튜디오Abbey Road Studio 밖에 서 있다. 이곳은 비틀즈가 위대한 히트곡들을 녹음한 곳이다. 프랑스 관광객 네 명이 흑백의 얼룩말 무늬 건널목을 일렬로 건너면서 '전설적인 4인조The Fab Four(비틀스의 별명_옮긴이)'의 유명한 〈애비 로드Abbey Road〉 앨범의 겉표지를 재현하려 하고 있다. 나는 자주 이곳을 자전거로 지나치면서 모든 관광객이 마치 자신이 그런 생각을 한 최초의 사람이라고 상상한다는 사실을 알았다. 어느 택시 운전사는 내게 지긋지긋하다는 표정을 지어 보였다.

빨간색 벽돌로 지은 집들이 연이은 골목과 단독 주택이 어우러진 웨스트민스터 자치구의 번화한 지역인 애비 로드에서 나는 친구를 만나 커피 한잔하려고 남쪽으로 자전거를 몰았다. 내가 자주 다니던 뒷길을 따라 경로를 잡았는데 최근까지 내가 몰랐던 것은 이 경로를 따라 기대 수명이 10년이나 차이 난다는 사실이다.[25]

애비 로드에서는 출생 시 기대 수명이 여성은 87세, 남성은 85세 정도다. 나는 자전거를 타고 남쪽에 있는 로즈 크리켓 그라운드Lord's Cricket Ground를 향해 처치 스트리트Church Street 선거구로 들어섰다. 이 지역의 기대 수명은 여성은 81세, 남성은 80세로 떨어졌다. 나는 내가 태어난 패딩턴Paddington에 있는 세인트 메리 병원St Mary's Hospital을 향해 우회전하고, 운하를 따라 길을 가로질러 친구를 만나기로 한 웨스트번 파크 지하철역Westbourne Park tube station으로 갔다. 이제 기대 수명이 여성은 77세, 남성은 75세로 떨어졌다. 불과 자전거로 15분 이동한 결과 기대 수명이 10년이나 바뀌었다. 즉 애비 로드에서 태어나 그곳에서 자란 여자아이는 2.5킬로미터 떨어진 곳에서 태어난 아이보다 평균 10년을 더 오래 살 것으로 기대할 수 있다.

비슷한 격차를 여러 서방 국가에서도 발견할 수 있다. 스탠퍼드 대학교의 라즈 체티Raj Chetty 교수는 미국에서 가장 가난한 사람과 가장 부유한 사람의 수명 격차는 15년이라는 사실을 발견했다. 뿐만 아니라 거주 지역이 절대 소득보다 더 중요하다는 사실 또한 발견했다. 가장 가난한 사람들의 경우 털사Tulsa나 디트로이트에 사는 사람들보다 뉴욕과 로스앤젤레스에 사는 사람들이 5년 더 오래 산다. 체티의 연구에 따르면 그런 지역에서 비록 서로 연관되기는 하지만 흡연, 음주, 스트레스, 비만 등의 생활 방식이 소득 불평등이나 실업보다도 더 큰 영향을 미친다.

## 요양원으로 갈 것인가, 해변으로 갈 것인가?

에이브러햄 링컨이 말했듯이 "결국 중요한 것은 삶의 햇수가 아니라 그 햇수 가운데 있는 당신의 삶이다." 설문조사에서 사람들은 너나 할 것 없이 100세까지 산다는 것이 마지막 몇 해를 노쇠하여 반쯤 죽은 듯 유령처럼 사는 것을 의미한다면 그 나이까지 살고 싶지 않다고 답한다.

사람들이 대부분 전염병으로 죽었던 20세기에 기대 수명이 증가하면 그것은 일반적으로 모든 사람의 건강 상태가 개선되었음을 의미했다. 하지만 21세기에 들어와 그 연결고리가 깨졌다. 장수는 어떤 사람에게는 건강한 세월을 가져다주지만 다른 사람에게는 쇠약한 세월을 늘려준다. 여기에는 두 가지 이유가 있다.

첫 번째는 의학의 발전으로 심장마비나 뇌졸중과 같이 우리를 사망에 이르게 했던 것들이 이제는 덜 치명적이 되었다는 것을 의미한다. 어떤 사람은 좋은 상태로 또 어떤 사람은 그보다 못한 상태로 그러한 질병을 우연히 발견하더라도 고맙게도 우리는 대부분 그들의 생명을 구할 수 있게 되었다.

두 번째는 흡연, 음주, 신체 활동의 부족과 주로 관련 있는 제2형 당뇨병(인슐린 저항성이 증가하여 발생하는 당뇨병_옮긴이), 고혈압, 치매, 호흡기 질환 등과 같은 만성 질환이 폭발적으로 증가했다는 것이다.

뉴캐슬 대학교의 유행병 학자인 캐롤 재거Carol Jagger 교수에 따르면 예를 들어, 그러한 행동들의 차이가 영국 남동부 사람들이 북동부 사람들보다 장애 없는 삶을 8년 더 즐길 가능성이 있는 한 가지 이유라고 한다.[26]

이 모든 것을 이해하기 위해 통계학자들은 기대 수명뿐만 아니라 '매우 건강'하거나 '건강'하게 보낸 햇수로 정의되는 '건강 기대 수명'과 아무런 신체적 제약 없이 지낸 햇수인 '장애 없는 기대 수명'을 추적하기 시작했다. 이 방법론은 모든 자료를 사람들이 어떻게 느끼는지 보고하고 채워나가는 설문조사에 기초하고 있으므로 근거가 엄청나게 명확한 것은 아니다. 설문조사의 범주 역시 광범위하다. '건강이 나쁘다'는 것은 관절염에 걸려서 예전만큼 멀리 걸을 수 없다는 것을 의미할 수도 있고, 치매 초기 단계일 수도 있다. 따라서 더 좋은 데이터가 시급히 필요하다. 하지만 그렇다 하더라도 그 유형들은 인상적이다.

일부 교육 수준이 높지 않은 사람들은 40세라는 젊은 나이부터 보행, 운전, 그 밖의 일상생활을 하는 데 '신체 기능상 제약'을 받고 있다고 한다. 60세에 대학 졸업생들이 그렇지 않은 사람들에 비하여 월등히 좋은 건강 상태를 유지한다. 대학 졸업생들의 거의 절반 이상이 85세에 아무런 신체적 장애 없이 훨씬 행복하게 산다.[27] 이후 5장에서는 일부 고학력자들이 알츠하이머를 예방할 수 있는 '인지비축분'도 갖추고 있다는 사실을 살펴보고자 한다.

교육이 왜 그렇게 중요한지는 정확히 알 수 없다. 일부 전문가들은 교육에 형성 기능이 있다고 주장한다. 교육 덕분에 우리는 '자기 통제'를 더 잘 계획하고 실천에 옮길 수 있으며, 그렇게 함으로써 더 건전한 생활 방식을 선택할 수도 있다. 또한 그것은 우리가 하는 일의 종류에도 영향을 미친다. 미숙련 직종은 육체적으로 부담이 될 뿐만 아니라 정서적으로도 스트레스를 받을 수 있는데 그 두 가지 모두 건강에 좋지 않은 것으로 밝혀졌다.

2000년대 초 역학자 마이클 마멋 경Sir Michael Marmot이 이끌었던 전설적인 영국 공무원에 대한 '제2차 화이트홀 연구Whitehall II Study'에 따르면[28] 배달원이나 경비원처럼 숙련도가 가장 낮은 일을 하는 사람들은 상임이사나 최고경영자들보다 사망률이 3배나 높았다. 또한 그들은 관상동맥 심장 질환과 관련 있는 스트레스 호르몬인

코르티솔Cortisol의 수치가 훨씬 더 높았다.[29] 마멋이 발견한 사실들은 직관에 어긋나는 것처럼 보이지만 의미가 있다. 고위 임원들은 더 오랜 시간 일하고 힘든 결정을 내려야 한다. 하지만 보조 직원들은 사회적 지위가 낮고, 자신의 근무 환경을 통제하기가 훨씬 힘들며, 출퇴근 시간 역시 아마 더 많이 걸릴 것이다.

인생은 공평한 적이 없다. 그러나 사람들이 장수하기 시작하면서 저학력에 가난한 사람들은 고학력에 부유한 사람들보다 더 일찍 '늙은-노인'이 되고, 게다가 그 격차는 점점 더 벌어지고 있다.[30] 맨체스터 대학교의 제임스 나즈루James Nazroo 교수는 영국인들 중 가장 가난한 하위 3분의 1이 70세 때 경험하는 신체적 제약을 가장 부유한 상위 3분의 1이 80세가 되어서야 이제 막 경험하기 시작한다는 사실을 발견했다.

그렇다면 사람들에게 더 평등한 삶의 기회를 제공함으로써 그 격차를 줄이는 것이 우리 시대의 가장 중요한 사회 정의의 사명 가운데 하나임이 분명하다. 부유하고 좋은 교육을 받은 사람들은 이미 자신에게 남은 인생의 시간을 최대한 활용하는 몇 가지 비결을 알고 있고, 이 책에는 더 많은 것들이 있다. 그러나 그 지식을 모든 사람에게 전파하지 않는다면 우리의 건강은 더 나빠지게 될 것이다.

이 방법을 선도하는 나라가 있다. 일본 정부는 '건강 일본 21Health Japan 21' 프로그램을 통해 '건강 기대 수명을 평균 기대 수명의 증가치 이상으로 연장'하는 목표를 분명하게 설정했다.[31] 정부가 소금 섭취량에서부터 혈압 수준, 일일 필요 걸음 수까지 모든 것에 대한 구체적인 목표를 설정함으로써 소위 '생활습관 관련 질병'에 적극적으로 대처하고 있다. 각 지방의 여러 자치단체는 주민들이 건강을 유지하고 흡연과 음주를 줄이며 자신을 스스로 돌보게 하는 다양한 프로그램을 운영한다.

이러한 계획들이 조금씩 사람들의 관심을 끌면서 평균적인 일본 남성은 2013~2016년에 건강한 삶의 기간이 온전히 1년 늘어났다(여성은 6개월 늘었다).[32] 같은 기간에 '출생 시 평균 수명'이 남성은 9개월, 여성은 6개월 증가했기 때문에 이것은 엑스트라 타임에 있어서 진정한 승리였다.[33]

이러한 계획들은 일본에 확고하게 자리 잡고 있는 '자립'의 전통에 기반을 두고 있다. 내가 인터뷰한 다수의 일본 사람들은 나이가 들면서 자식들에게 짐이 되고 싶어 하지 않으면서도 국가가 모든 것을 해주기를 바라지 않았다. 그들은 기꺼이 나쁜 습관을 버리려 한다. 만약 다른 나라들이 이 접근법을 모방하려 한다면 단지 인생의 처음이나 끝에서가 아니라 인생 전반에 걸쳐 이러한 행동 방식과 씨름해야만 그 차이를 좁힐 수 있을 것이다.

## 생각하는 만큼 늙는다

노인들에게 가정용 기기를 판매하는 영국의 스타트업 기업인 스프링 치킨Spring Chicken은 "당신은 외모로 그리고 마음속으로 몇 살이라고 생각하십니까?"라는 설문조사를 했는데,[34] 50~90대의 사람들은 대부분 외모는 실제 나이보다 서너 살 젊다고 생각했지만 마음속으로 생각하는 나이는 그보다 훨씬 더 어렸다. 응답자가 나이 든 사람일수록 그 격차는 더 커졌다. 조사에 응한 80세 나이의 사람들은 마음 같아서는 약 50세로 생각한다고 응답했다. 그들이 망상에 사로잡혀 있는 것일까? 아니면 정말 중요한 무엇을 알고 있는 것일까?

파킨슨병을 앓고 있는 74세의 아버지를 도와줄 가재도구를 찾으려다 별 보람도 없이 포기할 수밖에 없어 스프링 치킨을 창업한 안나 제임스Anna James는 말했다.

"사람들은 자신의 사정을 이렇게 말해요. '난 아직 서른 살인 것 같아. 그저 이놈의 무릎 때문에 꼼짝 못하는 거지'라고요."

그녀의 아버지는 현재 딸의 회사에서 근무하며 제품들을 시험해 보고 있지만 본인 스스로 도움을 받아야 할 사람이라고는 생각하지 않는다. 2017년 제임스는 그녀의 아버지가 전동 휠체어가 필요한 단계에 이르렀다는 것을 깨달았다. 하지만 그는 그것을 고려해볼 생각이 없었다. "사랑하는 마음으로 전투를 시작해야 합니다." 그녀가 말했다. 그녀는 아버지에게 전동 휠체어를 시험해보고 그가 가장 좋아하는 모델에 대해 블로그에 글을 올려달라고 부탁했다. 드디어 때가 왔다. 아버지는 "그 휠체어를 몇 주 동안 빌릴 수 있을까?"라고 물었다. "아빠는 엄마와 함께 유람선 여행을 떠날 때 휠체어를 갖고 탔어요"라면서 그녀는 더 놀라운 일이 있다는 듯 다음과 같이 말했다. "게다가 마침내 배에 같이 탔던 모르는 사람에게 휠체어 한 대를 팔았답니다." 이런 사람은 내면이 아직 젊고 역동적이기 때문에 영업도 할 수 있는 것이다.

## 쾌활해야 하는 이유

길어진 중년의 삶은 우리에게 완전히 새로운 삶의 단계를 열어 주었다. 즉 '젊은-노인'이라는 단계다. 우리는 이 새로운 현실을 직시하여 60~100세까지의 모든 사람을 뭉뚱그려 하나로 생각하던 것을 멈추고, 70대에도 생동감 넘치고 역량 있는 것이 정상이라는 사실을 받아들여야 한다. 미디어 편집자들은 그들이 '연금 수급자'를 어떻게 묘사하는지 살펴보고 젊음을 편협하게 이야기하는 데 빠져 있지 않은지 의문을 제기해야 한다. 정부는 평균 수명이 변했다는 신호의 하나로 기대 수명과 보조를 맞추어 정년을 높이고 이러한 사실을 분명히 해야 한다. 그리고 우리 자신 역시 태도에 도전해야 한다. 그렇지 않으면 우리가 쌓아올린 '노인'에 대한 편견 때문에 우리가 그 단계에 도달했을 때 스스로 피해를 입게 된다.

한 가지 중요한 질문은 '60대 이상의 사람들 중 어느 정도가 베트 내시처럼 목표를 향해 나아가는 유능한 '젊은-노인'이 될 것이며, 어느 정도가 그녀의 여동생처럼 보살펴주어야 할 '늙은-노인'이 될 것인가'이다. 그 질문의 답에 우리 경제의 미래와 우리 사회의 화합이 달려 있다. '늙은-노인'이 너무 많으면 복지와 의료시스템에 과부하가 걸리고 젊은 세대들에게 부담을 지우게 된다. 그러나 사람들이 건강하고 생산적으로 지내도록 돕거나 편견을 없앨 수 있다면 우리는 대부분의 사람이 자신의 마지막 날까지 활기차게 살아가는 신중년이라는 새로운 시대를 맞이할 수 있을 것이다.

이 책의 후반부에서 나는 '젊은-노인'의 기간을 연장하고 '늙은-노인'의 기간을 제한함으로써 젊음의 기간을 변화시킬 수 있는 유전학과 신경과학의 획기적인 발견들을 설명할 것이다. 하지만 사실 그것들을 기다릴 필요가 없다. 우리는 이미 손안에 신중년의 삶을 개선할 수 있는 열쇠 두 개를 쥐고 있다. 그것은 바로 '식이요법'과 '운동'이다.

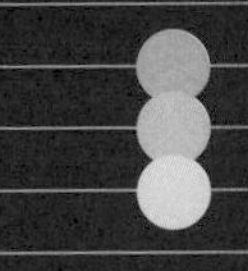

3장

# 바로 시작하라

"운동과 다이어트를 알약으로 만든다면
우리 모두 복용할 것이다."

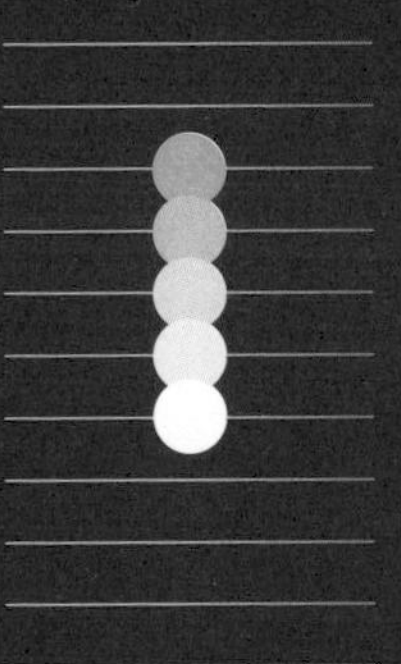

우리가 두려워하는 노화가 사실 정상적인 것이 아니라면 어떨까? 길어진 황혼기에 다양하게 나타나는 현대적 만성 질환의 축적이 주로 생물학적 노화의 실제 경로를 왜곡시킨 서구식 생활 습관의 결과라면 어떨까?

우리는 일반적으로 '어떻게 늙느냐 하는 것'은 유전적 유산과 운에 달려 있다고 가정한다. 그러나 일반적으로 유전자는 운명의 20퍼센트만을 설명해준다. 나머지 80퍼센트는 무엇을 먹고 마시는가, 삶의 스트레스는 얼마나 많은가, 공해 속에서 살고 있지는 않은가, 운동을 하는가(한다면 얼마나 자주 하는가) 등의 환경적 요인에 의해 결정된다.

이것은 이미 우리 손안에 신중년의 삶에 대한 비결을 많이 가지고 있다는 사실을 의미한다. 수십 년에 걸친 연구 덕분에 우리의 동맥과 관절은 서서히 뻣뻣해지면서 만성 질환으로 진행하므로 50세부터 미리 신체 기능의 퇴보에 굴복하지 않아도 된다는 사실을 알았다. 우리는 좋은 음식을 먹고 훨씬 더 활동적으로 생활함으로써 90세까지 비교적 젊게 살고, 치매에 걸릴 위험을 줄이기 위해 치열하게 노력할 수도 있다. 사실상 전 세계의 많은 연구에서 건강하게 늙는 것의 여부에 있어서 가장 강력하고도 유일한 예측 변수는 '운동'이라고 인정했다.[1]

영국의 왕립 의과대학 학술원The Academy of Medical Royal Colleges의 〈기적의 치료Miracle Cure〉 보고서에서 예방 가능한 나쁜 건강의 '가장 밀접한' 4대 원인으로 흡연, 영양 부족, 신체 활동 부족, 알코올 과잉을 꼽았다. 보고서에 따르면 '이 가운데 규칙적인 운동의 중요성이 가장 잘 알려지지 않았다. 그러나 비교적 낮은 수준이라도 활동량을 증가하면 커다란 차이를 만들 수 있다'고 한다. 보고서는 일주일에 다섯 번, 한 번에 30분씩 중간 정도의 격렬한 운동을 하면 심장병, 뇌졸중, 제2형 당뇨병, 몇 가지 암은 물론 치매에 걸릴 위험까지 줄일 수 있다는 결론을 내렸다.[2] 이러한 사실을 사람들에게 훨씬 더 잘 알릴 필요가 있다.

## 삶이 마라톤이라면 전력 질주해야 한다

"운동이 알약이었다면 모두가 그것을 복용했을 거예요."

82세의 노먼 라자루스Norman Lazarus가 런던 브리지에 있는 그의 사무실 밖에서 격렬한 폭우 속을 함께 걸어가던 중에 말했다. 우산을 썼는데도 내 발은 흠뻑 젖었다. 그는 멋진 빨간색 모자 하나만 달랑 쓰고 비 따위는 아랑곳하지 않았다. 작은 키에 짧고 빳빳한 하얀 콧수염을 하고 강단 있어 보이는 라자루스는 규칙적으로 약 100킬로미터를 달리는 장거리 사이클리스트다. 그는 지난 주말 딸과 함께 옥스퍼드셔에서 자전거로 약 300킬로미터를 달리고 이제 막 돌아온 참이었다. 그는 강한 남아프리카 사투리로 "운동하는 것은 아주 좋아요"라고 말했다. "몸과 마음과 근육에 좋답니다. 무엇이든 말씀만 해보세요. 모든 곳에 좋으니까요."

라자루스는 단순한 자전거 광이 아니라 킹스 칼리지 런던King's College London의 명예 교수로 그곳에서 자신과 같은 아마추어 지구력 사이클리스트들에 관한 연구를 공동으로 수행했다. 이 연구에서 조사한 55~79세의 고연령 사이클리스트들은 20대 사람들과 비슷한 면역 체계, 근력, 근육량, 콜레스테롤 수준을 가진 것으로 밝혀졌다.[3] 그런 기준으로 보면 고연령 사이클리스트들은 거의 늙지 않은 셈이다. 연구진은 종이에 적힌 생리 현상만 보고 그들이 몇 살인지 알 수 없고 직접 만나 그들의 주름살을 살펴야 했다.

킹스 칼리지 런던의 연구원들은 자전거 타기, 달리기, 수영 등 지구력 운동이 우리 혈액 속의 T세포 수를 증가시킴으로써 면역 체계를 보호할 수 있다고 생각한다. 이러한 보호 백혈구는 20대 이후부터 매년 약 2퍼센트씩 감소하여 사람들을 점점 감염이나 류머티즘성 관절염과 같은 질환에 취약하게 만든다. 그러나 고연령 지구력 사이클리스트들은 지금까지 발명된 어떤 약도 제공할 수 없는 예방 효과가 있는 T세포를 20세 청년만큼 갖고 있었다.

이 연구에 참여하려면 남성은 자전거로 100킬로미터를 6시간 30분 안에 달릴 수 있어야 하고, 여성은 60킬로미터를 5시간 30분 안에 달릴 수 있어야 했다. 그것은 매우 인상적이었다. 하지만 모두 아마추어지 프로는 아니다. 라자루스와 같은 몇몇은 50대에 자전거를 타기 시작했다. 그들은 자전거 타는 것을 좋아했다. 인터뷰에서 그들은 용케 그 거리를 만족스럽게 완주했을 뿐만 아니라 그 결과 기분이 기가 막히게 좋았고 자전거를 더 많이 타고 싶다고 말했다.

라자루스는 아마추어 동호인들과 함께 자전거를 탄다. 또한 일주일에 세 번 체육관에 가서 역기 들기와 같은 소위 '반중력 운동'을 한다. 85세인 그의 아내처럼 그의 많은 친구가 자전거를 탄다. 그는 "우리는 모두 죽을 거예요, 그럼요. 하지만 지금 우리 중에는 아무도 아프지 않아요. 물론 언젠가는 감염을 피할 수 없는 지경에 이르게 되겠지요. 그러나 그때 가면 마음 같아서는 오래 아프지 않고 빨리 죽을 것 같아요"라며 기운차게 이야기했다. 그는 병치레 기간이 짧아지고 있다는 것을 보여주기 위해 양 손바닥을 마주하여 서로를 향해 가깝게 좁혀보았다. 그것이 바로 그와 그의 친구들이 '젊은-노인'에서 '늙은-노인'으로 점차 변해가면서 가장 염원하는 축복받은 짧은 종말이다.

사이클리스트들이 유난히 건강해서 계속 자전거를 타는 것일까 아니면 자전거를 타기 때문에 건강한 것일까? 라자루스는 후자 때문이라고 믿는다. 그는 사이클리스트들에게서 볼 수 있는 것은 '활동하지 않아 생기는 문제들이 전혀 없는 진정한 생물학적 노화'라고 주장한다.

진정한 생물학적 노화가 어떤 모습일지 보고 싶다면 배를 한 척 빌려 섬 한 군데를 찾아가보는 것이 좋다.

터키 서해안의 아름다운 그리스의 섬 이카리아Ikaria에서는 주민의 세 명 중 한 명이 90대까지 살고 치매에 걸린 노인은 찾아보기 힘들다. 이카리아 사람들이 암이나 심장병에 걸리는 경우도 그다지 흔치 않고 발병한다고 해도 그 시기는 미국인보다 8년에서 10년 정도 늦다. 또한 이카리아인들은 우울증을 앓는 경우가 상당히 적은 것으로 알려져 있다.[4] 이카리아에서는 하루에 스무 개의 언덕을 걷지 않고는 생활하기 힘들 정도로 주민들은 야외 생활을 무척 많이 한다. 이것이 바로 그들의 건강과 어떤 관계가 있는지도 모른다.

이와 같이 이카리아는 사람들이 유난히 건강하게 장수하는 블루존 가운데 하나다(13쪽 참조). 어떤 유전적 특성이 있는 것 같지는 않다. 비밀은 생활 방식에 있다. 블루존에서 먹는 식물성 식단에 대한 논의가 많지만 운동에 관해서는 관심이 훨씬 덜하다. 그러나 사르디니아Sardinia, 오키나와 혹은 다른 블루존 어디에서든 원기 왕성하고 장수하는 사람들은 야외 생활을 매우 활발하게 한다는 사실은 분명하다.

이러한 활동은 음악이나 영상에 맞춰 근육 단련 운동을 하는 헬스장에서의 '운동'이 아니다. 그것은 자동차, 로봇 청소기, 다른 장치가 대체했던 일상생활에 내재된 활동을 말한다. 우리는 물을 기르거나, 나무를 하거나, 채소를 재배하지 않기 때문에 몇 시간을 절약했다. 하지만 그것 때문에 민첩성을 잃지는 않았을까? 활동해야 근육량을 유지하고 우리의 원초적인 뇌를 옛 수렵 채집 기능과 연결함으로써 스트레스를 줄여주며, 체내에서 일련의 화학적 신호를 촉발하여 면역력을 강화한다. 계단보다 엘리베이터를 타거나 걷기보다 운전을 할 때마다 우리가 인식하는 것보다 더 많은 것을 잃고 있는지도 모른다.

지금까지 나는 지구력 운동선수들이 유전적인 성향이나 경쟁에 대한 광적인 강박관념을 가진 별난 사람들이라고 생각했다. 하지만 이제는 그들이 궁금해졌다. 1970년대 당시 유행하던 달리기를 시작으로 운동에 푹 빠지게 된 미국의 평범한 70대 노인 집단에서 놀라운 결과가 나타났다. 그 후 50년 동안 몇몇은 조깅을 하고, 다른 이들은 사이클링이나 수영, 체조를 했지만 그들은 경쟁이 아니라 취미 삼아 운동을 규칙적으로 했을 뿐이다.

연구원들을 놀라게 한 것은 이 70대 사람들의 근력이 모세혈관과 효소의 수에 있어서 25세 청년들과 거의 차이가 없었다는 점이다. 그들의 유산소 운동 능력은 규칙적으로 운동하지 않는 동년배들보다 40퍼센트나 더 좋았다. 인디애나 주 볼 주립 대학교Ball State University의 연구원들은 운동 덕분에 남성과 여성 모두 달력나이보다 생물학적으로 30년 더 젊어졌다고 결론지었다.[5]

이것은 우리 모두에게 희망이 있다는 것을 암시하므로 이러한 발견의 중요성을 과장하는 것은 불가능하다.

## 내년에는
## 더 젊어진다

신체 단련의 관점에서 인간은 가능하다고 생각했던 한계를 계속해서 극복해나간다. '마스터스Masters' 스포츠 행사는 35~100세 사람들을 위한 일종의 아마추어 올림픽이다. 이 대회는 2016년 일본 선수 히루 다나카Hiroo Tanaka가 100미터를 15.19초 만에 뛰었던 것과 같이 놀라운 기량에 관한 뉴스거리를 정기적으로 만들어낸다. 다나카의 기록은 2009년 베를린에서 열린 세계육상선수권대회에서 자메이카의 우사인 볼트Usain Bolt가 세운 세계 신기록 9.58초와는 거리가 멀었다. 그러나 볼트는 23세, 다나카는 85세였다.

마스터스 선수들은 고령까지 경기력을 그저 유지만 한 것이 아니라 시간의 흐름에 따라 끊임없이 향상시켜왔다. 그들의 운동 성과는 지난 40년 동안 '상당히 지속적으로' 향상됐다. 그리고 가장 높은 수준의 개선을 75세가 넘는 최고령 수영선수와 육상선수들이 이루었다.[6] 이것은 우리가 '젊은-노인'을 이해하는 시작 단계에 있을지도 모른다는 것을 암시한다. 진지한 운동선수들을 위한 성배 중 하나인 최대 산소 소비량, 즉 $VO_2$ 최대치가 감소하는 비율은 마스터스 선수들이 비활동적인 동료들의 절반 수준이다.[7] 이에 대한 한 가지 설명은 규칙적인 유산소 운동이 근육에 더 많은 산소를 공급한다는 것이다. 유산소 운동을 많이 하면 할수록 심장과 혈액 순환이 더 활발히 반응하여 산소를 신체 곳곳에 공급할 수 있다.

강도 높은 운동을 한다고 해서 수명이 크게 연장되는 것은 아니다. 지난 100년 동안의 올림픽 기록에 따르면 올림픽 참가자들은 보통 사람들과 비교했을 때 평균 3년밖에 더 살지 못했다.[8] 하지만 그들이 얻은 건강상 이득이 상당히 크다. 분명히 사이클 선수들과 조정 선수들이 가장 큰 이득을 얻을 것이다. 심지어 골프와 같은 저강도 스포츠를 하는 것도 건강에 도움이 될 수 있다. 시드니 대학교의 애드리안 바우만Adrian Bauman 교수와 사우스캐롤라이나 대학교의 스티븐 블레어Steven Blair 교수는 '올림픽 참가자 수명에 관한 연구'에 대한 논평에서 우리가 운동에서 혜택을 보고 '개인적인 금메달'을 따기 위해서라면 모두 올림픽 선수가 될 필요는 없다고 강조했다. 그들은 정부가 신체 활동을 개선하기 위해 훨씬 더 많은 일을 해야 한다고 촉구했다.

우리 모두 마라톤을 뛸 필요는 없다. 어떤 운동 경기라도 일정 수준의 한계에 도달하면 건강을 증진시킬 수 없고 오직 경기력만 향상시킬 수 있다. '4만 년 이상 계속된 진화를 돌이켜보라'고 라자루스는 말했다.

"우리는 사냥할 줄 알아야 했습니다. 하지만 당신은 사냥감을 쫓아 25킬로미터나 달려가지는 않을 것입니다. 그저 고기 한 덩어리를 얻자고 그렇게까지 할 필요는 없다고 생각하겠지요. 당신은 사냥감을 2킬로미터 정도까지 쫓아가다가 그만두고 다른 동물을 추적하려 할 것입니다."

그렇다면 마음이 놓인다. 나는 달리기를 좋아하지 않는다. 헤드

폰에서 나오는 흘러간 히트곡을 들으며 친구들과 함께 달릴 때만 버텨낼 수 있다. 하지만 라자루스는 우리가 갑자기 드넓은 사막 한가운데로 옮겨진다면 현대의 사무실 근로자 중 먹잇감을 쫓아 수 킬로미터를 추적할 수 있는 체력을 가진 사람이 몇이나 되는지 궁금하게 만든다.

나는 초조한 나머지 그의 생각에 내가 운동을 충분히 하고 있는지 물었다. 나는 근처 공원에서 일주일에 두 번 영국군 체력 단련을 하고, 할 수 있다면 모임 장소까지 자전거를 타고 가며, 일주일에 한 번 가볍게 테니스를 친다. 내가 이것을 오직 운이 좋은 주에만 그렇게 한다는 사실은 언급하지 않았다. "완벽해요." 그는 마치 내가 사이클링 동호회에 들어갈 만큼의 일을 해냈다는 듯이 환하게 웃으며 말했다. "자신이 즐기는 것을 하세요." 그는 잠시 말을 멈췄다. "하지만." 나를 뚫어지게 쳐다보며 조언했다. "당신은 목표를 좀 더 야심차게 세울 필요가 있네요."

솔직히 우리 모두에게 부족한 것이 야망이다. 내가 이 책을 쓰려고 자료 조사를 시작했을 때 나는 내가 운동을 꽤 한다고 생각했다. 그러나 이제는 다소 안락한 상황에 주저앉았다는 것을 깨닫고 공포에 휩싸였다. 테니스도 단식 경기가 아니라 복식 경기를 했으며 잡담하고 카푸치노를 즐겼다. 영국군 체력 단련 그룹에서도 하위 그룹으로 떨어졌다. 예전처럼 자주 땀을 내면서 운동하지 않는다. 비록 그렇게 노골적으로 말하는 사람이 거의 없지만 많은 전문가들은 땀이야말로 운동에 있어서 정말 중요한 척도라는 사실을 믿는다.

우리의 건강 시스템 역시 야심적이지 않다. 노인들은 “너무 무리하지 마세요”는 말을 자주 듣는다. 그러나 50세부터 근육과 뼈의 질량이 매년 2퍼센트 정도씩 감소하기 시작한다.[9] 우리는 그 나이부터 근력 운동과 유산소 운동에 전념해야 한다. 그렇게 하기는커녕 우리는 놀라울 만큼 많은 시간을 담배 피우는 것만큼이나 위험하다는 좌식 생활을 하고 있다.

## 그냥 앉아 있지 마라,<br>무언가 하라

앉아 있는 것이 담배를 피우는 것만큼 위험하다는 생각은 터무니없게 들리지만 적은 양의 신체 활동이라도 하지 않으면 점증적으로 장애로 이어진다는 증거가 노르웨이에서 캐나다에 이르기까지 전 세계에 퍼져 있다. 우리가 앉아 있으면 운동으로 예방할 수 있는 고약한 질병에 걸릴 위험에 더 많이 노출된다.[10] 당신이 암에 걸렸다면 그것이 당신 잘못이라는 의미가 아니다. 나는 병에 걸린 사람들이 윗몸일으키기를 충분히 하지 않았다거나 브로콜리를 충분히 먹지 않았다는 듯이 암시하는 부당한 경향을 싫어한다. 하지만 증거가 너무 설득력이 있으므로 오늘날 담배를 계속 피우는 것이 바보 같아 보이듯이 20년 이내에 운동을 매일 하지 않는 것이 어리석어 보일 것으로 나는 예상한다.

J. N. 노리스Norris와 그의 동료들은 1953년 〈란셋The Lancet(영국 주간 의학 전문 학술지_옮긴이)〉에 런던의 버스 운전사들이 차장들보다 심장병을 앓을 가능성이 더 크다는 보고서를 게재한 이후 우리는 앉아서 일하는 직업이 위험하다는 사실을 알았다.[11] 이것은 뛰어나게 명쾌한 연구였다. 두 그룹의 직원은 근무시간이 같고, 같은 공기를 마시며 출신 배경도 비슷하다. 주요 차이점은 운전사들은 온종일 앉아 있고 차장들은 차 안을 돌아다니며 차표를 챙기고 사람들과 수다를 떤다. 자신도 모르는 사이에 차장들은 건강에 훨씬 더 좋은 직업을 선택한 셈이다.

한 번에 한 시간 이상 앉아 있으면 체지방을 태우고 좋은 콜레스테롤을 만들어내는 LPL 효소가 급격히 감소한다.[12] 그것은 또한 다리근육과 엉덩이근육을 약화시켜 노인들이 쉽게 넘어지게 만든다. 주말 운동만으로 자동차, 책상, 컴퓨터 모니터 앞에 장시간 앉아 있는 영향을 없애지 못할 것이다. 평일에 충분히 돌아다니는 사람들의 비율은 미국과 영국에서 인구의 4분의 1이며, 호주에서는 3분의 1에 불과하다. 최소 권장 수준인 일주일에 다섯 번 신체 활동이라는 목표를 달성하는 영국인은 고작 7퍼센트로 노인들의 신체 활동 수준이 가장 낮다.[13]

특히 트럭 운전이나 컴퓨터 자판을 두드리는 것으로 생계를 유지한다면 개선하기가 쉽지 않다. 이 때는 핏비트Fitbit(착용식 의료 기기_옮긴이)가 도와줄 수 있다. 하루에 만 보씩 걷는 사람들은 그렇지 않은 사람들보다 혈압이 낮고, 포도당 수치가 더 안정적이며, 기분이 더 좋다.[14] 10,000이라는 숫자에 특별한 마법이 있는 것은 아니다. 흔히 10,000을 기준으로 삼는 것은 1960년대에 일본 회사에서 팔았던 최초의 보행계수기가 '만보기' 혹은 '일만 보 측정기'라고 불린 데서 유래한 듯하다. 어떤 사람들은 만 오천 보 정도가 평균적인 이카리아나 오키나와 사람들이 하루에 걸어 다니는 거리와 더 비슷하다고 생각하지만 중요한 것은 매일매일 계속해서 움직이는 것이다.

## 문제는
## 운동 부족이다

"우리는 노화의 개념을 혼동하고 있습니다."

영국 보건 당국Public Health England의 임상 고문이자 NHS(영국의 국민 건강보험_옮긴이)의 최고 지식 관리자였으며 《Sod 70! The Guide to Living Well》이라는 멋들어진 제목의 책을 쓴 뮤어 그레이 경Sir Muir Gray이 목소리를 높였다.

"사회는 질병, 체력 상실, 의존, 치매, 노쇠가 당연하다고 인식합니다. 그러나 사실은 그렇지 않습니다."

부스스한 백발에 강인한 에너지를 내뿜는 73세의 그레이는 노쇠해진다는 생각을 전혀 하지 않았다. 그는 검은색 나이키 운동화를 뽐내며 회의 장소까지 걸어왔다고 스코틀랜드 사투리가 섞인 쉰 목소리로 분명하게 말했다. 나는 망신을 당할까봐 겁이 나 얼마나 걸어왔는지 감히 묻지 못했다. 그레이는 사람들이 진정한 노화의 결과와 너무 적은 활동량 때문에 주로 발생하는 건강의 상실과 혼동하고 있다고 확실히 믿는다. 그는 이렇게 설명한다.

"장기 질환을 앓는 사람이나 고통을 경험해본 사람들은 종종 질환이 많으면 많을수록 신체 단련의 4대 요소인 체력, 정력, 유연성, 기술을 더욱 개선할 필요가 있다고 생각하지 않고 운동을 하면 상황이 더 악화된다고 오해합니다."

예를 들어 일부 의사들은 골관절염 환자에게 운동할 것을 처방전으로 내놓지만 다른 여러 질환에는 운동을 처방하지 않는다.

그레이는 우리가 모든 연령대의 사람들에게 활동적이 되라고 요구하는 것이 정상적인 처방이라고 인정하면 수십억 달러를 절약할 수 있다고 생각한다. '거의 매주 의료와 요양 서비스 비용이 상승한다는 기사들이 쏟아진다'며 그가 말했다.

"마치 의료와 요양 서비스가 필요한 것이 노화가 가져오는 불가피한 결과인 것처럼 언론은 온통 노인 인구의 증가를 비난합니다. 하지만 운동을 함으로써 요양 서비스의 필요성을 줄일 수 있어요."

2017년 그와 동료들의 계산에 따르면 영국은 노인들에게 간병인이 필요하다든가 요양원에 가야 하는 등 독립된 생활에서 의존 생활로 가는 경계선을 넘지 않도록 '신체 단련을 약간만 개선한다면' 매년 수십억 달러를 절약할 수 있다.[15]

우리가 철저하게 활동적인 상태를 유지하지 않으면 부자연스러운 근육 결림, 근육 긴장도와 면역력의 추가 손실, 동맥 경화 등으

[표 3-1] 심부전 발생 관련 신체 단련 격차 추이

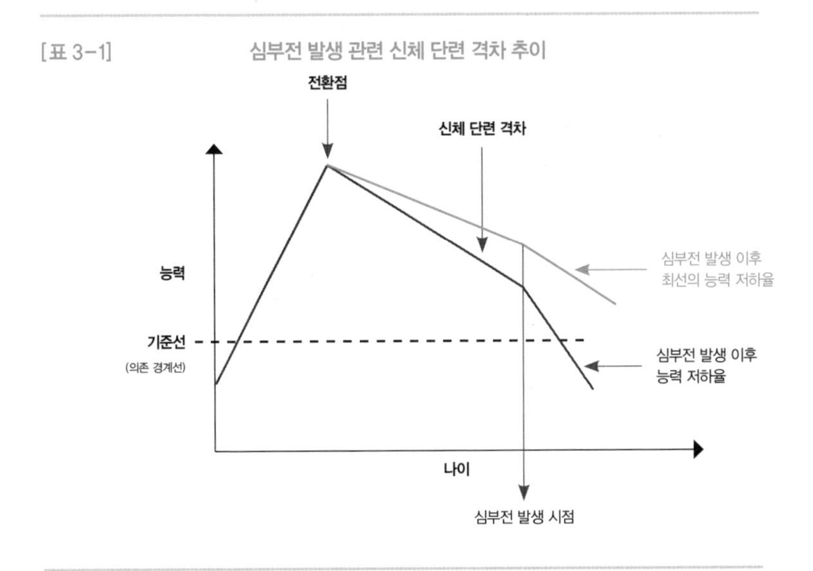


로 자연적인 쇠퇴가 가속될 것이다. 그레이는 이것을 '신체 단련 격차([표 3-1] 참조)'라고 부르는데 이는 우리가 활동적으로 되기 위하여 '얼마나 할 수 있는지'와 '얼마나 할 수 있었는지'와의 간격이다. 신체 단련 격차는 30대부터 눈에 보이지 않게 시작된다. 60대가 되어 격차가 벌어지면 예를 들어, 버스를 타려고 뛰어간다든지 계단을 오르는 것과 같이 우리가 하고 싶은 기본적인 일을 할 수 없다는 사실을 발견할지도 모른다. 우리가 이러한 신체의 경고에 주의를 기울이지 않으면 결국 경계선을 넘어 의존 생활을 할 수도 있다.

신체 단련 격차는 어느 연령대에서나 좁힐 수 있다고 그레이는 주장한다. 그에 따르면 심지어 90세 노인도 비교적 적은 양의 운동으로 체력을 향상시킬 수 있다.[16] 균형 잡기와 보행 훈련, 체중이 실리는 가벼운 운동을 3개월 하면 낙상을 줄일 수 있다. 65세 이상 노인들은 다른 어떤 부상보다 낙상 때문에 병원 신세를 지는 경우가 5배나 많다. 그것이 '독립 생활을 할 것인가' 아니면 경계선을 넘어 '의존 생활을 할 것인가'의 차이를 만들어내기도 한다.

영국에서는 구급차 호출의 10퍼센트가 낙상한 노인들 때문이다.[17] 고관절이 골절된 사람들의 절반은 나중에 다른 사람에게 의존하게 된다. 그러나 육체적 활동은 낙상의 위험을 반으로 줄일 수 있다.[18] 그것은 또한 근육과 골밀도를 강화해 골절의 가능성을 낮춘다.[19] 우리는 인도주의적 차원에서는 말할 것도 없고 비용 효과 측면에서도 모든 지역 사회는 그러한 프로그램에 투자해야 한다.

약간의 상상력을 발휘하면 여기에서 더 나아갈 수 있다. 미라 리햅MIRA Rehab이라는 회사는 3~102세 사람들의 균형 잡는 것을 개선하기 위해 소프트웨어 게임을 사용한다. 한 게임에서 사람들은 앉아서 혹은 일어서서 피아노를 친다. 즉 각각의 동작에 따라 서로 다른 '음'이 나는 것이다. 미라의 창시자 코스민 미하이우Cosmin Mihaiu는 한 뇌졸중 환자가 너무 간절히 곡 전체를 연주하려고 노력한 덕분에 앉고 일어서는 동작을 치료사가 가능하다고 예상했던 것보다 더 많이 할 수 있었다고 설명했다. 한 임상시험에서 일주일에 세 번씩 12주 동안 이 게임을 한 사람은 통계상 의미 있는 수준으로 몸의 균형과 통증이 개선된 사실을 발견했다.[20]

그러나 운동이 필요한 많은 90세 노인들이 '운동은 젊은이들을 위한 것이며 나이 든 사람들은 휴식을 취해야 한다'는 일반적인 사고방식에 직면한다. 우리는 노인들에게 고통을 해결할 수 있는 운동을 처방하기보다는 그것을 일시적으로 모면하는 약을 준다. 영국에서는 60세 이상이면 처방약이 무료다. 캐나다 온타리오 주는 곧바로 그 뒤를 따라 고령자들을 위한 처방약 비용을 없앴다.[21] 그러나 헬스장 회원권이나 물리치료는 무료가 아니다. 우리는 사람들이 자신의 몸을 이해하고 근육을 강화하도록 도와주면서 건강에 대한 책임을 지도록 장려하는 대신 가장 손쉬운 방법으로 알약을 복용하게 만든다. 그것이 그들에게 잘못된 메시지를 보내고 있다.

만약 우리가 사람들이 의존 생활로 가는 경계선을 넘지 못하도록 진지하게 생각한다면 낙상을 예방하는 것뿐만 아니라 치매의 시작을 지연시키는 데 엄청난 노력을 기울일 것이다. 하지만 우리는 아직 성공할 기미가 보이지 않는 치매 치료제를 찾는 데만 모든 초점을 맞춘다. 개인별로 치매의 시작을 5년만 늦출 수 있다면 치매 환자를 3분의 1로 줄일 수 있을 것이다. 치매는 보통 인생의 후반기에 찾아오는 병이기 때문이다.[22]

## 건강한 생활 방식이<br>그 어떤 약보다 낫다

1979년, 피터 엘우드Peter Elwood라는 열성적인 젊은 과학자가 사우스 웨일스의 계곡 마을인 케어필리Caerphylly 거리를 터벅터벅

오르내리면서 집집마다 문을 두드렸다. 그와 그의 팀 동료들은 45~59세의 모든 남성에게 자신들의 건강을 추적하기 위해 5년마다 의대생들이 손가락으로 몸의 곳곳을 이리저리 눌러 보고 청진기를 들이대보는 등의 건강 면접에 대한 참여 의사를 물어보았다. 후보자의 90퍼센트인 2,500명의 웨일스인이 동의한 사실로 볼 때 그들의 제안은 확실히 설득력이 있었다.

케어필리는 멋진 시골 마을로 유럽에서 가장 위대한 중세 성의 본거지 중 하나로 꼽히는 곳이지만 부유한 지역은 아니다. 엘우드는 케어필리 주민들의 심장 질환 발생률이 높은 편이었기 때문에 현실적으로 그곳을 선택했다.[23] 엘우드는 과거 아스피린이 심장 질환을 예방할 수 있다는 것을 증명했던 팀의 일원으로 이제는 아스피린으로부터 가장 큰 혜택을 받는 사람이 누구인지 증명하고 싶었다. 그는 비록 그렇게 하는 데는 실패했지만 그 후 35년의 연구 끝에 훨씬 더 큰 영향을 주는 중요한 것을 발견했다.

케어필리 코호트 연구Caerphilly Cohort Study 결과를 처음 읽었을 때 나는 어안이 벙벙해졌다. 내가 지금까지 그것을 전혀 들어본 적이 없었다는 사실을 믿을 수가 없었다. 그것은 생활 방식을 간단히 바꾸기만 해도 암, 당뇨병, 심장마비, 뇌졸중 그리고 심지어 치매의 위험을 극적으로 낮출 수 있다는 사실을 시사했기 때문이다.

연구원들은 혈액 표본을 채취하고 각 사람의 체중을 재며 간단한 다섯 개의 질문을 던졌다. 비흡연자인가? 일주일에 5일, 하루에 적어도 30분 동안 운동이나 걷기를 하는가? 하루에 적어도 과일과 채소 240그램과 지방은 30퍼센트 이하로 구성된 식단을 먹는가? 하루에 순수 알코올 40밀리미터 미만의 술을 마시는가? 신체 비만 지수BMI가 18~25의 건강 체중인가?

그 이후 35년 동안 질문 중 네 개 또는 다섯 개에 대해 일관되게 '그렇다'라고 대답한 남성들이 그렇지 않은 사람들보다 삶의 질이 놀라울 정도로 더 좋았다.[24] 당뇨병으로 고생한 사람은 70퍼센트 적었고, 심장마비와 뇌졸중을 앓은 사람은 60퍼센트 적었으며, 암에 걸린 사람은 35퍼센트 적었고,[25] 인지 장애나 치매를 경험할 가능성은 60퍼센트나 낮았다. 엘우드는 이 마지막 발견을 '진짜 금싸라기The real gold dust'라고 불렀다. 가장 건강한 집단에 속한 사람 중에서 훗날 치매에 걸린 사람이라 할지라도 치매 발생은 6년에서 7년 정도 늦게 시작했다.

비교적 작은 변화로 이러한 결과가 달성되었다는 사실을 기억하라. 엘우드 팀은 사람들에게 자전거 타기 광신자가 되라고 하지 않았고, 단지 걷기를 시작하고 술과 담배를 줄이라고 부탁했다. 그들은 심지어 사우스 웨일스에서는 누구한테도 하루에 채소나 과일을 400그램 먹게 할 수 없다는 충고를 들은 후 다이어트 기준을 하루 400그램에서 240그램으로 낮췄다!

"케어필리의 결과를 바탕으로 우리는 다음과 같은 매우 확실한 도전을 할 수 있어요. 만약 모든 사람에게 건강한 행동을 한 가지 더하도록 촉구하고 그들 중 반만 그렇게 한다면 당뇨병은 12퍼센트, 심장마비와 뇌졸중은 6퍼센트, 치매는 13퍼센트 감소할 것입니다. 그러면 NHS가 수백만 달러를 절약할 수 있게 되지요"라고 엘우드는 주장했다.

그러나 안타깝게도 그러한 절약은 한 번도 실현되지 못했다. 엘우드의 연구에서 비교적 소수의 사람만이 건강한 행동 중 4가지를 간신히 지켜냈다. 30년 후, 엘우드는 자신의 인생 업적을 되돌아보며 웨일스의 케어필리 사람들의 행동은 거의 변하지 않았다고 회고했다.[26] 그는 2013년에 '우리는 건강한 생활 방식이 어떤 알약보다 낫다는 사실을 발견했다. 하지만 사람들은 동기부여가 되지 않았다'고 말했다.

이러한 점은 반드시 달라져야 한다. 엘우드가 치매에 관해 발견한 내용이 후속 연구로 보강되었기 때문이다. 2017년, 란셋 치매 위원회Lancet Commission on Dementia는 당뇨병, 비만, 고혈압, 신체적 비활동, 흡연 등과 맞서 싸우는 과정을 통해 '치매의 중요한 부분을 예방할 수 있다는 증거가 있다'고 주장했다.[27]

## 음식이 약이다

2017년, '인지 손상과 장애 예방을 위한 핀란드 노인성 질환 중재 연구FINGER, Finnish Geriatric Intervention Study to Prevent Cognitive Impairment and Disability'는[28] 생활 습관의 변화가 뇌에 미치는 영향에

대하여 한층 고무적인 결과를 보고했다. 연구원들은 치매 위험이 증가하는 시점이라고 판단되는 60~77세의 연구 대상자 1,260명을 모집했다. 이중 절반은 건강 상담만 규칙적으로 받고, 나머지 절반은 건강한 식생활과 체력 훈련, 유산소 운동, 뇌 훈련(이것에 대해서는 5장에서 살펴보겠다) 등으로 구성된 종합 프로그램에 참여했다.

2년 후 결과에서 더 잘 먹고, 더 활동적이며, 뇌 훈련을 더 많이 한 사람들은 그렇지 않은 집단보다 기억력과 지능 검사에서 25퍼센트 더 높은 점수를 받았다. 심지어 믿을 수 없을 정도로 그들의 실행 능력이 83퍼센트 향상되고 정신 처리 속도는 150퍼센트 증가했다. 흥미롭게도 이러한 개선 결과는 성별, 교육 수준, 사회경제적 지위, 혈압 또는 콜레스테롤 수치 등과는 무관하게 나타났다.

식이요법이 FINGER의 핵심이다. 이 연구가 시작될 때 과체중인 참가자들은 음식 섭취와 관련하여 칼로리를 줄임으로써 체중을 5~10퍼센트 정도 감량할 것을 권고받았다. 그다음 과일과 채소를 많이 먹고, 생선은 일주일에 적어도 두 번 섭취하며, 정제된 곡물 시리얼보다 통밀 시리얼을 선택하고, 버터 대신 식물성 마가린 혹은 유채 기름을 사용하도록 안내받았다. 그들은 또한 설탕 섭취를 하루 최대 50그램으로 제한하고 기름진 유제품과 육류를 제한하도록 요청받았다.

이런 종류의 '북유럽 식단' 또는 '지중해 식단'은 블루존에서 소비하는 식물성 고섬유질 식품을 광범위하게 반영한다. 이러한 식이요법은 특이한 상점을 방문하거나 최신 유행하는 식품에 거금을 쓸 필요가 없으므로 중산층들도 부담 없이 실천할 수 있다.

자신을 건강관리의 실패자로 생각하며 식이요법을 시작한다는 사실은 맥 빠지는 일이다. 하지만 한 가지 다행스러운 기본 원칙은 일반적으로 심장에 좋은 음식은 뇌에도 좋다는 사실이다. 그것은 채소와 과일을 많이 먹고 섬유질을 충분히 섭취하며 가능한 한 가공식품을 피해야 한다는 것을 의미한다. 또한 음식을 알맞게 먹고, 섭취한 칼로리보다 더 많은 칼로리를 소모해야 한다는 것을 의미하기도 한다.

문제는 이런 메시지들이 성공적으로 전달되지 않는다는 점이다. 란셋 치매 위원회는 중년의 비만율로 말미암아 치매 발생이 2030년까지 중국은 19퍼센트, 미국은 9퍼센트 증가할 것으로 예측했다.[29]

## 최악의 적은 '우리 자신'이다

호주 멜버른 대학교의 노인병 전문의인 안드레아 마이어Andrea Maier 교수는 '우리는 매우 게으르다. 인간은 매우 게으른 종이기 때문에 그것을 극복해야만 한다'고 아주 직설적으로 말했다. 그녀는 50세인 두 사람이 서로 매우 다르게 보일 수 있는 데는 3가지 주된 이유가 있는데 첫째는 신체적 활동 수준, 둘째는 흡연 여부, 셋째는 식이요법이라고 주장했다. 물론 오늘날 흡연율은 점점 떨어지고

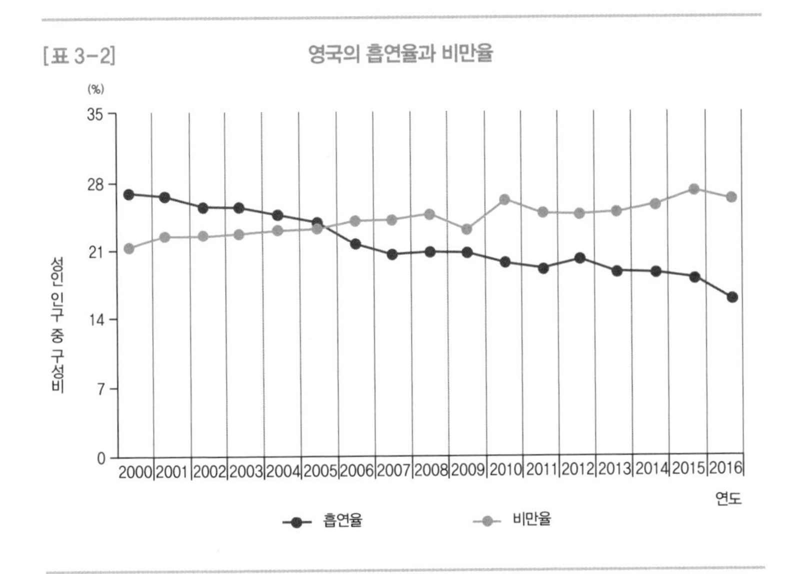


[표 3-2] 영국의 흡연율과 비만율

있다. 그러나 우리가 담배를 정복하는 사이에 비만이 그 자리를 대신 차지하는 중이다.

나의 어머니 상태를 도표로 그려보면 아마도 [표 3-2]와 비슷할 것이다. 미국 수녀원 부속학교에 대한 반항으로 담배를 피우기 시작한 어머니는 14살에 이미 골초였다. 동맥이 너무 막혀 가벼운 뇌졸중이 찾아온 70세까지 그녀는 담배를 계속 피웠다. 그녀는 니코틴 패치의 도움을 받기도 했지만 담배를 끊는 일은 끔찍한 투쟁이었다. 그녀는 즉시 초콜릿을 게걸스럽게 먹기 시작했고, 체중이 13킬로그램이나 불어 자신이 그토록 자랑스럽게 생각하던 완벽한 몸매를 잃어버렸다. 당뇨병이 찾아왔고 훗날 혈관성 치매가 진행됐다. 어머니에게 마지막으로 치명적인 심장마비가 일어난 후에 나는 그녀가 계속 담배를 피우며 지내는 편이 더 행복했을지도 모른다는 생각을 떨쳐버릴 수 없었다. 어머니는 아버지가 세상을 떠난 후 두 번 다시 다른 사람을 위해 요리하고 싶지 않다며 거의 전적으로 인스턴트 음식만으로 생활했다. 게다가 같은 세대 사람들 대부분이 그랬던 것처럼 운동을 해야 한다는 인식이 단순히 시야에 없었기 때문에 그 어떤 운동도 하지 않았다.

처음에 어머니는 자신에게 무슨 일이 일어나고 있는지 전혀 알아차리지 못했다. 자신과 비슷한 덩치를 가진 사람들을 주로 보는 사람은 살찌는 것이 정상적으로 보이기 때문에 자신에게 무슨 일이 일어나는지 조금의 낌새조차 알아차리지 못할 수 있다. 우리는 주변 사람들에게 '의지'하려는 심리적 경향이 매우 강하다. 부모 3,000명을 대상으로 한 어느 연구에서 그들 중 3분의 1은 자신의 자녀가 비만인지 과체중인지 인식하지 못했다.[30]

목소리가 큰 압력단체는 비만이 유전이라고 우기지만 나의 어머니는 몸이 마르고 키가 큰 부류의 사람이었다. 비만이 확산하고 있음을 보여주는 어떤 지도든 살펴보라. 미국의 모든 주와 영어권 국가들 그리고 멕시코 지역을 휩쓸 정도로 이렇게 급속히 확산하는 질병이 유전으로 발생한다는 것은 도저히 불가능하다. 유전자는 사람들이 음식을 거부하고 체중 조절을 더욱 힘들게 하는 인자를 '총에 장전'한다. 하지만 유전자가 '방아쇠를 당기는' 때는 식이요법과 좌식 생활 방식과 같은 환경을 만났을 경우다.

영국 성인 네 명 중 한 명, 미국 성인 열 명 중 네 명은 현재 임상적으로 비만이다. 영국인들이 서유럽에서 평균 신체 비만 지수가 가장 높다.[31] 그것은 자신의 칼로리 소모보다 더 많은 칼로리를 섭취하기 때문이다. 미국인의 평균 총 칼로리 섭취량은 1970년 2,109칼로리에서 2010년 2,568칼로리로 증가했는데[32] 이것은 매일 대형 스테이크 샌드위치를 하나씩 먹는 것과 같은 수준이다. 특히 운전을 더 많이 하므로 이를 상쇄할 만큼 충분히 운동하는 사람은 거의 없다.

현재 일부 전문가들은 식이요법을 자동차 소유보다 덜 중요하게 생각한다. 1949년 영국에서 기계적인 수단으로 여행한 거리 가운데 34퍼센트가 자전거를 이용한 것이었지만 오늘날 그 비율은 불과 1~2퍼센트다.[33] 운전을 많이 할수록 더 뚱뚱해진다는 상관관계가 6년의 시차를 두고 충격적으로 나타난다([표 3-3] 참조).[34]

[표 3-3] (6년 후행 상관관계) 미국의 비만과 운전

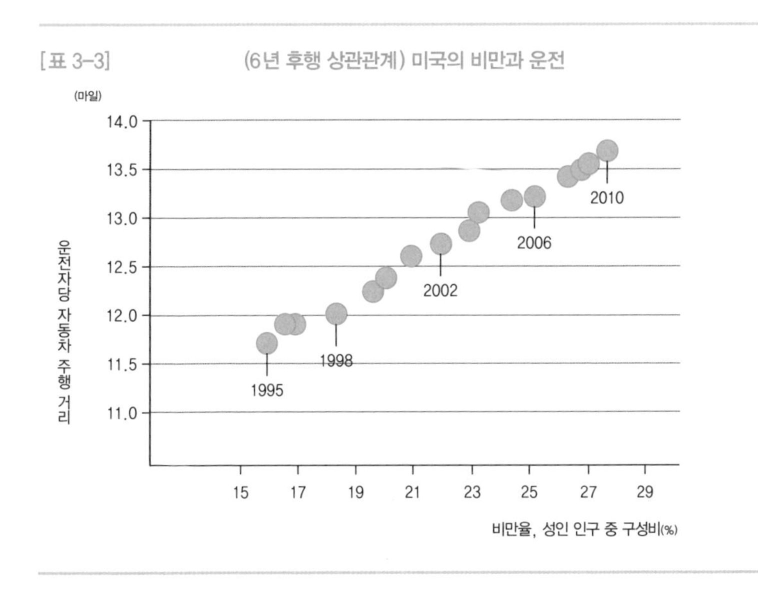

## 비만은 나이보다 빨리 늙게 만든다

캐나다의 한 연구에 따르면 고도 비만이 수명을 8년 단축할 수 있다고 한다. 하지만 과체중도 분명히 나이 먹는 방식에 영향을 미친다. 한 연구에서 비만인 사람들의 뇌 안에 있는 백질白質(뇌의 조직이며 정보를 전달하는 통로_옮긴이)의 양이 마른 사람들보다 상당히 적다는 사실을 발견했다. 우리의 뇌는 나이가 들면서 자연히 줄어들지만 비만인 사람의 경우 뇌의 백질 양이 10살 연상의 마른 사람과 비슷한 것으로 밝혀졌다.[35] 인지 기능에 미치는 영향은 알려지지 않았지만 대체로 좋을 것 같지 않다.

비만은 노년층에서 가장 많이 발생하는 제2형 당뇨병의 주요 원인이다. 제2형 당뇨병을 앓고 있는 영국인의 수는 20년 사이에 두 배가 되었고,[36] 현재 영국 NHS는 연간 예산의 거의 9퍼센트를 여기에 사용한다. 65세 이상 미국인의 3분의 1이 현재 제2형 당뇨병을 앓고 있다.[37] 눈이 흐려지고, 상처가 아물지 않으며, 심지어 발가락이나 발, 다리를 절단해야 하는 등 그 결과는 우리의 생각보다 훨씬 더 끔찍할 수 있다.

제2형 당뇨병은 우리 몸이 탄수화물을 너무 많이 섭취한 까닭에 췌장이 에너지를 제공하는 포도당을 조절하기 위한 적절 양의 인슐린을 혈액으로 분비하는 작업을 멈출 때 발병한다. 우리 몸의 시스템이 압도당한 결과 작동하지 않는 것이다.

60대에 비만이 된 사람들은 인생의 후반기에 겪을 심각한 문제를 축적하고 있다. 의사들은 우리가 무엇을 먹는지는 일종의 '생활 방식의 선택'이라고 생각하기 때문에 간섭하는 것을 조심스러워한다. 개인적으로 나는 얼마나 선택할 수 있을지 잘 모르겠다. 공공 의료 기관에서 수십 년 동안 사람들에게 살을 빼라고 열심히 권고했지만 대체로 아무런 효과가 없었다. 나는 우리가 살을 빼기 너무 힘든 이유 중 하나가 바로 정크푸드, 특히 설탕에 중독성이 있기 때문이라고 확신한다.

## 설탕의 유혹과 경고

내가 병원에 대한 국가 감독 기관인 요양 품질 위원회Care Quality Commission의 이사회에서 일할 때 비만의 재앙은 어디에서나 찾아볼 수 있었다. 병원들은 거구의 환자들을 위한 침대를 보강해야만 했다. 의사들은 체중을 못 이겨 인공 관절이 휘어질까봐 너무 과체중인 사람들의 무릎 인공 관절 수술을 거부하고 있었다. 그런 환자 중 일부는 무릎 통증 때문에 비활동적이 되고 그 결과 몸무게가 더 늘었다. 그것은 끔찍한 악순환이었다.

그 무렵 나는 미국 소아 내분비학자인 로버트 러스틱Robert Lustig 교수의 강연을 보았다.[38] 그는 설탕이 니코틴처럼 중독성이 있으며 행동을 보상하는 호르몬 경로를 똑같이 열어놓기 때문에 비만의 주요 원인이라고 주장했다. 저혈당은 기분, 집중력, 충동을 억제하는 능력에 영향을 미친다. 단것을 먹거나 마시면 효과가 역전되지만 이 행동 양식을 충분히 오래 반복하다 보면 인슐린 저항성, 제2형 당뇨병, 심장병, 비만 등이 나타난다. 러스틱은 인간의 의지가 이미 갈망의 순환으로 대부분 약화됐기 때문에 의지력을 통해 설탕 섭취를 그만두는 것은 불가능하다고 말했다.

어머니의 중독성이 니코틴에서 설탕으로 옮겨갔기 때문에 러스틱의 설명은 나에게 설득력이 있었다. 어머니는 그저 하나의 중독을 다른 중독으로 대체했을 뿐이었다. 게다가 그것은 나 자신의 경험과도 일치했다. 셋째 아이를 낳은 후 극도의 피로와 싸우면서 사실상 코카콜라를 입에 달고 사는 동료 칼럼니스트와 마주 앉아 매번 마감 시간을 앞두고 코카콜라와 초콜릿 바를 찾는 습관에 빠졌다. 〈더 타임스〉의 논설위원으로 거의 매일 기사를 써야 했기 때문에 나의 설탕 소비량은 엄청났다. 그리고 이내 초콜릿 바는 품위 있고 자그마한 그린 앤 블랙스Green & Black's(영국의 초콜릿_옮긴이) 한 개에서 요키 바Yokie Bar(네슬레의 초콜릿_옮긴이) 한 줄이 되었다.

이런 식의 '영혼 없는 음식물 섭취'가 코넬 대학교의 브라이언 완싱크Brian Wansink 박사의 실험에서 재미있으면서도 감동적으로 되살아났다. 한 실험에서 그는 두 그룹의 영화 관람객들에게 눅눅한 팝콘을 나누어 주었다.[39] 한 그룹은 대용량 통에 주고 다른 그룹은 초대용량 통에 주면서 연구원들은 그 정도면 아무도 다 먹지 못할 것으로 추측했다. 영화가 끝났을 때 초대용량 통을 받았던 사람들은 통의 바닥이 드러날 정도로 팝콘을 깨끗이 비웠다. 그들은 다른 사람들보다 50퍼센트나 더 많이 먹은 셈이었다. 이 말을 듣자 대부분의 실험자들은 깜짝 놀랐다.

수십 년 동안 우리는 포화지방에 대한 경고를 받았다. 어느 수익성 있는 기업은 '저지방' 가공식품을 팔면서 성장했다. 하지만 그것은 속임수다. 제조업체들은 제품을 맛있게 하려고 탄수화물과 설탕을 첨가한다. 하지만 그것들은 혈당 수치를 급상승시키며 이런 현상은 혈당이 떨어질 때 뇌의 화학 전달 물질인 도파민과 함께 설탕에 대한 갈망을 불러일으킨다. 도파민은 기쁨을 주지만 한편으로 사람의 자제력도 제한한다. 그런 의미에서 저지방 케이크를 판매하는 거대 식품회사는 저타르 담배를 판매하는 거대 담배회사와 같다. 그들은 우리가 유혹을 당하면서도 스스로 기분 좋다고 느끼게 만든다.

이 말이 사람들에게 과민 반응하는 말로 들리지 않기를 바란다. 2015년 나에게는 총리의 다른 보좌관 중 한 명으로부터 '건강 독재자'라고 불리던 굴욕적인 순간이 있었다. 내가 '설탕이 든 음료에 세금을 부과해야 한다'고 주장하던 다우닝가의 총리 사무실을 막 나서던 참이었다. 나를 독재자로 묘사한 말을 듣고 깜짝 놀랐지만 더 이상 비만이라는 전염병을 막기 위해 권고에만 의지할 수 없다고 판단했다. 우리에게는 제품의 성분을 바꿀 제조업체가 필요했다.

2016년 영국 정부는 비만을 해결하기 위해 2년 후 설탕이 든 음료에 세금을 부과할 것이라고 발표했다. 세금이 부과되기도 전에 대부분의 회사들은 우리가 이미 기대한 대로 행동했다. 그들은 세금을 피하려고 성분을 다시 구성했고, 그 결과 슈퍼마켓 진열대에서 상당량의 설탕을 거두어들일 수 있었다.[40]

일부 고객들은 맛에 대해 불평하고 코카콜라는 전설적인 '클래식Classic' 콜라를 희석하는 것을 거부했지만 대체로 많은 기업이 저설탕 제품으로 방향을 틀었다. 이는 비교적 작은 신호만으로도 시장을 바꿀 수 있다는 사실을 말해준다.

음료수보다 가공식품에 훨씬 많은 성분이 들어가는 것은 분명하므로 식품 성분을 다시 구성하는 것이 훨씬 더 복잡하다(케이크에 든 설탕을 모두 제거하면 그야말로 흐물흐물해져 마치 수플레처럼 보일 것이다). 그러나 영국 정부는 이미 제조회사들과 협력하여 가공식품에서 소금을 제거하는 데 어느 정도 성공을 거두었다. 설탕에 관해서도 호의와 정치적 추진력을 적절히 결합하면 같은 결과를 얻을 수 있을 것이다.

담배에 대한 공격 수단은 단지 부분적으로 세금을 부과하여 담배를 더 비싸게 만드는 것이다. 여기에는 담배 포장지에 경고 문구를 표기하고, 담배 광고를 제한하는 것도 포함된다. 우리는 가공식품과 음료에 있어서 읽을 수 없을 정도로 작게 인쇄된 복잡한 라벨이 아니라 일반적인 언어로 명확하고 분명하게 표시된 경고 문구가 필요하다. 특히 아이들이 떼를 쓰는 바람에 슈퍼마켓 통로를 급하게 뛰어다녀야 할 때는 더욱 그렇다. 최근 한 의사는 '정부는 아동 비만이 아니라 부모와 조부모의 비만에 초점을 맞춰야 한다'며 이렇게 말했다.

"부모와 조부모들이 살을 빼지 않는다면 아이들에게 살 빼는 것을 기대할 수 없어요."

부모와 조부모들은 정부나 언론이 무엇을 해야 한다고 하면 그 말을 믿지 않을지 모른다. 하지만 의사의 말은 믿을 것이다.

## 20초의 놀라운 설득 효과

**의사** 가시기 전에 선생님의 체중에 관해 잠시 이야기하고 싶군요. 아시다시피 살 빼는 가장 좋은 방법은 체중 감량 프로그램[41]에 참여하는 것입니다. NHS에서 무료인 거 아시지요?

**환자** 정말요?

**의사** 그럼요. 한번 해보실 의향이 있으시면 제가 바로 추천해드릴 수 있어요.

**환자** 네, 좋아요.

**의사** 잘 생각하셨어요. 이 봉투를 갖고 밖으로 나가 몸무게 재는 직원한테 주세요. 그러면 즉시 체중 감량 프로그램을 예약해줄 거예요.

**환자** 알겠습니다.

**의사** 좋습니다. 제가 경과를 좀 보고 싶으니 4주 후에 다시 오세요. 아셨지요?

이 간단한 대화를 나누는 데는 약 20초가 걸린다. 즉, 이 대화는 환자가 외투를 입고 가방을 챙기는 동안 진행되며 의사 면담 시간 중 아주 짧은 순간에 불과하다. 하지만 보기 드문 일이다. 영국에서는 비만인 성인 열 명 중 거의 아홉 명이 어떠한 치료도 받은 적이 없다.[42] 영국과 미국의 의사들은 비만 환자에게 몸무게를 언급하는 것이 너무 신경이 쓰인다고 말한다. 특히 의사들 자신이 과체중이라면 그 말을 환자에게 어떻게 꺼내야 할지 모르겠다는 것이다.[43] 하지만 이 두 나라는 OECD 비만 성적표에서 상위권을 차지하고 있다. 미국은 선진국 35개국에서 가장 뚱뚱한 나라이며 멕시코 바로 앞자리에 있다. 영국은 서유럽 모든 나라를 제치고 비만율 세계 6위다.

비만이 명백하게 건강에 위험하다면 이 문제를 제기하는 것이 의사의 의무라고 생각할지도 모른다. 하지만 사람들이 살을 빼고 싶어 하지 않거나 다시 살이 찌기 때문에 그런 생각은 무의미하다는 것이 지배적인 견해다. 그러나 이것이 전적으로 맞는 말은 아니다. 스코틀랜드의 제2형 당뇨병 환자 집단은 체중 감량 프로그램에 참여하여[44] 거의 절반이 당뇨병을 고쳤다. 그들은 완치했고 다시는 당뇨병 치료제가 필요하지 않았다.

20초간의 대화도 똑같이 효과적이라는 사실이 증명됐다. 영국의 1차 진료 의사 137명이 이와 똑같은 문구를 사용하도록 훈련을 받았을 때 놀랍게도 환자 중 83퍼센트가 체중 감량 프로그램에 참여하겠다고 동의했다. 1년 후, 평균적인 사람은 무려 11킬로그램이나

자신의 체중을 감량했다.[45]

환자 500명 중 한 명만이 담당 의사가 그 주제를 꺼내는 것이 부적절하다고 불평했다. 4분의 3은 이런 대화를 하기 전에는 살 빼는 것을 심각하게 고려해본 적이 없다고 말했다. 그러나 믿을 만한 의사가 사실상 무료라고 친근하게 제의했을 때 환자들은 동의했다. (온라인 훈련 1시간 반을 포함하여) 환자 한 명당 불과 20초를 투자함으로써 의사들은 의료진의 시간을 잡아먹지 않고 전문가들의 개인적인 지원을 받을 수 있는 8주간의 '종합 대체 식이요법' 프로그램을 소개해주는 믿을 만한 관문이 되었다. 그것이 모두가 승리하는 윈-윈 게임이 아니라면 이밖에 다른 어떤 것이 있는지 나는 모르겠다.

"모든 의료 시설에 비만인 사람들이 오고 있어요!"

옥스퍼드 대학교 1차 보건 의료 과학 너필드 학과Nuffield Department of Primary Health Care Sciences의 식이요법 및 주민 건강Diet and Population Health 분야의 수잔 젭Susan Jebb 교수가 말했다.

"신체 비만 지수가 높아지면서 병원 예약, 지역 보건의 진료 예약, 처방전 건수도 늘었어요. 우리는 환자가 접촉하는 모든 접점을 계산에 넣어야 합니다."

젭은 체중을 감시하는 사람들에게 효과가 나타나는 이유를 다음과 같이 설명했다.

"모두가 도착하기 전에 이미 자신의 몸무게를 재고 온답니다. 당신은 체중이 증가했거나 감소한 이유를 우리에게 설명하려고 그들이 고민한 흔적을 알아차릴 수 있어요. 중요한 것은 외부의 책임이지요. 사람들이 살을 빼는 데 도움이 되는 체계, 지원, 일상을 얻게 되면 그들은 훌륭하게 해낼 수 있습니다."

30년 전에 의사들은 흡연에 관해 거의 묻지 않았고 환자들의 금연을 도와줄 그 어떠한 제안도 하지 않았다. 하지만 이제 의사들은 그런 일을 일상적으로 한다. 그들은 비만에 대해서도 같은 일을 시작해야 한다. 흡연과 마찬가지로 비만이 가난한 사람들에게 가장 큰 타격을 주기 때문에 더욱 그렇다.[46]

## 우려되는 노화 불평등

"수사적으로 질문하자면 똑같이 90세인 두 여자 중 한 사람은 신체적으로 건강한데 또 다른 사람은 양로원에 있으며 거의 움직이지도 못하는 이유를 어떻게 설명할 수 있을까요?"

셰필드 대학교Sheffield University의 사회 정책 및 노인학Social Policy and Gerontology 교수인 알란 워커Alan Walker가 물었다. 유전학으로는 그런 결과를 설명할 수 없다.

"노화에 대해 미리 정해진 게 아무것도 없으므로 노화 유전자는 따로 없습니다. 그것은 생물학자들이 환경이라고 부르는 문제이며 그것이 전부입니다. 그러므로 우리는 방관자로 옆으로 물러나 사람들이 나이 먹는 것만 지켜볼 필요가 없고, 그들에게 인생의 후반부에 있어 건강한 결과가 무엇으로 구성될 것인지 그리고 100세까지 살기 위하여 몸과 마음을 가능한 한 최고의 상태로 확실히 유지할 방법을 조언해줄 수 있습니다."

워커와 같은 노인학자들은 노화 불평등에 대해 점점 더 우려한다. 그것은 평생에 걸쳐 누적되고 어느새 노인들 사이에 기대 수명과 건강 기대 수명의 격차가 벌어지는 현상이 봇물 터지듯 눈에 띄게 되었다. 모든 사람이 올바른 생활 방식을 '선택'할 수 있는 돈, 지식, 자제력을 가진 것은 아니다. 그것이 바로 내가 정크푸드의 보급을 억제할 필요가 있다고 생각하는 이유다. 우리의 건강 시스템은 '예방'에 초점을 맞추어야 한다.

## 예방이
## 치료보다 낫다

펜실베이니아 주 샤모킨Shamokin에 있는 가이징거Geisinger 보건소에는 이상한 점이 있다. 그곳은 보건소이자 푸드뱅크다. 2016년 임상 의사들은 비만 환자의 상당수가 빈곤층이고, 신선하고 영양가 있는 음식을 충분히 섭취하지 못했다는 사실을 깨달았다. 그래서 그들은 식단을 처방하기로 했다.

보건소는 '신선 식품 농장 약국Fresh Food Farmacy'을 운영한다. 그곳에서는 과체중, 당뇨병 환자와 그 가족에게 일주일에 5일, 하루에 두 번씩 건강한 음식을 제공하기 위해 신선한 과일, 채소, 통곡물, 저단백질 식품을 충분히 나누어 준다. 그들은 또한 요리법과 영양에 대한 교육을 시행한다. 그들 환자 중 한 명인 톰 시코위치Tom Shicowich는 끈질기게 정크푸드와 냉동식품을 섭취한 결과 생명에 위협을 받아 발가락을 절단해야만 했다. 프로그램을 시작한 지 18개월 만에 시코위치의 체중은 27킬로그램 줄었고 혈당 수치가 위험 구간 아래로 떨어졌다.

신선 식품 농장 약국은 환자들의 당뇨 합병증 위험을 40퍼센트 낮추고 입원율을 70퍼센트까지 줄였다고 주장한다. 또한 그들의 접근 방식으로 어떤 경우에는 비용도 80퍼센트까지 절감했다.[47]

식이요법과 운동이 약보다 훨씬 더 저렴하고 부작용도 적으며 기적을 일으킬 수 있다는 설득력 있는 증거에도 불구하고 서구의 의료 시스템은 질병을 예방하는 일보다 치료하는 일에 훨씬 더 많은 돈을 쓴다. NHS는 치료에 연간 1,156억 달러를 지출하며 예방에는 95억 달러를 지출한다. 이 비율은 미국, 네덜란드, 노르웨이와 비슷하며 호주에서는 이보다도 더 낮은 수준이다.[48] 현대 의료 서비스 기관들은 건강을 지키기 위해서가 아니라 질병을 치료하기 위해 설립되었고, 그것이 그들이 경제적 이익을 확보하는 방법이다.

공중 보건은 정부 정책의 숨은 꽃인데 세수가 빠듯할 때 삭감된다. 환자들을 치료하는 비용은 계량화하기 쉽지만 공중 보건 개입은 성과가 종종 장기적으로 나타나고 정부 부처의 수익을 개선하지 않기 때문에 그 영향 정도를 판단하기가 더 어렵다.

그렇지만 건강한 근로자들은 결근율이 떨어지고 생산성이 높아지므로 사업 수익을 개선한다. 고용주들은 건강한 행동에 대한 보상을 제공하고 사람들이 어떻게 살고 있는지 확인할 수 있는 애플워치Apple Watch와 같은 추적 장치를 사용하면 보험료 할인을 제공하는 바이탤러티Vitality 같은 보험회사들의 서비스에 점점 더 관심을 두게 될 것이다. 의사들이 원하기만 하면 간단한 생활 방식의 변화에 대한 강력한 주창자가 될 수 있듯이 CEO들도 마찬가지다.

## 점점 더 젊어질 것이다

우리가 나이 들면서 겪는 많은 한계는 단지 노화 자체로 생기는 것이 아니라 대략 30대부터 우리가 살아온 생활 방식에 의해 야기된다. 운동은 '기적의 약'과 같아서 많은 질병, 심지어 치매에 걸릴 위험도 줄일 수 있다. 이 연구는 절대적으로 설득력이 있고 매우 인상적이다. 그런데 왜 우리는 모두 그것에 대해 알지 못했을까?

운동은 스포츠와 다르다. 어렸을 때 나는 전혀 체계적으로 운동하지 않았고 어떤 운동 팀에도 들어가본 적이 없다. 부모님이 생각하는 운동이란 차를 도로 옆에 잠시 주차해놓고 어떤 고대 기념물을 보기 위해 들판을 가로질러 거니는 정도였다. 다행히도 나는 미국에서 학위를 했다. 그곳에서 에어로빅은 끝내주는 운동이었고,

나는 그것에 푹 빠졌다. 또한 운동광하고 결혼할 수 있는 행운을 잡았다(우리는 두 번째 데이트를 체육관에서 했다). 지금 나는 세 아들에게 뒤처지지 않고 온전한 정신으로 생활하기 위해 운동한다. 하지만 지금 와서야 나는 에어로빅이 얼마나 좋은 투자였는지 깨달았다.

우리는 더 잘 사는 것을 주저한다. 그 이유는 우리의 마음 자세, 앉아서 일하는 직업, 오랜 통근 시간, 유혹적인 정크푸드 그리고 압박을 받으며 생활의 변화를 처방하는 것보다 알약을 처방하는 것이 더 손쉽다고 생각하는 의사들, 또한 모든 것이 50세부터 내리막이라고 생각하는 우리 사회에 만연한 인식 때문이다. 마스터스 선수들, 이카리아인들, 일리노이에서 여전히 달리기를 하는 70대들은 빠른 육체적 쇠퇴가 불가피한 게 아니라는 사실을 보여준다. 사이클링 동호회에 가입한다고 해서 주름을 없애지는 못하겠지만 우리가 올바른 음식을 먹고 좀 더 활동적인 삶을 산다면 우리의 에너지는 더 많아지고 활력이 철철 넘치며 더 젊어 보이고 결국 생물학적 견지에서 더 젊어질 것이다.

부자들은 이미 이 사실에 대해 많이 알고 있다. 그래서 그들 중 많은 사람이 개인 트레이너를 두고 있다. 달리다가 다친 중년이라는 의미의 '맘리MAMRI, Middle-Aged Men Running Injured'라는 신조어는 젊음을 좇아 대도시를 가로지르며 미친 듯이(때로는 완전히 미친 듯이) 달려가는 모든 기업 경영자들을 묘사하기 위해 탄생했다.

우리가 너무 쇠약하여 의자에서 빠져나오지 못하고 몇 년을 보내야 하는 운명에 처한다면 우리의 남은 인생은 피로스의 승리(패전이나 다름없는 의미 없는 승리_옮긴이)가 될 것이다. 다행히도 더 오래, 더 잘 사는 길로 가는 많은 열쇠가 우리 손안에 있다. 우리는 '신체 단련 격차'를 줄이기 위해 모든 연령대의 사람들을 위한 운동 프로그램을 가동해야만 한다. 우리가 한때 담배와의 전쟁을 벌인 것처럼 할 수 있는 한 정크푸드를 공격해야 한다. 우리는 반드시 아이들에게 기대 수명의 혁명적인 변화를 알려 주고 그들 스스로 건강하고 행복한 노년을 확실하게 보장하기 위해 무엇을 할 수 있는지 가르쳐야 한다. 또한 무엇보다도 우리는 신체 단련을 하지 않는 것과 '노화'를 혼동하지 말아야 하며, 어떤 삶이 펼쳐질 것인지에 대해 훨씬 더 긍정적으로 생각해야 한다.

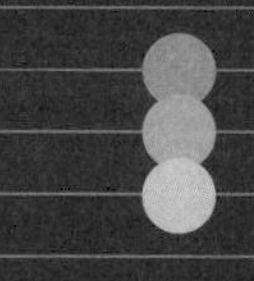

4장

# 본업을 포기하지 마라

"아직
은퇴하지 마라."

“차가 낡으면 누구나 새 차를 사라고 권하지요. 하지만 이곳에서 우리는 타던 차를 더 오래 달리게 하려고 일합니다. 우리는 옛 친구를 소중하게 여기지요.”

미누로 이시카와Minuro Ishikawa는 껄껄 웃으며 생계를 위해 구닥다리 1957년형 도요타 크라운을 복원하고 반짝거리게 닦느라 황갈색의 억센 손을 바쁘게 움직였다.

79세의 이시카와는 길어진 중년의 시간을 제대로 사용하는 방법을 완벽하게 보여주는 본보기다. 그는 자신을 고용했던 신메이神明 자동차회사의 설립자와 그의 아들보다 더 오래 살고 있다. 현재 그는 설립자의 손자인 야수히로 콘도Yasuhiro Kondo 밑에서 일한다.

“아저씨는 그 누구와도 바꿀 수 없는 분이에요.”

검은 머리에 강렬한 인상을 풍기는 40대의 콘도는 그를 좋아하는 삼촌처럼 대했다.

“우리는 이 일을 위해 여러 사람을 훈련해보았지만 그들은 아저씨의 열정을 따라오지 못했어요. 요즘은 젊은이들이 부품 교체를 싫어하는 까닭에 그야말로 폐기의 시대지요. 오로지 아저씨만이 부품을 수리하는 방법을 개념화할 수 있어요."

내가 있는 곳은 자동차회사의 거대한 시설이 있는 일본 중부지방의 도요타시이다. 이곳에는 공장 10개, 도요타 스타디움, 자동차 박물관이 있으며 약 40만 명의 사람들이 살고 있다. 그들 중 대부분이 생계를 자동차회사에 의존하고 있다. 이시카와는 신메이가 어떻게 도요타 자동차의 모든 브랜드를 가져와 원상에 가깝게 정비함으로써 도요타의 명성을 높였는지에 대해 활기차게 이야기했다. 그는 다른 재료를 사용해 만든 맞춤형 부품으로 부품 생산이 중단된 자동차를 수선하는 소위 유행을 좇는 20대들이 말하는 '업사이클러'다. 그래서 그를 찾는 사람들이 많다. 그는 두꺼운 주문 대장을 보여주었다. 거기에는 전국 대리점이 보내온 깨진 호스와 녹슨 차대를 서툴게 그린 그림들로 가득 차 있었다.

이시카와는 자동차 수리공 같아 보이지 않는다. 두 가지 색상으로 된 작업복을 깔끔하게 차려 입고 은발을 단정하게 가르마 한 모습은 마치 나이든 자동차 경주 선수처럼 보인다. 그는 미소를 많이 지었고, 서류를 가져다주거나 학생들 훈련에 사용하는 현대식 하이브리드 엔진을 보여주려고 계속 벌떡벌떡 일어섰다.

그는 매일 아침 가장 먼저 사무실에 출근한다. "왜냐하면" 그는 단호하게 말했다. "회사가 너무 중요하기 때문이에요." 말끝에 그는 "매일 눈코 뜰 새 없이 바빠요"라고 덧붙였다.

이시카와는 11살 소년일 때 기계에 푹 빠졌다. 그의 어머니는 낡고 오래된 오토바이 뒷자리에서 달콤한 케이크를 팔았다. 그 오토

바이는 고장이 자주 났고 그럴 때면 어머니는 이시카와에게 그것을 정비소에 가져다주라고 시켰다. 그때마다 그는 정비공들이 오토바이를 분해해서 깨끗이 닦고 다시 조립하는 모습을 지켜보았다.

"어느 순간 내가 직접 할 수 있겠다는 생각이 들었어요. 정비소 사람들이 하던 것을 그대로 따라 했지요."

어머니에게는 말하지 않았다. 훗날 그는 낡은 택시를 사서 수리한 뒤 이익을 남기고 다시 팔았다.

그의 열정은 전염성이 있다. 토요일에 그는 주로 자원봉사 워크숍에 참가하여 학생들의 '고 카트Go-kart(지붕과 문이 없는 작은 경주용 자동차_옮긴이)' 디자인 작업을 돕는다. "가장 중요한 것은" 나를 기차역까지 태워다주기 위해 자신 있게 고속 차선에 진입한 그가 한 손은 운전대를 가볍게 잡고, 다른 한 손은 자신의 말을 강조하려는 듯한 손짓을 하면서 말했다.

"학생들에게 인사하는 방법을 가르쳐야 해요. 요즘 어린아이들은 질문을 해도 대답을 잘 안 해요. 아이들이 듣는 법을 배울 필요가 있어요. 그다음," 그는 씩 웃으면서 "청소하는 법이지요"라고 말했다.

그는 과연 은퇴할 것인가? "천만에요" 그가 힘주어 말했다. "죽을 때까지 안 해요." 그가 60세를 바라볼 때 회사 사장은 그에게 은퇴 후 계획이 무엇인지 물었다. "내가 '아무 계획이 없다'고 대답하자 사장이 '그러면 여기 계속 나오는 게 어때요?'라고 묻더군요. 그게 그렇게 된 거예요."

그가 말하길, 그의 아내는 그가 집 밖으로 나간다는 사실에 기뻐한다고 한다. 그녀는 매일 남편의 점심 도시락을 싸 준다. "나는 모든 것에 감사해요." 그가 내게 말했다. "내 동료들에게, 내 일에 감사하지요. 그리고 무엇보다 도요타에 고마워요."

이시카와는 자신이 특히 운이 좋다고 생각했다. 일본은 일부 대기업들이 직원들에게 예전 봉급의 40퍼센트를 주면서 5년 더 근무할 수 있는 선택권을 제공하기도 하지만 보통의 경우 정년이 강제적으로 60세이기 때문이다.[1] 일본의 전통적인 연공서열에서는 임금이 능력보다는 나이에 따라 올라감으로써 회사가 매우 비싼 선임 직원으로 채워지기 때문에 회사로서는 정년퇴직이 어느 정도 논리적인 대응이다. 정부나 기업에서 60세 이전에 해고하는 것은 거의 불가능하므로 정년퇴직은 고용주들이 연장자가 계속 늘기만 하는 구조에서 벗어나는 방법이다. 하지만 노동자가 점점 부족해지는 국가에서는 바람직하지 않다.[2]

경제적 중요성을 제쳐두더라도 일을 그만두는 60세와 앞으로 살아갈 85세 사이의 커다란 격차로 인한 사회적 영향은 비극적일 수 있다. 어느 날 갑자기 오랜 시간 샐러리맨 생활을 한 임원들이 사무실과 연락이 끊기고 아무 일도 하지 않는 '바퀴벌레 남편'이라고 원망하는 부인과 함께 집에 처박혀 있는 자신을 발견한다. 어떤 부인들은 그 스트레스로 인해 궤양이 생겼는데 일본의 정신과 의사인 노부오 구로카와Nobuo Kurokawa는 이를 '은퇴 남편 증후군'이라고 불렀다.[3] 그 결과 황혼 이혼이 급증했다.[4] 잉글랜드와 웨일스에서 젊은 층의 이혼은 감소하고 있지만 65세 이상에서는 증가하고 있다. 주로 이혼에 앞장서는 사람은 부인들인데[5] 그들은 30년 이상이 될 수도 있는 기간 동안 똑같은 사람을 봐야 한다는 생각에 지레 겁먹고 있다. 이혼하면 권한도 생기지만 가난으로 이어지기도 하며 더 많은 사람들이 혼자 살게 된다.

이렇듯 많은 사람이 자신들은 '이제 다 끝났다'고 생각하지 않는 편이 더 좋을지 모른다.

## 은퇴가 당신을 늙게 한다면?

"사람들이 60세에 은퇴하면 움츠러들어요"라며 노인들의 구직을 도와주는 도쿄 동부의 에도가와에 있는 실버센터장인 후미오 다켄기Fumio Takengi가 말했다.

"노인들은 복지 서비스를 수동적으로 받아야 한다는 것이 일본의 공통된 견해지요. 하지만 그것은 사람을 불행하게 만들어요. 노인들에게 닥치는 최악의 상황은 도움을 받기 위해 기다리는 것이랍니다. 그것은 결코 '이키가이(존재의 이유)'를 가져다주지 않아요."

실버센터는 노인들에게 시간제 일자리를 제공함으로써 그들의 삶의 목적과 인간관계를 회복시켜준다.

에도가와 실버센터에서 나는 주름이 쪼글쪼글한 할머니들이 직접 수놓은 꽃무늬 앞치마를 두르고 모여 있는 모습을 보았다. 두 손은 포개서 무릎 위에 살포시 올려놓고 무언가 기다리며 두 개의 커다란 정사각형 테이블에 빙 둘러앉아 있었다. 한쪽 벽에는 갈색과 흰색 종이를 올려놓은 선반들이 줄지어 있었는데 그 모습이 마치 유치원 교실 같았다.

"일거리는 항상 바뀌지요." 할머니들 가운데 최연장자인 98세의 슈이즈 오하타Shuize Ohata 부인이 말했다. "일은 정신을 맑게 만들어준답니다." 그녀는 선물 포장에 사용할 금색 플라스틱 리본을 만들며 오전 시간을 보냈다. 그것은 품이 많이 드는 일이기 때문에 지역 공장의 작업 시간을 절약해준다. 공장 직원들은 선물들 위에 리본만 달면 되었다. 가지런히 쌓인 리본 묶음들은 배달할 준비를 끝마쳤다.

오하타 부인은 20년 전 남편이 죽은 후부터 이곳에 매주 방문한다. 그녀는 점심을 챙겨 버스를 한 번 갈아타고 센터에 온다. 점심은 연어와 달걀 그리고 주먹밥으로 된 도시락이다. 그녀는 계면쩍은 듯이 최근에 와서야 주먹밥을 직접 만들지 않고 만들어놓은 것을 산다고 말했다. 그녀의 얼굴은 부드럽지만 나이가 들어 검버섯으로 얼룩졌고 한쪽 눈으로 간신히 보면서도 여전히 그 일을 해낼 수 있는 사람으로 여겨졌다. "재미있어요." 그녀는 최연장자의 지위가 가져다주는 관심을 분명히 즐기면서 말했다. "나는 모든 사람하고 수다 떨 수 있어요."

관리자가 탁자 위에 붓대에 맞춰 끼울 솔들을 쏟아부었다. 모두가 몸을 앞으로 굽혀 그녀가 시연하는 것을 보았다. “예전에 재봉사 일을 했었기 때문에 이 일은 내게 아주 적합해요.” 88세의 미야오Miyao 부인이 말했다. 그녀는 아들과 함께 살면서 그에게 식사를 준비해주지만 아들은 밤늦게까지 일했다. “하루종일 혼자 집에 있을 수 없었어요”라며 “여기는 매일 다른 일이 있어요. 내가 쓸모 있다는 게 좋아요”라고 만족스럽다는 듯이 이야기했다.

그렇다면 이것은 자선 활동일까? 아니면 일일까? 내가 이해하는 한 이 모든 것은 진짜 일이다. 실버센터는 공원 청소, 공장의 제품 포장, 관광 안내를 위해 소속 회원들을 파견한다. 101세로 가장 나이 많은 여성 회원은 후쿠이Fukui에 있는 어느 유적지 건물을 지키는 일을 한다. 회사들은 노인들의 도움을 진정으로 높게 평가한다. 기업체 근로자들이 새 직장으로 자리를 옮기는 4~5월에는 공식 수제 감사장을 작성해야 하므로 필체가 좋은 노인들에 대한 수요가 늘어난다. 먹을 갈고 한 글자 한 글자 완벽하게 써야 하므로 그것은 시간이 많이 필요한 일이다.

1975년 도쿄대 교수와 은퇴한 친구들 몇 명이 최초의 실버센터를 설립했다. 그들은 노인들이 수입을 보충하고 건강을 유지하며 사회에 이바지하기를 원했다. 하지만 노인 근로자들이 젊은이들의 일자리를 대체할 것을 우려하는 정부 당국으로부터 엄청난 저항에 부딪혔다. 요즘도 정부는 실버센터에 보조금을 주지만 여전히 상근직 일자리는 제공하지 않는다. 여기에 공식적인 고용 계약은 없다. 이곳의 근로자들은 센터의 ‘회원’이고 급여가 아닌 ‘배당’을 받는다.

이러한 접근법은 일본의 생산성이 고령 노동자들을 더 많이 활용하지 않으면 점차 타격을 입을 것이라는 점에서 약간 기이해 보인다. 하지만 실버센터는 더 높은 목표를 갖고 있다. "그것은 단지 일자리를 얻고 돈을 버는 것이 아닙니다"라고 다켄기는 말했다.

"그것은 동지애를 쌓고 다른 사람들을 돕는 것이랍니다. 지역 주민들은 누군가가 헌신적으로 공원을 청소하고 있으면 멈춰 서서 그들과 이야기를 나눠요. 그들의 노력은 지역사회에서 인정받고 이키가이로 이어집니다. 월급이 전부가 아니라 빛을 발휘할 장소가 중요합니다."

이곳은 분명히 생명줄이다. 도쿄 동부의 후나보리Funabori 역에서 버스를 타고 와야 하는 이 센터는 낙후된 골목에 자리 잡고 있다. 하지만 다켄기는 놀랍게도 매달 2,400명의 사람들이 일의 성격이나 신체적으로 어떻게 일하고 있는지 보고하기 위해 이곳에 온다고 내게 귀띔해주었다. 그는 "우리 회원의 93퍼센트는 매우 건강해요. 우리의 시스템이 그들의 건강을 오래 유지할 수 있게 도와준다고 믿어요"라고 말했다. 어쩌면 그것은 사실인지도 모른다. 삶의 목적과 사회적 연결이 우리에게 이롭다는 사실을 보여주는 연구 결과가 점점 더 많이 나오고 있다. 나이가 들면서 우리가 하는 일의 유형을 바꿀 필요가 있을지는 몰라도 우리 대부분은 계속 움직여야 하고 돈을 벌어야 할 것이다.

## 더 오래
## 일하는 것

기업인들이 우리를 구출하러 오고 있다. 2017년 영국의 스타트업에서 50세 이상 창업자가 50세 미만의 창업자보다 사람을 더 많이 고용했다[6] 미국에서는 55~65세 사람들이 20~34세보다 사업을 시작할 가능성이 65퍼센트 더 높다.[7]

이들은 모두 취미생활을 하거나 명함을 만들기 위한 가짜 고문들이 아니다. 〈하버드 비즈니스 리뷰Harvard Business Review, HBR〉에 따르면 나이 든 기업가들은 실제로 젊은 기업가들보다 성공률이 훨씬 높다. 현재 미국에서 가장 높은 성장률을 보이는 스타트업의 창업자 평균 연령은 45세다. 만약 소셜미디어를 제외하고 생명공학을 포함한다면 그 나이는 47세로 올라간다.[8] HBR은 "만약 당신이 두 명의 기업가와 마주쳤는데 나이 외에 아무것도 모른다면 평균적으로 당신은 나이가 더 많은 기업인에게 투자하는 것이 성공할 가능성이 더 클 것이다"라고 조언했다.

물론 젊음이 총명의 묘약이 될 수 있다. 빌 게이츠, 스티브 잡스, 제프 베조스, 세르게이 브린, 래리 페이지 등은 모두 아주 어렸을 때 사업을 시작했고 획기적인 역사를 썼다. 하지만 나이가 들어 성숙해지는 것도 중요하다. 애플이 가장 수익성이 좋은 상품인 아이폰을 출시했을 때 잡스는 52세였다. 아마존은 미래의 시가총액 성장률이 최고조에 달했을 때 베조스의 나이는 45세였다.

모든 사람이 이들처럼 새로운 유행의 주인공이 되는 것은 아니다. 와이콤비네이터Y Combinator(미국 최대의 스타트업 발굴 투자회사_옮긴이)의 창업자인 폴 그레이엄Paul Graham은 '투자 대상자를 자르는 기준이 32세'라고 말했다. 나이 든 사람을 거부하는 벤처캐피털들은 좋은 기회를 놓치고 있다.

이러한 노년의 '삶의 역동성'은 적절한 시점에 찾아온다. 평생직장이 사라졌다. 연금이 노후에 존엄성을 유지하기 위한 자금에서 젊은 세대에게 우아하게 자리를 내주는 충직한 직원들에 대한 보상으로 변한 것이 바로 1970년대다. 기대 수명이 늘어나는데도 불구하고 조기 은퇴가 굳어졌다.

오늘날, 연금이 더는 쌓이지 않는다. 사람들의 수명이 길어지는 추세는 많은 연금 제도를 적자 상태에 빠뜨렸다. 뉴욕시는 현직 경찰보다 퇴직 경찰이 더 많고 현직 경찰의 임금보다 전직 경찰의 연금에 더 많은 돈을 쓰고 있다.[9] 2017년 한 보고서는 뉴욕시 예산에서 연간 연금 보조액이 얼마 안 가 사회 복지 사업비를 제치고 두 번째로 큰 지출 항목이 될 것으로 예측했다.[10]

민간 연금 제도는 근로자들이 퇴직 후 고정 수입을 얻는 확정급여형에서 미래 수익이 훨씬 덜 보장되고 근로자들이 위험을 부담하는 확정기여형으로 전환됐다. 언제 종말을 맞이할지 모르기 때문에 어떤 사람들은 쓸 수 있는 것보다 적게 소비하여 경제에서 통화량을 줄이는 방식으로 반응한다. 또 다른 사람들은 예상했던 것보다 더 적은 연금을 받는다.[11] 그것이 불안에 대한 처방이다.

정부는 늘어나는 노인들의 표를 자극할까봐 두려워하면서도 새로운 세상이 올 것이라는 기대치를 잘못 팔았던 국민에 대한 그들의 의무를 의식하며 연금 수령 나이를 높이기 위해 조심스레 움직였다. 금융위기 이후 18개 OECD 국가가 정년을 늘렸다.[12] 그러나 그 상승률은 기대 수명의 증가 예상치를 따라가지 못한다.

분명한 답은 더 많은 사람이 더 오래 일해야 한다는 것이다. 국가 간에 나타나는 아주 흥미로운 차이점들을 살펴보면 이것이 완벽하게 가능하다는 것을 알 수 있다. 뉴질랜드에서는 55~64세 사람들의 78퍼센트가 현재 일하고 있다. 이 수치는 스웨덴이 76퍼센트, 아이슬란드가 84퍼센트다.[13] 그러나 영국과 호주는 64퍼센트, 미국은 62퍼센트에 불과하다.[14] 이들 국가에서 이용 가능한 일자리는 큰 차이가 없다. 영국은 현재 역사적으로 가장 낮은 실업률을 누리고 있다. 또한 국민의 능력이나 건강에는 근본적인 차이가 없다. 만약 영국이 뉴질랜드의 고용률에 도달한다면 GDP를 연간 거의 9퍼센트 더 성장시킬 수 있을 것이다.[15] (뉴질랜드와 북유럽 국가들은 노인들이 필요하다고 말하는 두 가지, 즉 유연근무제와 디지털 기술 훈련에 많은 비중을 둔다는 사실에 주목할 만한 가치가 있다.)

장수 경제학자인 앤드류 메이슨Andrew Mason과 로널드 리Ronald Lee는 독일, 일본, 스페인 같은 '고령화 국가'에서 국민이 2010~2050년에 은퇴를 10년마다 2.5년씩 늦춰 간다면 인구 구조의 변화에 따른 경제적 효과를 충분히 상쇄할 것으로 계산했다.[16]

육체적으로 힘든 직업들이 감소하고 있으므로 만약 일자리만 찾을 수 있다면 체력이 뒷받침되는 사람들이 더 오래 일할 수 있을 것으로 추정하는 것이 이치에 맞다.

## 다시 일을 찾아 나서다

"나는 겁이 났어요."

펜실베이니아에서 70세의 나이에 마케팅 임원으로 상근직에서 은퇴한 로라 돕스Laura Dobbs는 자신의 심정을 털어놓았다.

"조만간 업무에서 물러나야만 한다는 사실을 알았어요. 살인적인 업무였지만 일은 나의 가장 큰 부분을 차지하고 있었지요. 더는 내가 쓸모 없어졌다는 생각이 가장 두려웠어요. 내 생각에 결국 어딘가 다른 자리로 배치되고 나의 정체성을 잃어버릴 것 같았지요."

75세인 돕스는 최근 집과 가까운 곳에서 시간제 근무를 시작했다. 그녀는 "나는 단지 일을 그만둘 준비가 되어 있지 않았어요. 불러주는 데가 있다는 것은 좋은 일이지요"라고 말했다.

돕스는 다시 일을 찾아 나서는 나이 든 앵글로 색슨 사람들의 조용한 움직임의 일부다. 지금 미국인과 영국인 가운데 네 명 중 한 명은 공식적으로 은퇴했지만 '재취업'하고 있다.[17] 그들이 재취업하는 이유는 (주택 자금 대출이 상당한 부분을 차지하는 경우처럼) 경제적인 측면도 있고, 일상생활과 동료애를 그리워하는 것처럼 정신적인 측면도 있다. 한 조사에 따르면 사람들이 '일손 좀 거들어 달라'는 요청을 받으면 그중 상당수가 다시 일터로 돌아갔다고 한다. 호주의 '재취업' 비율은 약 10퍼센트로 낮은 수준이다.[18]

'재취업'하는 사람들을 살펴보면 교육 수준이 대체로 높은 경향이 있다. 자격을 더 많이 갖추고 있을수록 일자리 찾기가 더 쉽고 일자리를 찾으려고 더 노력하는 것처럼 보인다. 랜드연구소RAND Corporation(미국의 대표적인 싱크탱크 중 하나_옮긴이)가 실시한 '미국인 근무조건 조사'에 따르면[19] 대학 출신 은퇴자의 60퍼센트가 만약 적절한 일자리를 찾는다면 다시 일하고 싶다고 말했다. 하지만 대학 학위가 없는 사람들의 경우 그 비율은 40퍼센트였다. 이것은 전혀 놀랍지 않다. 만약 우리가 무릎이 나쁘다든가 동료들이 적대적이지만 할 수 있는 일이라고는 단지 계산대 일뿐이라면 인생 2막에서 '자기 발견하기'에 대해 영감을 주는 많은 문헌에 공감이 덜 갈지 모른다.

여러 연구에서 자신의 직업을 즐기고 직업을 통한 사람들과의 교류를 그리워하는 사람들은 은퇴 후 건강이 나빠질 수도 있다는 사실을 대체로 시사한다. 그러한 현상은 직업이 정체성과 자부심에 매우 밀접하게 연결된 전문직 종사자들에게서 두드러진다. 내가 만난 60세 이상의 사람들 중 남은 인생의 시간을 최대한 활용하는 것처럼 보이는 가장 활기찬 사람들은 여전히 일하고 있었다. 하지만 그들이 50대에 하던 일과 반드시 같은 일을 할 필요는 없다.

특히 자신의 일이 반복적이고 스트레스를 많이 받는 저임금의 일이라면 앞서 내가 한 말이 반드시 맞는 것은 아니다. 전문가들은 자기 일을 싫어했던 사람들은 일을 그만두고 특별히 자신의 신체 건강을 향상시키기 위해 시간을 사용한다면 이득을 볼 수 있다고 조언한다. 하지만 그런 사람들조차도 일을 영원히 포기하지는 말라고 충고한다.

랜드연구소의 경제학자 니콜 마에스타스Nicole Maestas 박사는 직장 내에서 사람들과의 관계에 부담을 느끼거나 적대적이었고, 엄청난 스트레스 또는 신체상의 이유로 직장을 떠난 사람들을 추적했다. 그녀는 그들이 탈진과 회복의 과정을 거치고 시간이 지나면 다시 일할 수 있다는 사실을 알려주었다.[20]

하지만 문제는 극심한 생존 경쟁에 다시 뛰어드는 방법이다. 한 전문가는 내게 이렇게 말했다.

"계속 일하고 싶다면 은퇴하지 마세요. 다시 들어가기가 훨씬 더 어렵거든요."

## 사라진 기회,<br>숨겨진 실업

58세의 데이비드 윌슨David Wilson은 지난 2년간 일이 없었다. 그는 공무원으로 일하다가 정리해고됐으며 그 자리는 젊은 사람으로 대체됐다. 그는 "퇴직한 지 오래될수록 직장을 다시 구하기가 더 어려워요. 구직 활동을 할 때마다 '더 최근 경험이 있는 다른 유자격자를 구했다'는 똑같은 답변을 들어요. 이제 거의 포기할 지경이에요"라며 하소연했다.

이 이야기는 일부 고용주들은 1년 이상 실직 상태에 있는 사람보다는 '관련 경험이 아예 없는 사람'을 채용하고 싶어 한다는 조사 결과와 일치한다. 이것은 미시간 주에 사는 62세의 마이크 야크Mike Yack가 GM에서 해고된 뒤 다른 일자리를 구하지 못했던 이야기와 같다.[21] 그는 로이터 통신과의 대담에서 이렇게 말했다.

"나는 신체적으로 아무 문제가 없어요. 어떤 일이든 할 수 있죠. 새로운 거래를 배우는 것이든 무엇이든 상관없어요. 하지만," 그는 계속 말을 이어갔다. "그곳에 기회가 없어요. 나는 최고 수준의 월급을 원하는 것은 아니지만 시간당 10달러짜리 일을 하고 싶지는 않거든요."

만약 데이비드 윌슨과 마이크 야크가 구직 활동을 멈춘다 해도 실업자 수에 포함되지 않을 것이다. 여기에서 중요한 질문이 제기된다. '공식적으로 은퇴한 사람 가운데 얼마나 많은 사람이 불행하게 은퇴했는가?'

2014년 로이터·입소스Reuter/Ipsos 여론조사[22]에 따르면 놀랍게도 자신이 '은퇴'했다고 표시한 미국인의 40퍼센트가 계속 일하고 싶었다고 응답했다. 30퍼센트는 적절한 일자리가 생기면 다시 취직할 것이라고 말했지만 34퍼센트는 구직을 포기했다고 했다.

취직 기회란 분명히 거주지에 영향을 받지만 편견에도 영향을 받는다. 여러 설문 조사를 통해 나이 든 근로자들은 다양하게 취급받는다. 그들은 느리거나 '경력 초과' 상태로 여겨지며 (사실은 그 반대지만) 병가를 더 자주 낼 것이고 (연수가 거의 제공되지 않기 때문에 측정하기 어려운) 훈련에 거부감이 있다고 간주된다. 나이 든 사람들이 자유분방한 젊은이들보다 조직에 더 충성하지만 오히려 그것조차도 다른 곳으로 갈 수 없어 할 수 없이 계속 일한다는 부정적 이미지로 인식될 수 있다.

영국 앵글리아 러스킨 대학교Anglia Ruskin University의 연구자들은 가짜 이력서를 이용하여 취업 신청을 했을 때 나이 든 근로자들은 겉으로 봐서는 똑같은 경력의 28세 응시자보다 면접시험을 치를 가능성이 4배나 낮다는 사실을 발견했다.[23] 미국에서 이와 비슷한 조사를 한 결과[24] 가짜 응시자가 제출한 이력서에 대한 반응이 29~31세의 응시자보다 64~69세의 경우 35퍼센트 낮았고, 49~51세의 경우는 19퍼센트 낮았다.

2018년 영국 의회 위원회는 100만 명이 넘는 50세 이상의 인재들이 편견과 낙후된 채용 관행으로 낭비되고 있다고 결론지었다.[25] 위원회는 회사들이 '에너지' '열정' '역동성'이라는 광고 문안을 통해 나이 든 사람의 이력서를 걸러낸다는 증언을 들었다. 에이지Age UK(영국의 노인을 위한 자선 단체_옮긴이)의 대표자는 다음과 같이 말했다.

"그들은 '나이 든 사람을 원하지 않는다'고 생각하지 않고, 단지 '갑·을·병 같은 사람을 원한다'고 말합니다. 그러고 나서는 그런 특성들을 적용해 나이 든 사람이 아닌 다른 누군가를 찾아내지요.”

때때로 더 노골적인 경우도 있다. 캘리포니아 배심원단은 38년간 흠잡을 데 없이 근무하고 58세에 해고당한 조지 콜리George Corley 소방서장의 사건을 들었다. 그는 훨씬 젊고 경험이 적은 부서 책임자에게 자리를 내주었다.[26] 법원은 샌 베르나디노 지역San Bernadino Country 소방서에서 직원들을 퇴직시키려고 출퇴근 시간이 오래 걸리는 멀리 떨어진 지역에 배치하는 소위 ‘고속도로 요법’을 썼다는 사실을 알았다. 배심원단은 당연히 콜리 편을 들었고, 그는 다른 지역에서 일자리를 되찾았다.

의식적이든 무의식적이든 우리가 이러한 편견들에 대하여 그 어떤 대응도 하지 않는다면 우리 경제의 생산 역량을 제한할 것이다.

당신은 이렇게 물어볼지도 모른다. ‘자동화 물결 앞에서 노인들을 걱정하는 이유가 무엇인가?’ ‘빅 테크놀로지가 산업을 휩쓸고 우리를 알고리즘으로 대체하는 상황에서 젊은이들을 먼저 생각해야 하는 것이 아닌가?’ 하고 말이다.

노인들이 젊은이들의 일자리를 빼앗는다는 믿음은 영향력이 엄청나게 크다. 하지만 경제체제에서 일자리 수는 고정된 것이 아니며 젊은 근로자와 나이 든 근로자는 서로 쉽게 대체되지 않기 때문에 그것은 경제학자들이 다소 개략적으로 표현한 ‘노동 총량의 오류’다. 2차 세계대전 이후 여성들이 노동 시장으로 밀물처럼 들어왔을 때도 남성들은 일자리를 잃지 않았다. 도리어 경제가 성장했다. 나이 든 노동자를 많이 고용한 국가는 일반적으로 젊은 노동자의 고용률도 높다. 그 반대도 마찬가지다.[27] 미국과 중국에서는 '지난 40년 동안 나이 든 사람을 고용했다는 이유로 젊은 근로자들의 고용 기회나 임금 수준이 달라졌다는 증거가 없다'는 연구 결과도 있다.[28]

여기에 역설이 있다. 우리가 제4차 산업혁명 시기에 접어들자마자 AI, 빅데이터, 로봇이 우리가 사는 방식을 바꾸면서 인구 구조는 기술 부족 현상을 일으키기 시작했다. 영국에서는 앞으로 10년 동안 정규 간호사의 3분의 1이 은퇴할 예정이며[29] 농장주의 절반은 50세 이상이 될 것이다.[30] 로봇이 실제로 우리의 일자리를 위협할지도 모른다. 하지만 인구가 고령화되면서 고용주들은 충분한 인력을 확보하기 위해 투쟁할 것이다.

## 인력 고갈 문제는 해결할 수 없다

2007년 독일 딩골핑Dingolfing에 있는 BMW의 유럽 최대 자동차 생산 공장의 경영진은 걱정이 많았다. 딩골핑은 BMW 3, 4, 5, 6, 7 시리즈가 최종적으로 생산되는 곳이다. 그곳에서 롤스로이스의 차체도 만든다. 모두 초정밀 공학으로 만드는 최고급 자동차들이다.

딩골핑의 동력전달장치 공장장인 니콜라우스 바우어Nickolaus Bauer와 그의 생산 관리자들은 공장 노동자들이 점점 늙어가고 있다는 사실을 알 수 있었다. 독일 상공회의소가 독일은 머지않아 제조업 분야에서 숙련공이 40만 명 부족할 것이라고 전망한 상태에서[31] 그들은 인재 집단이 줄어들고 있다는 사실을 깨달았다.

자동차와 부품을 조립하는 일은 육체적으로 힘들기도 하지만 고도의 기술이 필요하다. 바우어와 그의 생산 관리자들은 나이 든 숙련공들이 단지 예전처럼 힘이 세거나 유연하지 않다는 이유만으로 그들을 잃고 싶지 않았다. 게다가 로어 바바리아Lower Bavaria 지역의 최대 고용주로서 지역사회에 대한 책임감도 느꼈다. 그래서 그들은 나이 든 근로자들에 관한 거의 모든 가정이 사실이 아니라는 것을 입증하기 위한 실험을 시작했다.

바우어와 그의 관리자들은 생산 라인 중 후차축後車軸 기어박스를 생산하는 라인을 선택하여 그곳을 '고령' 라인으로 바꾸었다. 따라서 해당 라인에서 일하는 구성원의 거의 절반이 50세 이상이고 그들의 평균 나이는 47세가 되었다. 그다음에는 워크숍을 열어 사람들의 신체 중 아프고 쑤신 데를 파악하고, 더 편하게 작업하려면 무엇을 바꿔야 하는지 물었다. 가장 먼저 나온 제안이 정전기로 인한 충격을 줄이기 위해 바닥을 목재로 깔아달라는 것이었다. 또 긴장을 풀기 위한 회전식 이발소 의자와 저하된 시력을 도와줄 돋보기를 지원해주길 원했다. 공장 관리팀은 육체적 긴장을 줄여주기 위해 교대 시간을 짧게 하는 등 생산성 향상을 위한 70가지 변화를 마무리했다.

처음에 프로젝트는 인기가 없었다. 나이 든 근로자들의 반응 역시 시큰둥했다. 심지어 '연금 수급자' 라인이라고 조롱받기도 했다. 하지만 공장 관리자들이 공장 바닥에서 매일 실시하는 팀의 스트레칭 운동에 공개적으로 참여하기 시작하자 상황은 바뀌었다. 얼마 되지 않아 스트레칭 운동은 회사 전체로 퍼져나갔고 비아냥거리는 것도 멈추었다. 성과가 탁월했기 때문이다.[32]

나이 든 사람으로 구성된 새 팀은 예전 팀보다 더 빨리 작업했다. 생산성은 7퍼센트 향상됐다. 결근율은 7퍼센트에서 2퍼센트로 떨어져 회사의 평균치를 밑돌았다. 더군다나 조립 불량품 수가 '0'으로 떨어졌다. 이런 결과는 근로자 자신을 포함해 그 누구도 예상하지 못한 성과였다. 무엇보다 비용도 약 4만 3,000달러 정도로 그다지 많이 들지 않았다. 나이 든 근로자를 유지하는 대신 새로운 직원을 채용하여 훈련했다면 비용이 훨씬 더 많이 들었을 것이다.

BMW가 실시한 실험은 기술의 발달이 힘들고 육체적인 일을 하는 우리의 역량을 어떻게 혁명적으로 변화시키는가를 보여주는 사례다. 포드는 현재 몇몇 미국 공장에서 모든 연령대의 근로자들이 무거운 짐을 쉽게 들어 올리고 어깨 부상을 방지할 수 있는 '경량 외골격 조끼'를 시험하고 있다. 하지만 BMW의 이야기는 소속감에 관한 것이기도 하다. BMW 근로자들은 본질적으로 그들만의 생산 라인을 만들었다. 많은 사람이 전보다 활력을 더 많이 찾았다고 말했다. 나는 이것이 단지 무릎이 더는 아프지 않았기 때문만은 아니라고 생각한다. 그들은 성공적으로 변했고 더 빠르게 일한다. 그리고 이것은 그들 스스로 자신들은 퇴출당하는 무리가 아니라 회사가 필요로 하는 존재이며 회사의 미래에 필수적인 부분이라고 느낀 것과 관련이 있을지도 모른다.

## 고용은 양방향이다

"나는 달력나이에 따라 직원들을 자동으로 내보내는 것에 언제나 반대해왔습니다."

크라이슬러Chrysler의 전설적인 리 아이아코카Lee Iacocca 회장은 《와이어드Wired》에 자기 생각을 이야기했다. "노동조합은 항상 이렇게 말합니다. '신인들을 위해 자리를 마련해야 합니다. 자리가 충분하지 않아요.' 도대체 그게 무슨 정책인지 모르겠어요. 크라이슬러에는 40세인데도 80세처럼 행동하는 사람이 있는가 하면, 80세인데도 40세가 할 수 있는 일이라면 어떤 일이든 할 수 있는 직원이 있답니다. 나이는 경험을 말해줘요. 게다가 세상이 도대체 어떻게 돌아가는지를 알려면 대략 50세 정도는 되어야 해요."

나이는 성과 측정에 있어서는 언제나 형편없는 잣대였다. 사람을 다뤄본 경험이 있는 사람이라면 누구나 아이아코카 회장이 말하는 '40세인데 80세처럼 행동하는' 미스터 X를 만나본 적이 있을 것이다. 혹시 그럴 때 우리 중 일부는 그럴듯하게 좋은 추천서를 써주며 다른 부서에 미스터 X를 떠안길지도 모른다. 그의 흐리멍덩한

성과는 진작 정리했어야만 했다. 하지만 우리 중 누구도 그런 상황을 마주하고 싶어 하지 않는다.

나이 든 근로자의 권리에 대한 선의의 운동가는 때때로 마치 60세 이상이면 누구나 엄청나게 귀중한 인재인 것처럼 들리게 만든다. 하지만 그것은 그야말로 사실이 아니므로 운동의 취지를 손상시킨다. 새 직장에 들어갔을 때 젊은 동료들로부터 의심의 눈초리를 받았던 활기 넘치는 70세의 클레어Clare는 다음과 같이 회상했다.

"그들은 불과 얼마 전에 아무 기대도 할 수 없는 60세의 수Sue라고 불리는 누군가를 내보냈다고 했어요. 그들은 내가 제2의 수가 아닌지 걱정했지요. 누가 그들을 나무랄 수 있나요?"

관리자들에게 성과 문제가 제기되었을 때 퇴직은 종종 편리한 탈출구였다(수도 만약 연간 성과 평가를 온정적으로 받지 않고, 누군가 이의를 제기했더라면 개선되었을지도 모른다). 또한 퇴직은 비용을 제한하는 수단이었다. 고용주들은 만약 선임 직원이 생산성이 떨어지는데도 급여는 계속 올라가기를 기대한다면 고용주들은 정말 골치 아픈 문제에 부딪히게 된다. 비록 수평적 조직일지라도 나이 든 사람이 선임이고 급여를 더 많이 받을 것이라는 예상이 우리 마음속 깊이 자리잡고 있다. 하지만 우리 모두 더 오래 일하고 싶다면 단순하게 생각해도 우리의 급여가 계속 오를 것이라고는 도저히 상상할 수 없다. 만약 그렇다면 우리는 스스로 노동 시장과 동떨어진 몸값을 요구하는 것이다.

현실을 직시하자. '역동적'이라는 단어가 광고에 등장했다면 그

속에 담긴 뜻은 단지 '젊다'뿐만 아니라 '싸다'라는 뜻도 포함된다. 그것은 공평하지 않을 수 있지만 진정으로 나이 든 사람을 도와주고 싶다면 우리가 존중해야 할 현실이다.

모든 문제점에도 불구하고 일본의 강제적인 정년 제도는 나이 든 사람들이 임금 삭감을 당연하게 받아들이도록 만든다. 이것은 투박한 수단이며 내가 옹호하는 방법은 아니다. 하지만 미국과 유럽에서는 연령차별 금지법 때문에 뒤로 물러날지 아니면 임금 삭감을 수락할지에 대해 공개적으로 대화하는 것은 위험하다고 생각할 수 있다. 이런 주제들을 토론할 안전한 시기가 오기도 전에 너무 많은 사람이 단지 나이가 들어간다는 이유로 일자리를 잃을 위험에 처해 있다.

미국에서 고용주가 건강보험료를 내는 경우 나이 든 근로자는 젊은 사람들에 비해 비용이 5배나 더 든다.[33] 스탠퍼드 대학교 장수연구소장인 로라 카스텐슨Laura Carstensen 교수는 회사 대표들과 나이 든 근로자들을 더 잘 활용할 수 있는 방법을 토론하기 위해 소집했던 회의에 대해 설명해주었다. 놀랍게도 회의에 참석한 대부분의 임원들은 직원들의 우아한 퇴직을 어떻게 관리해야 하는지 알고 싶어 했다.

고용은 양방향이다. 나는 앞서 언급한 영국 의회 위원회가 50세 이상의 직원을 고용하는 즉시 유연근무제를 적용해야 한다는 주장만큼이나 나이 든 사람들이 고용주에게 사랑받지 못하도록 하는 것은 없다고 생각한다. 일부 기업들은 특히 노부모들을 돌보는 직원들에게 그런 제안을 함으로써 사람을 끌어모으려고 할 것이다. 그러나 50대가 젊은이들과 능력이 똑같고 그만큼 훌륭하다는 것을 보여주기 위해 싸워야 하는 시점에 50대 모두에게 특별대우를 주장하는 것은 나이 든 사람은 무언가 특별하고 요구하는 게 많다는 인식을 더욱 심어줄 뿐이다. 많은 밀레니얼 세대도 유연근무제를 원한다. 그럼에도 자녀들이 성장한 후에 상근직으로 일하는 것을 목표로 할지도 모를 50대 이상의 사람들만 왜 콕 끄집어내어 이야기하는가?

퇴직 시점부터 역으로 계산하여 생각하는 것에는 위험이 있다. 만약 우리가 60세에 은퇴한다고 가정하면 우리는 정신적으로 55세부터 일손을 놓을지 모른다. 그리고 우리의 고용주도 똑같이 행동할 수 있다. 보스턴 대학교의 은퇴 연구소장인 알리시아 무넬Alicia Munnell은 장래를 걱정하는 50대들에게 이렇게 조언한다.

"섣불리 노동 시장에 뛰어들지 말고 지금 하는 일을 계속하세요. 고용주한테 가서 당신은 앞으로 오랫동안 일할 의사가 있으며 훈련을 받고 싶다고 부탁하세요." 그녀는 시간제 근무에 대해서는 단호하다. "만약 당신이 시간제 근로자로 비친다면 당신이 맡을 일은 재미가 없을 거예요. 거의 일자리를 잃어버린 거나 다름없지요." 노동의 유연성이라는 현재의 통설에 대한 산뜻한 반격이다.

일부 CEO들에게 나이 든 근로자들의 동기를 유발할 수 있는 방법을 생각하게 한다는 것은 단순히 인간적인 차원의 문제다.

## 고객처럼 보이기

세계 최대 은행과 보험회사들의 본점이 자리 잡고 있고 빠르게 움직이는 런던 시티City of London(런던 중앙부의 금융중심지_옮긴이)에서 흰머리는 보통 퇴직을 앞둔 상태거나 아니면 임원이라는 신호다. 하지만 아비바 영국 보험Aviva UK Insurance의 훤칠한 키에 후리후리한 CEO인 앤디 브릭스Andy Briggs는 회사에 흰 머리인 사람들이 더 많이 근무하기를 적극적으로 원한다.

2018년 3월 어느 금요일 오후, 시티는 성별 임금 격차에 관한 이야기로 떠들썩했다. 3년 전 영국 정부는 기업들에 남녀 직원 간의 임금 차이에 대해 보고하라고 요구했다.[34] 마감일까지는 2주밖에 남지 않은 상황이었다. 우리는 금융중심지 한가운데에 있었으며 창밖으로 런던의 아이콘 중 하나인 거킨Gherkin 빌딩이 보였다. 이 근처의 몇몇 은행들은 그들이 보고한 숫자가 어떻게 받아들여질지 전전긍긍하고 있었다.

아비바는 이미 남녀 임금 격차를 발표했고 다른 대부분의 금융회사들보다 더 나은 수준이었다. 하지만 그것이 브릭스에게 활력을 주는 것은 아니었다. 브릭스가 관심 있는 것은 다른 것으로 즉 남녀 간이 아니라 젊은 직원과 나이 든 직원 간의 임금 격차였다.

브릭스는 아비바의 채용 인원 가운데 50세 이상의 직원을 12퍼센트 늘리고 진척 상황을 측정하기 위해 직원들의 연령을 공표하겠다고 약속했다. 만약 그가 성공한다면 2022년까지 아비바 영국 보험의 1만 6,000명의 직원 중 4분의 1이 50세 이상이 된다.

그는 왜 그렇게 하려 할까? BMW와 마찬가지로 브릭스는 아비바에서 숙련 직원의 부족 현상이 불안하게 다가오고 있다고 예상했다. "영국에서는 매년 150만 명이 노동력에서 빠져나가지만 새로 늘어나는 인력은 75만 명에 불과해요." 그는 커피 탁자 밑으로 다리를 쭉 뻗으면서 이야기했다. "브렉시트 전까지는 이민자들이 이 격차를 많이 메우겠지만 브렉시트는 이민 문제에 초점을 맞추고 있어요." 또한 그는 일부 연금 수급자가 겪을 수도 있는 곤경을 분명하게 이해하고 있었다. "연금회사로서 우리는 사람들이 더 오래 일하고 저축을 더 많이 해야 할 필요가 있다는 사실을 잘 알고 있습니다."

하지만 이것은 그저 숫자에 관한 것만은 아니다. 브릭스는 '직원들이 다양할수록 더 좋은 결정을 내린다'고 믿는다. 게다가 그는 나이 든 사람이 더 충성스럽다고 생각했다. "앞으로 5년 안에 퇴직할 가능성이 50대 직원은 20대보다 4배나 적어요."

브릭스는 전직 공무원 출신으로 56세에 아비바에 입사해 생명보험 청구팀에서 근무하는 켄Ken에 관한 이야기를 들려주었다. "그 팀에 전화하는 사람들은 대부분 60대랍니다." 그는 설명을 이어갔다. "전화 내용은 주로 사랑하는 사람이 죽었다든가 자신이 치명적인 병에 걸렸다는 것이지요. 어려운 일입니다." 아비바 직원 대부분은 고객들보다 훨씬 어렸다. 그는 "켄은 젊은 직원으로부터 디지털 기술을 배워요. 그리고 그는 젊은 직원들이 전화한 고객들을 이해할 수 있도록 도와준답니다. 덕분에 그 부서가 훨씬 좋아졌어요"라며 흐뭇해했다.

아비바에서는 50대 직원 다섯 명 중 한 명이 나이 든 친척을 돌보고 있고[35] 그런 직원들에게 회사는 유급 휴가와 무급 휴가를 넉넉히 준다. "당신은 임신한 직원에게 출산 당일만 휴가를 쓸 수 있고 그 전날과 그다음 날은 출근해야 한다고 말하는 회사를 들어 본 적이 없을 겁니다"라며 그는 힘주어 말했다. "이것도 마찬가지예요."

회사는 나이 든 지원자들을 유치하기 위해 무엇을 또 달리할 수 있는지 살폈다. 브릭스는 "우리 광고를 봤어요. 모두 젊고, 건강하고, 웃고 있더군요. 우리는 광고를 본 50세 이상의 사람들이 '이 회사는 나와 맞지 않겠어'라고 생각하는 것을 원치 않았어요"라고 말했다. 그래서 아비바의 광고에는 나이 든 사람이 등장하며 그들 역시 환하게 웃고 있다.

## 머릿속의 경력 시간표를 다시 짜라

이 책을 쓰려고 자료를 조사할 때 나는 '나이 든' 근로자에 대한 거의 모든 자료가 50세부터 시작한다는 사실을 알고 놀랐다. 이것은 50세를 낭떠러지 전에 설치된 마지막 정박지처럼 느끼게 한다. 하지만 우리가 50세가 될 때쯤이면 우리 중 일부는 인생의 반밖에 살지 않았을 것이다. 그리고 경력이 끝나는 언저리도 아니다.

길어진 인생의 후반기를 최대한 활용하려면 경력 시간표를 다시 작성해야 할 것이다. 우리에게는 30대에 죽어라 일하고, 40대에 성공하고, 50대에 최정상에 오를 것이라는 것이 여전히 가장 보편적인 가정이다. 하지만 이것은 말도 안 되는 소리다. 첫째, 할 일을 너무 많이 남겨둔 상태에서 50대에 성장을 멈추고 싶은 사람은 별로 없을 것이기 때문이다. 둘째, 그것은 우리 경력에서 가장 열정적인 시간을 '자녀 양육'이라고 표시된 시기에 쑤셔 넣는 것이기 때문이다.

부모들에게는 10대 시절의 고뇌가 끝나면 그 뒤를 이어 20대 후반에서 40대 초반 사이에 잠 못 이루는 밤과 자녀들의 등하교 일로 고된 시기가 놓여 있다. 하지만 이 시기는 우리가 직장 생활에서 가장 압박받는 시기이기도 하다. 미국과 영국의 대학 졸업생의 최고 소득 연령은 남자 48세, 여자 39세다.[36] 만약 당신이 그때까지 출세의 사다리를 다 올라가지 못했다면 당신은 출세할 수 없다고 생각할 것이다.

엎친 데 덮친 격으로 많은 대기업들은 여전히 30세 전후의 떠오르는 별들을 찾아낸다. 파트너 반열에 오르거나 통솔력 교육을 받기 시작하는 것이 바로 그 시점이다. 보상은 크다. 야심 찬 많은 젊은이들은 경력 액셀러레이터를 미친 듯이 밟아대는 바람에 30대에 가족들과 보내는 시간이 너무 적고, 여전히 열정이 충분히 남아 있지만 자녀들이 그들을 더는 필요로 하지 않는 60세에 결국 회사에서 쫓겨난다.

이 시스템을 따르다 보면 거의 모든 사람이 하지 못한 일에 대해 후회하는 상태로 남게 된다. 그래서 그것은 형편없이 비효율적이다. 전통적인 경력 시간표는 그것에 매달리지 않는 사람을 배제함으로써 인재 집단을 극도로 위축시킨다. 그것은 여전히 자녀 양육의 엄청난 짐을 져야 하는 여성들에게 특히 불공평하다. 그리고 사람들이 더 건강하게 더 오래 사는 시대에는 이치에 맞지 않는다.

진정으로 유일한 발전은 끝없이 승진해야 하는 것이라는 생각에 넌더리를 낸 유능한 여성들을 나는 많이 알고 있다. 그럴 때가 있긴 하지만 그것은 반드시 우리의 시간 안에 있어야 한다. 개인적으로 나는 엄청나게 운이 좋았다. 첫 아이를 낳은 후 나는 회사 일을 그만두고 기자가 되었다. 그 후 14년 동안 일주일에 4일 일했고, 열렬히 도와주는 상사들 덕분에 엄마 노릇을 하면서 새로운 경력을 쌓을 수 있었다. 나는 셋째 아들이 6살 될 때까지 다른 상근직 일을 하지 않았다.

그 과정에서 나는 엄마의 역할을 다하려면 승진을 포기해야 한다는 사실을 절실히 깨달았다. 남편이 밤낮으로 일하고 출장을 많이 다니는 상황에서 내가 더 많은 책임을 떠맡으면 무언가 부서질지도 모른다고 생각했다. 언론 세계는 아주 관대했다. 하지만 내가 아는 많은 전문직 종사 여성들은 아이들이 어렸을 때 승진하기를 꺼렸기 때문에 승진 대상 명단에서 영원히 삭제되었다. 사람들에게 치명적인 것은 해외 출장이다. 당신은 일주일에 5일 일하면서도 가정을 꾸려나갈 수 있지만 만약 당신이 해외에 자주 나간다면 모든 게 무너져 내릴 것이다.

아이들 학교 문 앞에서 낭비되는 재능은 비극이다. 이제 선견지명이 있는 일부 법무법인과 은행들은 오랜 기간 경력이 단절된 전문직 여성들을 지원하고 다시 일터로 끌어들이기 위한 '복직자' 계획을 선도하고 있다. 회계법인인 PwC는 이것이 영국 경제에 20억 달러에 상당하는 가치를 제공할 수 있다고 추정했다.[37] 그러나 그런 계획은 흔치 않고 동등하지도 않다. 비전문직 여성들이 혜택을 가장 많이 받을 수 있는 사람들이지만 그들에게 적합한 일자리가 없기 때문이다.

만약 50세가 낭떠러지라면 사람들이 현재 자신이 인생의 어디쯤에 와 있는지 찬찬히 살필 수 있도록 돕기 위하여 '중간 경력 검사'를 받게 하는 것은 어떨까?[38] 우리는 자신에 대해 아무것도 알지 못하던 16살에 직업 상담을 받았다. 그렇다면 이미 직장 경험을 했고 자신이 잘하는 것이 무엇인지 아는 사람들을 상담하는 것은 어떨까? 중간 경력 검사는 대부분의 50대 사람들이 아직도 인생 중반에 있는 것이지 쇠퇴하는 것이 아니라는 사실을 강조하면서 기술, 건강, 재정 상태를 평가함으로써 자신의 남은 인생을 긍정적으로 생각하는 수단이 될 수 있을 것이다.

일본의 실버센터는 이미 이런 검사 중 일부를 제공한다. 그들은 노인들에게 단순히 일자리를 찾아주는 것뿐만 아니라 노인별로 기술과 경험에 대한 소개서를 작성하고 개발함으로써 그들에게 알맞은 일자리를 연결해주는 중개인 역할도 한다. 그것은 확실히 경력 지원을 받는 것이 절대 늦지 않았다는 사실을 증명한다.

## 다양한 세대를 환영하라

1996년 2월 8일 스위스 다보스에서 열린 세계경제포럼에 록 그룹 그레이트풀 데드Grateful Dead의 작사가이자 농장 경영자, 인터넷 운동가인 존 페리 발로우John Perry Barlow가 참석했다. 전 세계 재계 인사들과는 어울리지 않는 인물이었다. 발로우는 검은 옷을 즐겨 입고 티모시 리어리Timothy Leary(미국의 심리학자 겸 작가_옮긴이)와 함께 환각제를 즐기며 인터넷의 자유를 주장하는 강력한 디지털 권리 단체인 전자 프론티어 재단Electronic Frontier Foundation을 공동 설립한 우락부락한 얼굴의 히피였다. 그는 천재적인 명문장가이자 공상가이기도 했는데 알프스에 있는 호텔 방에서 그날 그가 쓴 편지는 세상을 열광시켰다. 그것은 바로 미국 정부에 보낸 '사이버공간 독립 선언문A Declaration of the Independence of Cyberspace'이라는 제목의 편지였다.

"산업 세계의 정부들이여, 그대들은 고깃덩어리와 강철로 만들어진 피곤한 거인이구나. 나는 왔노라. 사이버 공간에서. 그곳은 마음의 새로운 고향이다.[39] 미래를 대표하여 그대 과거여, 우리를 내버려두길 부탁합니다. 그대는 우리 사이에서 환영받지 못한답니다. 우리가 모이는 곳에 당신은 아무런 주권도 없습니다."

사이버 공간의 자유에 대한 발로우의 주장은 그의 독립 선언문 문장처럼 강력했다. "당신은 당신의 친자식들을 두려워합니다. 그들이 바로 당신이 앞으로 항상 이민자로 남아 있을 세상의 원주민이기 때문입니다."

발로우의 편지는 디지털 시대에 성장한 디지털 원주민 세대와 어른이 되어 단지 기술에 익숙해진 디지털 이민자 세대 간에 지워지지 않는 경계선을 그었다. 그것은 중요한 진실을 말해주는 강력한 개념이다. 그러나 그것은 또한 '이민자들'을 단지 그들이 나이가 들었기 때문에 결코 충분히 알지 못하고 완전히 이해하지 못하며 항상 뒤처질 사람들이라고 단정 짓는 파괴적인 편견이 되었다.

내가 만난 고용주들은 종종 노인들이 소셜미디어를 '이해'하려고 하지 않을까봐 우려한다고 털어놓았다. 나이 든 사람들은 '원주민'이 아니므로 결코 얻을 수 없는 기술적 통찰력이 부족하다고 스스로 두려워한다. 일부는 너무 두려워해서 시도하는 것을 미룬다. 기술적 전문용어를 사용하는 것은 어떤 학위 자격 요건만큼이나 효과적이고 인종차별처럼 교활한 진입 장벽이 될 수 있다.

"그들은 나보다 기술을 훨씬 더 잘 이해했어요"라고 평균 연령이 29세인 비영리 기업에 그녀의 상당한 기술을 제공했던 72세의 한 기업 임원은 인정했다. "그들은 내가 한 번도 써본 적 없던 스카이프 같은 것들을 사용할 수 있도록 너그럽게 도와주었어요. 그들은 '매우 잘 이해하시는데요. 저희가 예상했던 것보다 훨씬 더 잘하세요'라고 말하곤 했어요. 솔직히 말해서 좀 잘난 체하는 거지요. 이 영리한 젊은이들은 나를 괜찮다고 생각했지만 그들은 나보다 적절한 경험을 더 많이 했다고 느꼈어요. 하지만 그들은 내가 알고 있는 경영에 대해서는 아무것도 몰랐답니다.”

또한 그녀는 사용하는 어휘에 큰 차이가 있다고 느꼈다. “밀레니얼들은 말끝마다 ‘성性’이라는 단어를 붙여요”라며 그녀는 어이가 없다는 듯 말했다. “기능 대신 기능성으로 말하지요. 우리는 계속 서로 ‘무슨 말인지 모르겠어요’라고 말했어요.” 그 결과 그녀는 그들이 자신을 어떻게 대해야 할지 확신하지 못하는 느낌을 받았다고 말했다. “그들은 내 의견에 반대하는 것을 주저했지만 그들이 반대했더라면 나는 훨씬 더 좋아했을 거예요.” 결국 그녀는 다른 곳에서 그녀의 기술을 발휘했다.

이러한 차이점들이 발생하는 일이 결코 없어질 필요는 없다. 그러나 그것들이 알려지지 않는다면 한 지붕 아래 다양한 세대가 일하는 것은 점점 더 어려워질 것이다.

‘다양한 연령으로 구성된 노동력’의 이득에 관한 소문이 점점 커지고 있다.[40] 머서Mercer 컨설팅 회사의 경제학자 헤이그 날반티안Haig Nalbantian은 나이 든 근로자들이 어떤 일에는 느리지만 종종 젊은 상대방들보다 정서적으로 더 안정되고 긴장된 상황에 대한 대처를 더 잘한다고 말했다. 노인과 젊은이가 함께 일하면 실수가 줄어들고 생산성이 높아진다는 것이다. 독일의 맥스 플랑크 연구소Max-Planck Institute의 악셀 뵈르쉬-주판Axel Börsch-Supan이 발견한 비슷한 연구 결과에서도 고객과의 상호작용이 있을 때 생산성은 나이가 들수록 실제로 증가할 수 있다고 한다.[41] 미국의 약국 체인인 CVS 헬스CVS Health는 고객에 맞추기 위하여 55~99세의 직원을 적

극적으로 고용하고 있다.[42]

모든 것이 순탄한 것만은 아니다. 예를 들어, 나이 든 사람이 IT나 영업과 같이 '젊은이의 일'로 생각되는 자리를 차지한다던가 젊은이가 고위 경영진이나 금융 분야와 같이 '나이 든 사람의 일'로 고속 승진한다면 나이 격차의 확대가 원망으로 이어질 수 있다는 사실을 연구자들은 발견했다.[43] "흠…, 그가 따라잡을 수 있을까?" 혹은 "흠…, 그 일을 하기에 그녀는 좀 젊지 않아?"라고 중얼거릴지도 모른다.[44] 그렇다면 그것은 곧 CEO들에게 지뢰밭이다.

## 새로운 긱 이코노미

"이것이 자유고 나를 젊게 해줘요."

내가 샌프란시스코로 가기 위해 우버로 부른 링컨 타운 승용차의 운전사인 64세의 켄 바릴라스Ken Barillas가 말을 건넸다. 그는 예전 물류업에서 일할 때처럼 돈을 안정적으로 버는 것은 아니지만 자기 마음대로 시간을 사용할 수 있어서 좋다고 했다. 취미가 낚시인 바릴라스는 새 보트를 사기 위해 저축하고 있었다. 하지만 충분히 저축하여 여유가 생기더라도 그는 적어도 우버가 자율주행차로 바뀔 때까지 계속 일할 계획이라고 말했다. "나는 대화하는 것을 좋아해요. 로봇 녀석은 내가 방금 한 다이애나 왕세자비 이야기를 손님한테 하지는 않을 겁니다!"라며 껄껄 웃었다.

21세기는 근로자 대부분이 프리랜서로 여러 고객을 위해 일하던 20세기 초와 점점 닮아갈지 모른다. 연금개시연령 이상의 영국인 3분의 1은 자영업자다.[45] 미국의 우버 운전자 전체의 4분의 1은 50세 이상이다.[46] 멋들어진 이름을 가지고 있는 영국의 스타트업인 '노 디자이어 투 리타이어No Desire to Retire('은퇴 의사 없음'이라는 의미_옮긴이)'는 50대 이상에게 프리랜서 업무를 찾아준다. 미국에서는 60~70대의 보험 전문가들이 64세의 샤론 에멕Sharon Emek이 만든 '워크 앳 홈 빈티지 임플로이즈Work At Home Vintage Employees'에서 일한다. 다른 이들은 76세의 아트 코프Art Koff가 세운 '리타이어드 브레인스Retired Brains'를 통해 일을 찾고 있다.

그러나 독립적인 계약자들의 임시직 경제가 착취와 해방 중 어느 것을 대변하는지는 협상력에 달려 있다. 나의 하버드 스터디 그룹에 찾아온 한 학생이 마음에 남는 말을 했다.

"아버지의 엔지니어링 회사에서 많은 선임 선배들이 은퇴하고 고문으로 다시 일하세요. 그러나 안내 창구에 있던 엘리Ellie는 돌아오지 않았어요. 비서였던 바바라Barbara도 마찬가지였지요. 왜 그들은 기회를 잡지 않았을까요?"

인생의 후반기에도 전문직 종사자들은 '재취업'할 수 있고, 기업가로 성공하고, 몸값을 올려 받을 수 있다. 기술이 부족한 사람들은 일찍 은퇴할 가능성이 더 크고, 은퇴를 대비해 저축을 충분히 했을 가능성도 더 낮다. 비록 그들이 기술로 대체된 것이 아니라 해도 다른 직업을 찾을 네트워크를 갖고 있지 않다. 기술이 부족한 사람들의 전망은 모든 연령대 걸쳐서 점점 더 암울해 보인다. 그것이 실질적인 격차다. 즉, 젊은 사람과 나이 든 사람의 격차가 아니라 기술이 있고 네트워크가 있는 사람과 기술이 없고 네트워크가 없는 사람 간의 격차다.

이 새로운 세상에서는 점점 더 많은 사람이 불안정한 삶 속에서 다른 역할들에 대한 실기시험을 치르는 배우처럼 될 것이다. 어쩌면 우리도 배우들처럼 우리를 홍보하고 권리 보호를 도와줄 대행사가 필요할지도 모른다. 또는 스타트업 노동조합이 한 가지 직업이 아니라 여러 직업을 갖는 사람들을 이해하고 노동자 클럽과 함께 사라진 네트워크를 제공할 수도 있다.

우리는 또한 동료애와 사무실 시설을 갖춘 함께 일할 장소가 필요할지도 모른다. 나이 든 노동자들이 런던의 세컨드 홈Second Home, 파리의 스테이션 WStation W, 토론토의 카머라더리 코워킹Camaraderie Coworking과 같은 공동 작업 공간으로 파도처럼 밀려든다. 세컨드 홈의 설립자인 로한 실바Rohan Silva는 2017년에 60세 이상인 사람들의 사무실 이용 신청이 40퍼센트 증가한 것을 목격했다. 그는 "우리는 숫자에 완전히 압도당했어요. 이 그룹은 분명히 속도를 늦출 의도가 전혀 없어요. 그들은 새로운 사업의 시작을 도와줄 우리의 공간과 공동체를 활용하고 싶어 합니다"라고 말했다.

## 모든 사람에게 더 오래 일하라고 하는 것은 공평한가?

우리가 더 오래 산다고 가정할 때 은퇴 후 살아갈 삶의 분량을 이전 세대와 똑같이 유지하기 위해 사람들에게 더 오래 일하도록 요구하는 것은 타당해 보인다. 하지만 사람들이 똑같이 더 오래 살지 않는다면 어떻게 될까?

부유한 국가에서는 가장 부유하고 가장 교육을 많이 받은 근로자들은 가장 가난한 사람들보다 더 건강하게 10년 정도 오래 산다. 만약 우리가 그들 모두에게 더 오래 일할 것을 요구한다면 일부는 은퇴 후 시간이 훨씬 줄어들 것이다.

미국에서는 미국 과학 아카데미 위원회National Academies of Sciences Committee가 '미국 노령 인구의 장기적 거시경제 효과'에 대한 몇 가지 흥미로운 연구를 진행하며[47] 기대 수명의 차이가 벌어지는 현상이 연방 복지 프로그램으로부터 받는 평생 연금에 어떤 영향을 미칠 수 있는지 살펴보았다. 연구자들은 1960년 출생자 중 소득 상위 20퍼센트가 하위 20퍼센트보다 평생 연금을 놀랍게도 세후 13만 달러나 더 많이 받을 것이라고 계산했다. 비록 고소득자들이 평생 세금을 더 많이 내겠지만 그들은 단지 훨씬 더 오래 산다는 이유만으로 사회보장연금을 더 많이 받는 것이다. 저소득층은 추가 장애 수당을 받을 자격이 있지만 이것만으로는 복지 제도가 그들에게 불리해지는 것을 막을 수 없을 것이다.

지금까지 정부는 (모든 개인의 기대 수명을 합산한 뒤 총인구로 나누어 산출하는) 평균 기대 수명을 기준으로 정년을 늘려왔다. 그들은 다른 집단들 사이에 존재하는 잠재적 사망률의 커다란 차이를 공식적으로 고려하지 않았다. 하지만 연금개시연령이 계속 상승한다면 우리는 가장 가난한 사람들을 보호할 방법도 함께 찾아야 한다. 미국 과학아카데미 위원회는 가장 부유한 사람들과 가장 가난한 사람들 사이의 균형을 회복할 수 있는 유일한 정책은 '전체 소득자의 상위 절반에 대한 사회보장연금을 줄이는 것'이라고 밝혔다. 그것은 지금까지 보편적인 혜택이었던 것에 대한 급격한 변화가 될 것이지만 우리가 고려해야만 하는 변화다.

매우 유행하는 급진적인 생각 중 하나는 '보편적 기본소득'이다. 이는 모든 사람에게 생계를 유지할 만한 일정 금액을 지급함으로써 누더기 같은 복리후생 혜택 문제를 끝낼 수 있을 것이다. 찬성론자들은 이것이 불평등을 줄이고 인생에서의 어려운 변화를 원활하게 할 수 있는 안전한 토대를 제공할 것이라고 주장한다. 겉으로 보기에 매력적이지만 보편적 기본소득은 엄청나게 돈이 많이 든다. 그래서 핀란드가 시험적으로 실시해보다 결국 포기했다.[48] 뿐만 아니라 거기에는 또 다른 문제가 있다. 보편적 기본소득을 생각하면 할수록 사람들에게 "걱정하지 마세요. 일하지 않도록 돈을 줄게요"라고 말하는 개념은 저주나 다름없다고 생각한다. 따라서 나는 사람들을 일하지 않도록 부추기는 것보다 정신 건강에도 도움이 많이 되는 일을 가능한 계속하도록 독려하려 한다. 하지만 그렇게 하려면 교육을 근본적으로 재설계해야 한다.

## '기술 미래' 프로그램

내가 싱가포르 부총리를 점심 식사에 초대했을 때 꽃꽂이에 관한 이야기로 대화가 끝날 줄은 예상하지 못했다.

싱가포르에서 여러 장관직을 두루 거친 명석하고 논리정연한 정치인인 타르만 샨무가라트남Tharman Shanmugaratnam은 "싱가포르인으로서 우리의 정체성은 모든 사람이 승진할 수 있는 공평한 기회를 가진다는 사실에 달려 있다"고 강조하며 사회 이동을 예의 주시했다. 2014년에 그는 '고령화'와 '일자리 혁명'이라는 두 가지 과제를 해결하기 위해 세계에서 가장 야심 찬 학습 계획인 '기술 미래SkillsFuture' 프로그램을 시작했다.

싱가포르는 교육 시스템을 재설계할 필요가 없었다. 싱가포르 학교들은 전 세계 순위에서 줄곧 1위를 차지하거나 최정상 근처에 있으면서 세계의 부러움을 사고 있기 때문이다.[49] 그렇지만 국가는 눈에 띄게 고령화되고 있다. 현재 싱가포르인 여덟 명 중 한 명은 65세 이상이다. 15년 안에 그 비율은 네 명 중 한 명으로 늘어날 것이다.[50]

타르만의 해결책은 10대 때 받은 성적에 의해 사람의 미래가 제한되지 않는 평생 학습의 진정한 실력주의 사회를 만드는 것이다.

이것이 바로 '기술 미래' 프로그램으로 25세 이상의 모든 국민은 승인된 강좌에 대해 약 350달러 한도의 교육보조금을 받는다. 그 한도는 절대 소멸하지 않으며 정부가 틈틈이 보충해준다. 40세 이상에게는 추가 보조금이 지급되고, 패션부터 블록체인까지 어떤 과정이든 연수에 참여하는 근로자를 후원하는 고용주에게는 할인 혜택이 주어진다.

우리는 이것이 얼마나 비용이 많은 드는 사업인지 알고 있었기 때문에 식탁에 둘러앉아 아무 말도 못하고 숨죽이고 있었다. 100세 이상의 고령자라도 현금처럼 사용할 수 있고 사용하지 않으면 누적되는 평생 수표를 정부가 발행한다는 말에 기가 막혔다.

"분명한 건 90세 노인이 꽃꽂이하는 걸 보조하고 싶지는 않으시죠?"라고 우리 팀 중 한 명이 그가 생각할 수 있는 가장 가벼운 주제를 선택해 과감히 질문했다. 타르만은 빙그레 미소 지었다. "만약 그것이 사람을 집중하게 하고 정신을 초롱초롱하게 만든다면 고려해봐야겠지요"라며 그는 진지하게 대답했다. "국민의 사고방식을 바꾸는 것이 투자 수익이라는 개념보다 더 중요합니다." 두말할 것 없이 그의 말이 옳다. 물끄러미 창밖을 내다보며 앉아 있는 노인보다 연회용 꽃꽂이를 배우는 노인이 훨씬 더 행복할 것이다. 결국 최종적으로 국가가 지출하는 비용도 아마 더 적게 들 것이다.

타르만의 통찰력에 따르면 학습이란 모든 연령층을 하나로 묶는 연속적인 과정이어야지 단지 젊은이나 노인만을 위한 외톨이 사일로가 되어서는 안 된다. 학습은 가능한 일찍 시작할수록 좋다. 싱가포르 정부는 취학 전 저소득층 아동들에 대해 많은 보조금을 지급하고 있다. 마찬가지로 학습을 가능하면 늦게 그만둘수록 좋다.

"평안히 잠드소서. 3단계 인생이여!" 앤드루 스콧Andrew Scott과 린다 그래튼Lynda Gratton이 그들의 명저 《100세 인생The 100-Year Life》을 통해 말했다. 저자들은 '교육-직장-여가'라는 오래된 인생 모델은 사람들이 훨씬 더 오래 사는 지금의 시대에 더는 들어맞지 않는다고 주장했다. 모든 나라는 나이와 관계없이 흥미와 적성을 중요시하는 그들만의 '기술 미래' 프로그램이 필요하다.

## EQ는 IQ만큼 중요할 것이다

1995년 〈뉴욕 타임스〉의 작가 대니얼 골먼Daniel Goleman은 '감정지능'이라는 개념을 같은 이름의 책을 통해 대중화했다. 그는 직업과 관계에 있어 공감, 경청, 동기부여의 중요성을 설명했고 감정 지수Emotional quotient의 약자인 'EQ'가 IQ만큼 성공에 중요한 요소라고 주장했다.

AI와 빅데이터가 인지 과제를 더 많이 떠맡기 시작하면서 골먼의 메시지는 그 어느 때보다 중요해 보인다. 예를 들어, 우리는 이미 어떤 질병에 관해서는 AI가 의사들보다 더 잘 진단하고 예측할 수 있다는 것을 알고 있다. 의사들이 사라지지는 않겠지만 유전자

검사가 주류를 이루면서 우리는 점점 더 그들의 환자 응대 태도, 공감, 복잡한 발생 가능성을 쉽게 설명할 수 있는 능력 등을 높이 평가함으로써 그들의 IQ뿐만 아니라 EQ도 소중하게 여길 것이다.

EQ가 이미 가장 중요해졌거나 그렇게 될 분야 중 하나는 요양 서비스다. 인구가 고령화됨에 따라 요양보호사에 대한 수요는 급격히 증가할 것이며 그들에게 가장 필요한 기술은 8장에서 설명할 로봇이 제공할 수 없는 정서 회복력, 직관력, 공감 능력이다. 그러나 요양보호사들은 종종 무시당하거나 그들이 '학구적'이지 않은 재능을 갖고 있으므로 '숙련되지' 않았다고 묘사된다.

2013년에 나는 보건부Department of Health에서 의뢰한 독립적인 심사를 위해 새내기 간호사와 요양보호사들을 인터뷰한 적이 있으며 영국 여행을 할 때 그들이 일하는 모습을 직접 보기도 했다.[51] 또한 병원에서 일하거나 집에서 환자들을 돌보는 일을 하는 훌륭한 직원을 수백 명 만났는데 그들이 생전 보지도 못한 노인의 집을 찾아가 친분을 맺고 샤워를 거들어주는 데 필요한 정서 회복력과 성숙미를 탁월하게 갖추고 있다는 사실에 큰 충격을 받았다. 일부 선임 간호사와 의사들이 병원에서 '단지' 차만 준비하고 환자를 침대에서 들어 올리거나 식사를 도와주는 새내기 요양보호사들에게 거드름 피우는 모습을 보고 화가 나기도 했다. 이들이야말로 환자 침대 곁에서 대부분의 시간을 보내는 사람들이며 무언가 잘못되었을 때 가장 먼저 알아차리고 환자가 안전하다던가 두렵다고 느끼는 모든 차이를 만들어낼 수 있기 때문이다.

좋은 병원들은 병동에서 신입 직원들이 일하는 모습을 지켜보며 그들 중 일을 가장 잘하는 사람을 승진시키고 싶어 했다. 그러나 모든 정규 간호사는 대학 학위를 가져야 한다는 규정 때문에 승진 사다리는 끊어질 수밖에 없었다. 우리의 전통적인 대학 제도는 학교 성적이 좋지 않은 여성들(대부분 중년 여성들)에 대한 융통성이 거의 없다.[52] 그들은 성공적으로 아이들을 키웠고, 가정을 관리하고, 나이 든 부모를 돌봤을지 모르며 심지어 아프다고 소리치는 환자들에 대한 동정심이 풍부했지만 그들은 승진할 만큼 '학구적'이지 않다고 취급받는다.

EQ를 개발하려면 사실을 기억하고 인지 기술을 연마하기 위해 매우 다른 교육이 필요하다. 전통적인 대학교들의 힘은 위신에서 나오기 때문에 입학을 제한하는 기득권을 가진 그들을 통해 그러한 교육은 시행되지 않을 것이다. 영국은행 수석 경제학자인 앤디 할데인Andy Haldane은 모든 연령대 사람이 입학할 수 있고 기존의 '인지' 기술뿐만 아니라 전문 기술과 감정 기술을 가르치는 '다기능 종합대학교multiversity'가 필요하다고 제안했다. 이것이 우리 시대에 맞는 생각이다. '다기능 종합대학교'는 학교 성적이 좋지 않았던 사람들에게 두 번째 기회를 제공할 수 있다. 그곳에서는 대중 온라인 공개 강좌Massive Open Online Courses, MOOCs를 통해 온라인 강의, 온라인 퀴즈, 이용자 채팅 등을 제공할 것이다.

하지만 가장 중요한 것은 우리가 할 수 없는 것을 상기시키는 게 아니라 우리가 할 수 있는 것에 기반을 둬야 한다는 사실이다.

## 은퇴 없는 시대

우리 중 많은 사람에게 60세나 65세, 혹은 더 일찍 은퇴한다는 생각은 시대에 뒤떨어진 개념이 될 것이다. 경제가 번영하고 우리 자신이 참여하여 생산적으로 남으려면 그렇게 될 필요가 있다. 또한 고객처럼 점점 나이가 들어가는 우수한 직원들을 더 오래 근무하게 하는 것이 기업에 이익이 될 것이다. CEO들은 자신이 갖고 있던 경력 시간표의 개념에 도전함으로써 직원들에게 중간 경력 검사를 제공하고, 재취업하려는 재능 있는 엄마들(그리고 손수 일하는 아빠들)을 수용하는 일을 시작할 수 있을 것이다.

그렇다고 우리 모두 지금까지 해온 일을 고수하자는 것은 아니다. 우리는 무언가 새로운 일을 찾아 옆으로의 이동을 의미하여 미국인들이 소위 '가교架橋 일자리'라고 부르는 것에서 젊음을 되찾을지도 모른다. 아니면 다시 돌아간 가게 매장에서 찾을 수도 있다. 어느 곳에서 쓸모없어 보이던 나이 든 노동자들의 기술이 다른 곳에서는 가치 있는 기술이 될 수 있다. 영국의 한 슈퍼마켓 그룹은 현재 다른 회사에서 은퇴한 임원들을 와인 전문가로 고용하여 고객을 상대하고 있다. 그들은 지위의 하락을 개의치 않고 사람들에게 자신들이 열정적으로 좋아하는 것에 관해 이야기하는 것을 즐긴다.

당신이 고위직이고 연줄이 좋다면 그런 전환을 하기가 분명 더 쉬울 것이다. 중간 관리자와 하위직의 경우에는 이것이 매우 다르게 나타날 수 있다. 긱 이코노미Gig Economy의 등장으로 전환기를 거치는 사람들을 지원하기 위해 내가 말하는 소위 스타트업 노동조합이 필요할 것이다. 일본의 실버센터는 많은 사람에게 좋은 일을 조용하게 많이 하는 드러나지 않는 모델 중 하나다.

제4차 산업혁명 시대에 진입하면서 우리를 안내할 교육 역시 네 번째 단계가 필요하다. 우리가 배우는 방법에 대하여 신경과학에서 나온 최근의 발견을 기초로 네 번째 단계를 만들어야 한다.

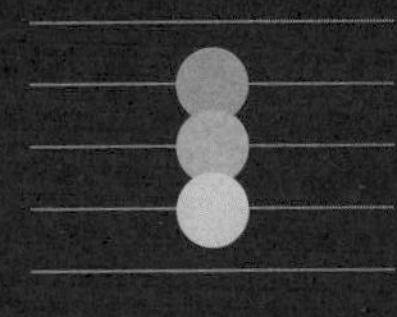

5장

# 정신 수명을 연장하라

"뇌는
언제나 유연하다."

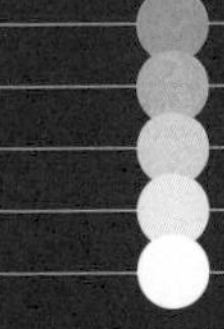

젠장! 또 엉뚱한 매를 맞췄다. 화면에 깃털이 후두두 떨어지는 대신 가차 없이 '삐이-' 소리가 난다. 나는 컴퓨터 앞에 앉아 파란 하늘에 간헐적으로 번쩍번쩍 나타나는 매들을 맞추려고 마우스를 누르고 있다. 그것들은 모두 회색이고 날개를 활짝 펴고 있지만 내가 맞춰야 하는 매는 약간 더 어둡다. 내가 그것들을 잘 맞추면 맞출수록 더 빨리 사라진다. 나는 내 눈이 추적한 것에 반응해 마우스를 클릭하지만 거의 인식조차 하지 못한다.

이것은 두뇌 훈련 게임인 '호크아이HawkEye'다. 내가 해본 게임 중 가장 재미난 것은 아니지만 단순히 마우스를 더 빨리 클릭하는 것 이상으로 두뇌를 맑게 해준다고 한다. 시험 결과 이런 종류의 게임을 충분히 하는 노인들은 교통사고 발생 횟수가 적고, 심지어 치매에 걸릴 위험도 눈에 띄게 낮다는 사실을 발견했다.

"매주 '크로스워드 퍼즐을 해도 괜찮을까요?'라고 묻는 사람들이 있어요"라며 이 게임을 만든 수염이 덥수룩한 포짓 사이언스Posit Science의 CEO인 신경과학자 헨리 망카Henry Mahncke는 말했다. "내 대답은 '아니오'입니다. 물론 당신은 생각하지요. 철자 순서를 바꾼

단어나 동의어를 찾으려고 노력합니다. 하지만 이 게임이 뇌를 더 빠르게 하거나 더 정확하게 만드는 건 아니랍니다. 그렇게 하기 위해서는 정말 자신에게 도전할 필요가 있어요."

온라인 두뇌 훈련 프로그램의 판매는 이제 하나의 완전한 산업이 되었다. 지금까지 과대광고가 과학의 영역을 뛰어넘어 행해졌다. 하지만 중요한 핵심은 '인간은 세상을 경험하면서 뇌세포들 사이의 연결을 계속 변경하고 행동에 따라 뇌를 변화시킬 수 있다'는 우리가 새롭게 발견한 지식인 '과학'에 근거해야 한다는 것이다.

뇌가 계속 변화하고 평생 발전한다는 사실은 혁명적이다. 그것은 노화에 대한 우리의 태도를 완전히 바꾸어놓을 것이다. 오랫동안 우리는 태어날 때 만들어진 뇌세포는 기본적으로 평생의 할당량이고 그것은 서서히 시들어간다고 믿었다. 뇌는 성년기가 되면 변하지 않으므로 늙은 개는 새로운 재주를 배울 수 없다고 생각했다. 그 결과 나이 든 노동자들을 훈련하려고 애쓰지 않았다. 60세 이상 사람들이 중국어나 프랑스어를 공부하는 것은 그들이 단순히 취미 삼아 하는 것이라고 가정했다. 우리는 나이가 들어감에 따라 기억 상실이 불가피하다고 생각하며, 심지어 우리의 성격도 바꿀 수 없는 '행복 설정값'에 연결되어 있다는 말을 들어왔다. 그러나 이 모든 것이 잘못된 것으로 밝혀졌다.

신경과학자들은 우리의 뇌세포(뉴런)는 태어나면서부터 보고, 듣고, 맛보고, 만지고, 냄새 맡는 것과 우리가 축적한 기억이나 경험을 서로 결합한다는 사실을 오래전부터 알고 있었다. 또한 그들은 이러한 신경 연결들이 서로에 기반을 두며 우리가 무언가를 배울 수 있게 해준다는 것도 알고 있었다. 그러나 지난 세기 대부분 '신경가소성Neuroplasticity(인간의 두뇌가 경험으로 변화되는 능력_옮긴이)'은 어린 시절에 끝이 난다는 것이 정설이었다. 접이식 의자를 옮기려면 성인 뇌에서 대략 1억 개의 뉴런이 100조 개의 연결을 통해야 한다는 사실을 상상하기란 거의 불가능했다.

과학 교과서에 실린 뇌의 각 부분마다 다른 색깔로 표시한 그림 중 하나를 살펴보면 뇌의 각 부분들은 그것이 제어하는 기능들로 이름이 붙여진다. '맛'이 이곳이라면 '기억'은 저곳이다. 뇌 그림을 통해 뇌의 어떤 특정 부분이 논리 퍼즐을 풀 수 있는지 혹은 군중 속에서 낯익은 얼굴을 찾아낼 수 있는지 알 수 있다. 또한 그것은 그 부분이 잘못되면 그 기능을 잃게 된다는 것을 의미한다. 그러나 이러한 간단한 그림들로는 21세기 현재 우리가 알고 있는 뇌의 경이로운 적응 능력을 잡아내지 못한다.

뇌에 관해 새롭게 밝혀진 진리는 아주 고무적이다. 심지어 말기 암에 걸린 70대 사람의 뇌에서 완전히 새로운 뉴런이 발견됐다.[1] 뇌 전체가 영구적으로 손상되었음에도 마치 의식을 잃은 비행기 조종사의 조정대를 승객이 대신 운전하는 비행기처럼 뇌의 다른 영역이 개입하여 뇌졸중으로부터 회복한 사람들도 있다. 과학자들은 뇌의 특정 회로를 진정시키고 다른 회로들을 다시 연결함으로써 정신질환자들이 그들의 상태를 극복하도록 돕는 새로운 방법을 찾고 있다. 그리고 70세 노인들이 발음은 완벽하지 못하지만 제2외국어를 배우고 있다(그 특정 경로는 10살 언저리에 닫히는 듯하다).

만약 인생의 후반기를 보다 가치 있게 즐기려면 우리의 신체 수명과 일치하도록 정신 수명을 연장해야 한다. 신경과학이 아직 모든 해답을 주지는 않지만 그것은 인간을 통제하는 신비한 기관이 아니라 개선할 수 있는 시스템으로서 뇌를 연구하고 뇌의 기능을 향상시키며 우리가 신체에 접근하는 것과 같은 방식으로 뇌에 접근할 수 있는 몇 가지 지침을 제공하기 시작했다.

## 새로운 뇌세포가 만들어진다

오늘날 신경과학자들은 보잘것없는 카나리아와 페르난도 노테봄Fernando Nottebohm이라는 열렬한 조류 관찰자에게 큰 빚을 지고 있다. 아르헨티나의 한 목장에서 자란 노테봄은 애완동물로 새를 키웠다. 그는 특히 노래 부르는 새를 좋아했고 새들이 서로 무슨 말을 하는지 알고 싶었다. 이러한 이유로 새들을 관찰한 그는 1983년에 획기적인 사실을 발견했고 궁극적으로 우리가 뇌에 대하여 생각하는 방식을 바꾸었다.

대부분의 새는 짝을 유혹하기 위해 매년 같은 노래를 부른다. 그러나 노테봄은 히트 음반 제작자들과 마찬가지로 카나리아와 금화조들이 매년 완전히 새로운 곡조를 만들어낸다는 사실을 알아차렸다.[2] 록펠러 대학교Rockefeller University의 연구실에서 그는 이 새들의 뇌를 검사했다. 카나리아의 뇌 크기는 노래를 부르는 봄에 매년 거의 두 배로 커졌다가 번식기가 끝나가면서 조용해질 때 다시 작아진다는 사실을 발견했다. 새들은 노래와 학습을 관장하는 뇌의 영역에 새로운 뇌세포, 즉 새로운 뉴런을 만들고 있었다.

성인의 뇌에서 완전히 새로운 뇌세포가 생성되는 현상을 '신경발생Neurogenesis'이라고 한다. 신경발생에 관한 노테봄의 첫 번째 증명은 다른 세포와 달리 뉴런은 세포분열을 하지 않기 때문에 엄청난 의구심을 불러일으켰다. 우리 뇌에는 다른 세포로 변형될 수 있는 신경 줄기세포 저장소가 있다는 사실이 나중에서야 밝혀졌다.[3] 그러나 이것은 당시에는 알려지지 않았고 많은 전문가는 노테봄의 발견이 일부 지저귀는 새들의 독특한 특징이라고 일축했다.

그러나 10년 후, 과학자들은 신경발생이 성인의 뇌에서도 일어난다는 것을 결정적으로 증명했다. 발생 장소는 해마Hippocampus에서였다.[4] 말발굽처럼 생긴 해마는 대뇌피질 아래 뇌 깊숙이 자리 잡은 기억력 생성의 동력실이다. 그것은 우리가 새로운 정보를 배우고, 그것을 통합하고, 기억 속에 오랫동안 숨겨둘 수 있게 해준다. 방대한 서류 정리 시스템처럼 해마는 물건이 있는 장소에 대한 기억도 저장한다. 그것이 없다면 우리는 우리가 사는 곳을 기억할 수 없고 열쇠를 찾을 수도 없을 것이다. 알츠하이머 환자들이 그러한 것들을 기억하기 힘든 이유는 알츠하이머가 뇌의 다른 어떤 부분보다 먼저 해마에 영향을 주기 때문이다.

해마는 견과류를 겨울에 꺼내 먹기 위해 여름에 숨기는 다람쥐나 런던의 택시 운전사가 차링 크로스 역에서 약 10킬로미터 이내에 있는 2만 4,000개의 거리와 5만 개의 명소를 암기해야 하는 시험인 '지식The Knowledge'을 통과해야 하는 것처럼 기억력이 많이 필요한 경우 더 크게 자란다. 런던 대학교의 엘리너 매과이어Eleanor Maguire와 그의 동료들은 5년간 연구한 결과 이들 택시 운전사들이 일반 시민들보다 뒷면 후부 해마(공간 탐색을 관장하는 부분)에 회백질Gray matter을 훨씬 더 많이 갖고 있다는 것을 발견했다. 그리고 몇 개의 정해진 노선을 따라가기만 하면 되는 런던의 버스 기사들보다도 더 많았다.[5]

매과이어는 MRI 검사를 통해 택시 운전사가 된 사람들이 편파적으로 기억하기에 유리한 종류의 두뇌를 갖고 시작하지 않았다는 사실을 증명했다. 해마가 확대된 것은 바로 길거리를 실제 학습하는 과정을 통해서였다. 이것을 다른 말로 하면, 인지 운동은 뇌에 물리적 변화를 일으킬 수 있다. 이는 우리가 나이 들면서 어떻게 두뇌를 훈련시킬 것인가에 대해 시사하는 바가 크다.

## 늙은 뇌도 새로운 기술을 배울 수 있다

캘리포니아 라 졸라La Jolla에 있는 솔크 생물학 연구소Salk Institute for Biological Studies에서 프레드 러스티 게이지Fred 'Rusty' Gage 교수와 그

의 동료 거드 켐퍼만Gerd Kempermann은 쥐들을 위한 일종의 디즈니랜드를 만들었다. 그곳에 쳇바퀴, 공, 터널 그리고 같이 어울릴 수 있는 다른 쥐들을 넣어주었다. 그들은 이것이 쥐의 뇌에서 생산하는 새로운 뉴런의 수를 극적으로 증가시킨다는 사실을 발견했다.[6] 45일 후, 이 쥐들은 이전보다 새로운 뉴런을 15퍼센트나 더 많이 생성했고, 새롭게 생성된 뉴런들은 그냥 소멸하는 것이 아니라 살아남았다.

그 효과는 나이 든 쥐에게도 똑같이 극적으로 나타났다. 인간으로 치면 65세에 해당하는 18개월 된 쥐는 보통의 우리 안에서보다 디즈니랜드 환경에서 새로운 뉴런을 5배나 더 많이 생성했다. 쥐가 몇 살이든 디즈니랜드 환경에서 겪은 경험은 쥐들의 뇌에 활력을 불어넣었다.

과학자들은 다른 쥐들과 어울리기, 새로운 장난감 시험하기, 쳇바퀴 돌리기 등 여러 경험 가운데 어떤 경험이 뉴런을 가장 많이 만들어냈는지는 확신하지 못했다. 그러나 쳇바퀴를 돌리고 터널을 통과하는 등 신체 운동이 가장 큰 영향을 끼친 것으로 밝혀졌다. 우리 안에서 쳇바퀴를 돌린 쥐가 앉아 있는 쥐보다 새로운 뉴런을 두 배나 많이 만들어냈다. 이는 곧 활동하면 근육을 만들 수 있는 것처럼 우리의 뇌도 확대할 수 있다는 의미였다.

게다가 이 쥐들은 따분한 환경에서 자란 쥐들보다 미로를 더욱 잘 빠져나간다는 것이 증명됐다. 마음이 불편한 실험이었지만[7] 한 곳에 발판을 물에 잠길 정도로 설치하고 나머지 부분은 쥐가 발이 바닥에 닿지 않도록 깊게 만든 물탱크 안에 쥐를 떨어뜨렸다. 그 작은 생명체들은 발이 발판에 닿을 때까지 필사적으로 발을 저었다. 후속 시험에서 쳇바퀴를 돌려본 쥐들이 발판이 어디에 있는지 기억하고 그곳에 올라서는 일에 훨씬 더 뛰어났다.

다른 연구에서는 쳇바퀴를 돌려본 쥐가 앉아 있는 쥐보다 뉴런이 서로 신호를 수신하는 작은 뾰족한 모양의 수상돌기Dendrite를 훨씬 더 많이 발달시킨다는 것을 발견했다. 수상돌기는 나이가 들수록 퇴보하는 뉴런의 일부이며 학습과 기억력에 영향을 미치기 때문에 이러한 발견은 매우 의미심장하다.

또한 인간의 뇌는 유산소 운동의 덕을 본다. 3개월 동안 유산소 운동 프로그램에 참여한 노인 그룹은 뇌의 부피를 크게 늘렸지만 스트레칭과 근육 운동을 한 다른 그룹은 그렇지 않은 것으로 나타났다.[8] 이것은 유산소 운동이 해마에 혈액과 산소 공급을 증가시키기 때문일 것이다. 또한 운동은 신경발생에 필수적인 '뇌유래신경영양인자BDNF'라는 단백질의 생성을 촉진한다.

## 사용하라,
## 그렇지 않으면 잃어버린다?

뇌는 항상 새로운 뉴런을 만들어내지만 뉴런은 생성된 후 불과 몇 주 안에 절반이 사라진다. 봄마다 큰 성공을 거두지만 가을이 되면 곡조를 잊어버리는 노테봄의 고운 소리를 내는 새들에게도 그런 일이 벌어졌다. 열심히 쳇바퀴를 돌린 쥐도 비슷한 패턴을 따른다. 그들은 앉아 있는 쥐보다 새로운 뇌세포를 더 많이 만들지만 그들의 뇌세포 또한 비슷한 속도로 사라진다.

이러한 뇌세포를 더 오래 유지하는 가장 좋은 방법은 새로운 것을 배움으로써 새로 생성된 뇌세포를 뇌의 기능 회로에 통합하는 것이다.[9] 게이지와 그의 동료들은 자극이 많은 환경에서 쳇바퀴를 돌린 쥐들이 보통의 우리 안에서 단지 쳇바퀴만 돌린 쥐들보다 뇌세포를 잃어버리는 속도가 더 느리다는 것을 발견했다.[10] 운동이 필수적이지만 신체적 활동의 결합, 다른 쥐와의 상호작용에서 얻는 즐거움, 새로운 장난감을 익히고 새로운 환경을 탐험하는 데서 오는 자극에 무언가 심오한 내용이 깃들어 있다.

간단히 결론을 내리면, 우리가 틀에 박힌 생활을 하면 뇌는 영양이 부족할 것이라는 사실이다. 사람들은 이제 바깥출입을 못하거나 병원에 입원하는 것처럼 한 가지 환경에 갇혀 있으면 뇌가 위축되는 것을 가속할 수 있다고 믿는다. 이런 이유로 병원 신세를 지는 낙상과 골절의 횟수를 줄이는 것이 한층 더 중요해졌다.

## 뇌는 어떻게 스스로 다시 연결하는가

어린이의 뇌는 가소성이 좋아 뉴런 사이를 새롭게 연결하며 배우고 새로운 기억을 형성한다. 하지만 어린이의 뇌는 그들이 하는 행동에 따라 뇌의 실제 부분이 하는 역할을 바꾼다는 의미에서도 역시 가소성이 좋다. 예를 들어, 내 아들이 바이올린을 배울 때 그의 뇌는 줄을 누르는 손가락을 담당하는 부분에 더 많은 공간을 할당한다. 우리는 이제 어른들의 뇌도 가소성이 있다는 것을 안다. 만약 당신이 50세에 악기를 배운다면 당신이 한 번도 연주해본 적이 없더라도 당신 뇌의 피질 부위는 새로운 기술을 지원하려고 스스로 재구성할 것이다.[11]

우리는 현대 신경과학자들이 빅토리아 시대의 지도 제작자들처럼 뇌의 지형을 공들여 그려왔기 때문에 이 사실을 알고 있다. 뇌세포는 신체의 다른 부분이 서로 연결된 방식을 반영하기 위해 시각피질, 감각피질, 운동피질로 조직되어 있다. 내가 당신의 엄지손가락을 만지면 신호는 척수를 따라 운동피질의 특정 지점까지 올라가고 거기에서 지도상에 있는 세포를 작동하여 엄지손가락이 만져진다고 느끼게 할 것이다. 엄지손가락의 지도는 집게손가락의 지도 옆에 있다. 그 옆에는 가운뎃손가락 지도가 있다. 그렇게 계속 이어진다. 내가 지도의 그 부분들을 전기적으로 자극하면 당신의 손가락이 만져진 것처럼 느끼게 할 수 있다.

마이클 머제니치Michael Merzenich라는 젊은 신경과학자는 한 개의 뉴런이 다른 뉴런에 전기 신호를 발사할 때를 감지하는 작은 미소전극Microelectrode을 최초로 사용함으로써 1970년대 이후 이러한 연결 일부를 힘들여 지도로 표시했다. 그가 발견한 것은 옛 교과서의 다채로운 그림과 달리 이런 뇌 지도는 사람마다 다르고 살아가는 방식에 따라 변화한다는 것이었다.

머제니치의 가장 전설적인 실험은 성체 붉은털원숭이의 손에 대한 뇌 지도를 그린 뒤 원숭이의 가운뎃손가락을 절단했을 때였다.[12] 몇 달 후 그는 오랫동안 고통받던 원숭이의 뇌 지도를 다시 그렸다. 결과는 절단된 손가락에 해당하는 뇌 지도가 완전히 사라졌다. 이것은 '사용하라, 그렇지 않으면 잃어버린다'는 말의 주목할 만한 예로 여겨진다. 절단된 가운뎃손가락 지도의 빈 자리로 옆 손가락들의 지도가 성장하면서 그곳을 차지해버렸다. 두뇌는 별 노력을 들이지 않고 빠르게 자원을 유용하게 쓸 수 있는 곳으로 재배치했다.

머제니치가 오랫동안 병을 앓던 다른 원숭이를 데려다가 정중신경Median nerve(팔의 말초신경 중 하나로 일부 손바닥의 감각과 손목, 손의 운동기능을 담당함_옮긴이)을 잘랐을 때도 비슷한 일이 벌어졌다. 그가 원숭이의 손바닥 가운데를 쓰다듬었을 때 뇌 지도는 조용했다. 그러나 다른 신경이 담당하는 손의 바깥쪽을 쓰다듬자 뇌 지도의 정중신경 부분이 즉시 반응했다. 불과 몇 달 사이에 다른 신경 지도가 빈 곳을 완전히 점령한 것이다.

## 작은 선택이 뇌를 변화시킨다

뇌 지도가 그렇게 쉽게 스스로 재정렬할 수 있다는 사실은 뇌졸중 환자에 대한 치료법에 혁명을 일으켰다. 21세기까지 혈관 내 혈전이 뇌의 여러 부분에 산소를 차단해 뇌졸중이 발생하면 그 이후 근본적인 재활이 가능하다고 믿는 사람은 거의 없었다.

뇌졸중으로 예전에는 목숨을 잃었지만 지금은 대다수가 살아남는다. 이것은 전 세계 성인의 장기 장애의 주요 원인으로 매년 영국인 10만 명과 미국인 79만 5,000명에게 영향을 주며, 그들 대부분은 신체 한쪽에 약간의 마비를 겪고 있다.[13] 한 가지 접근 방식은 뇌가 마비된 사지에 신호를 보낼 장소를 새롭게 구성하는 것을 돕기 위해 정상적인 손이나 팔을 팔걸이 붕대로 사용하지 못하게 하고 환자들이 마비된 손이나 팔을 움직이려고 장시간 애쓰게 만드는 것이다. 이러한 강제유도 운동치료법CIMT은 에드워드 타우브Edward Taub가 처음으로 시도했다.[14]

타우브는 사람이 마비된 사지의 사용을 빨리 포기하면 그들의 뇌는 새로운 신경 경로를 자라지 않게 하고 사실상 그 성장을 억압할 수도 있다고 주장했다. 그러나 이러한 '학습된 미사용Learned non-use'은 마비된 부위를 꾸준히 반복적으로 움직이려는 노력을 시도함으로써 극복할 수 있고 일부 의지가 강한 환자들은 실제로 상황이 현저히 좋아졌다.

신경가소성의 본질은 뇌가 긍정적인 방법뿐만 아니라 해로운 방법으로도 우리와 결탁할 수 있다는 것을 의미한다. 뇌졸중 환자를 연구하는 브리티시 컬럼비아 대학교University of British Columbia의 뇌 연구원인 라라 보이드Lara Boyd 박사는 다음과 같이 말했다.

"당신의 뇌 모양은 당신이 하는 모든 것에 의해 만들어지지만 당신이 하지 않는 것에 의해서도 만들어집니다. 신경가소성은 새로운 것을 배우는 것처럼 긍정적일 수 있지만 또한 마약에 중독되거나 만성적인 통증을 겪는 것처럼 부정적일 수도 있어요."

보이드 박사는 "두뇌 건강이 큰 문제예요. 나는 사람들이 자신이 하는 작은 선택들이 모두 그들의 뇌에 변화를 준다는 사실을 이해한다고 생각하지 않아요. 그 작은 조각들이 하나하나 계속 쌓여가는 겁니다"라고 말했다.

보이드 박사는 사람들이 뇌졸중으로부터 회복하는 것을 돕는 데 있어서 가장 큰 제약은 신경가소성의 양상이 사람마다 매우 다양하다는 데 있다고 한다. 처음에 그녀와 동료들은 이것이 뇌졸중 환자들에게만 나타나는 독특한 현상으로 생각했지만 건강한 사람들에게서도 유사한 차이점을 발견했다. 이것은 사람들이 배우는 것을 돕는 데 있어서 진정한 도전을 제기한다.

"우리는 매우 독특한 방식으로 배웁니다." 그녀는 말했다. "두 사람이 같은 작업을 배운다고 할 때 뇌 활동에서 사용하는 회로와 강도의 형태가 서로 다른 것을 알 수 있어요. 당신과 내가 사지를 움직이는 법을 배운다고 할 때 당신은 단지 뇌의 운동 영역을 사용할지 모르지만 나는 실행 기능을 다루는 뇌의 인지 영역을 더 많이 사용해야만 그것을 할 수 있어요. 나는 당신처럼 능숙하게 할 수는 있겠지만 그와 동시에 다른 일을 하려고 하면 할 수 없을지도 몰라요"라며 그러한 추가 시스템을 사용하는 데는 벌칙이 있다고 했다.

보이드 박사는 다른 곳은 다 건강한 86세의 시아버지가 뇌의 한 부분이 다른 부분을 억제하는 방법을 보여주는 좋은 예라고 말했다. "그는 걸으면서 동시에 말하지 못해요." 그녀가 설명을 이어갔다. "우리가 이야기하려던 참이었어요. 그 순간 '갑자기 아버님이 어디로 가셨지?'라는 생각이 들었어요. 그가 말을 하려고 잠시 걸음을 멈췄던 거예요. 하지만 그는 자신이 그렇게 한다는 사실을 알아차리지 못한답니다."

이러한 차이점들의 결과로 그녀는 어떤 새로운 운동 기술을 익히는 데 1만 시간이 걸린다는 유명한 법칙에 회의적이다.

"당신은 5,000시간이 걸릴지 모르지만 나는 2만 시간이 걸릴 수도 있어요."

보이드 박사와 그녀의 동료들은 '우리는 모두 다르다'는 것을 인식하며 뇌가 배우는 것을 '준비'할 수 있는 치료법을 개발하기 위해 노력하고 있다. "당신은 배우기에 너무 늙지 않았어요." 그녀가 말했다. "당신이 복용할 수 있는 약은 없습니다. 신경가소성의 변화를 일으키는 주된 동력은 바로 당신의 행동입니다. 그러나 새로운 기술을 배우거나 옛 기술을 다시 익히는 데 필요한 처방은 아주 많아요." 그녀는 장기적인 기억을 뒷받침하기 위하여 학습을 더 많이 하고 뇌의 구조적 변화를 달성할 수 있도록 '힘든 노력을 더 많이 해야 한다'고 주장했다.

보이드 박사의 연구는 개인별 맞춤형 치료법에 대한 강력한 근거를 마련했다. 결국, 그녀는 의사들이 현재 암 치료에 있어 개인별 화학요법의 체계를 마련하는 데 유전학을 사용하는 것과 같이 뇌졸중 환자의 개인별 치료 계획을 세우기 위해 뇌 구조의 생체표지자Biomarker(생물학적으로 정상인 과정과 병리적인 과정을 객관적으로 측정·평가할 수 있는 지표_옮긴이)[15]를 사용함으로써 뇌졸중을 암처럼 치료하기를 희망한다. 그것은 또한 가장 효과적인 학습은 '개인별 맞춤형'으로 되어야 한다는 것을 시사한다.

보이드 박사는 말했다. "당신 두뇌의 독특성은 학습자나 교사로서 당신에게 영향을 미칠 것입니다. 우리는 각자 뭔가를 다르게 해야 합니다. 그것이 바로 신경과학이 앞으로 개척해야 할 분야죠."

## 함께 발사하고
## 함께 연결하는 뉴런들

나를 어리둥절하게 만든 한 가지는 뇌 지도 공간이 왜 부족하지 않느냐는 것이었다. 만약 우리가 새로운 일을 배우거나 손을 다시 사용하게 되어 뇌가 그것에 공간을 더 많이 할애한다면 다른 능력을 감소시켜야 하는 게 아닌가? 연구원들이 런던의 택시 운전사를 연구할 때 추측했던 것처럼 실제로 상호 배치되는 관계일 수 있다 (179쪽 참조). 하지만 우리가 회백질을 많이 사용하지 않는 주된 이유는 무언가를 하기 위해 훈련을 더 많이 하면 할수록 뉴런들은 점점 더 효율적으로 함께 작용하기 때문이다.

마이클 머제니치와 함께 일했던 행동 심리학자인 빌 젠킨스Bill Jenkins는 원숭이들이 회전하는 디스크를 손끝으로 만지도록 훈련시킨 다음 만약 그들이 디스크가 계속 회전할 수 있을 만큼 압력을 적절히 주면 보상으로 바나나 조각을 주었다. 원숭이들이 열심히 집중해야 했기 때문에 그것은 까다로웠다. 그러나 손가락 끝에 해당하는 뇌의 영역에서 그런 행동을 담당하는 뇌의 크기는 꾸준히 커졌다. 원숭이들이 노력하면 할수록 그들의 뇌는 더 많이 반응했다. 일정한 정도를 넘어서면 뇌 지도 내의 각 뉴런이 더욱 효과적으로 활동하여 결국 디스크가 계속 회전할 수 있게 하는 데 더 적은 수의 뉴런이 필요했다.[16]

사람이 저글링과 같은 새로운 기술을 배울 때도 비슷한 일이 일어난다. 만약 우리가 집중력과 민감성이 필요한 방식으로 반복적으로 손가락을 사용한다면 결국 개별 뉴런들은 더 빨리 발사되기 시작할 것이다. 뉴런이 더 빨리 발사되려면 다른 뉴런들과 조화를 이루며 발사되어야 하고 더 분명한 신호를 보내야 한다.

신호가 명확할수록 기억력을 좋게 하므로 이것은 매우 중요하다. 우리가 나이 들면서 사물의 이름이나 위치를 잊어버리는 한 가지 이유는 우리의 뇌가 뉴런이 다른 뉴런과 조화를 제대로 이루지 못한 채 흐릿하게 방출하는 신호인 '소음'과 힘들게 싸우고 있기 때문이라고 과학자들은 믿고 있다. 우리는 나이 들수록 새로운 사건들을 한층 더 느리게 처리하기 때문에 누군가의 이름이 또렷하게 생각나지 않고 파티에서 누가 무슨 말을 했는지 명확하게 기억하기가 점점 더 어렵다.

많은 과학자들이 우리가 나이 들면서 만들어내는 뇌의 '소음'을 줄일 수 있는 방법을 찾기 위해 노력 중이다. 한 가지 방법은 전념하여 모든 관심을 집중할 수 있는 방식으로 우리 자신에게 도전하는 것이다. 원숭이가 자동 조종장치로 작업을 수행하거나 정신이 산만해진다면 그들의 뇌 지도는 약간 변하겠지만 그런 변화는 지속되지 않는다.

## 음악의 힘

우리는 뇌에 도전하기 위해 무엇을 해야 할까? 굉장한 집중력이 필요한 외국어 학습과 악기 연주에 관한 연구가 활발히 진행되었다. 규칙적이고 집중적으로 악기를 연습하는 음악가들은 비음악가들보다 전두엽 부분에 회백질이 더 많고, 뇌의 다른 부분에서는 나이와 관련된 퇴화가 덜 진행된 것으로 밝혀졌다.[17] 악기를 자주 연주하는 어느 75세 이상의 그룹은 악기를 거의 연주하지 않는 그룹보다 5년 후 치매에 걸릴 확률이 더 낮은 것으로 나타났다.[18] 악기 연주의 치매 예방 효과는 읽기, 쓰기 혹은 퍼즐하기보다 더 강력한 것으로 밝혀졌다.[19]

크로스워드 퍼즐은 호평받고 있다. 몇몇 연구에 따르면 크로스워드 퍼즐을 하는 사람들이 그렇지 않은 사람들보다 인지 기능이 더 뛰어나다고 한다.[20] 불행히도 이것은 영리한 사람들이 크로스워드를 즐긴다는 것을 증명해줄 뿐이다. 퍼즐 애호가들은 그렇지 않은 사람들과 같은 속도로 인지 기능의 저하를 겪고 있는 것으로 보인다. 따라서 크로스워드 퍼즐은 뇌의 쇠퇴로부터 우리를 보호해주지 못하는 듯하다.

솔직히 이것은 모두 우리를 약간 지치게 만든다. 그것은 편안한 중년 생활에 푹 빠져 친구들과 술 한잔 기울이고 예전과 같은 모임을 이끌어나가면 문제가 가중될지도 모른다는 것과 반대로 신경가소성의 선순환을 고취하는 일을 한다면 학습과 기억의 속도를 향상시킬 수 있을지도 모른다는 것을 시사하기 때문이다.

## 어떻게 알츠하이머를 예방할 수 있는가?

미국 역학자 데이비드 스노든David Snowdon은 저서 《우아한 노년 Aging with Grace》에서[21] 그와 그의 팀이 85세의 베르나데트Bernadette

수녀가 뇌에 알츠하이머가 완전히 진행됐음에도 불구하고 사망할 때까지 기능적으로 완벽했다는 사실을 깨달은 순간을 설명했다.

베르나데트 수녀의 뇌 조직을 분석한 결과 알츠하이머를 나타내는 단백질 덩어리인 탱글Tangle과 플라크Plaque가 발견됐다. 그러나 그녀는 모든 인지검사와 신체검사에서 정상적인 점수를 받고 있었다. 각 시험 장면을 촬영한 비디오 녹화에서 특히 인상적이었던 것은 베르나데트 수녀는 손목시계나 벽시계를 보지 않고 실제 시간보다 4분 빠르게 그 시간을 맞추었다. 그녀에게는 석사 학위가 있었다. 그녀는 초등학교에서 21년, 그 후 7년 동안 고등학교에서 학생들을 가르쳤다. 그녀의 뇌 기능은 믿을 수 없을 정도로 잘 보존되고 있는 것 같았다고 스노든은 기억했다.

"그것은 마치 그녀 뇌의 신피질이 파괴에 저항하는 것 같았어요."

아주 고령의 나이에도 불구하고 어떤 뇌는 뇌 기능 파괴에 저항할 수 있다는 생각은 데이비드 스노든이 성직에 있는 미국 전역의 가톨릭 수녀 1,200명과 함께 '수녀 연구'를 실시하기 전까지는 수면 위로 떠오르지 않았다. 이 훌륭한 숙녀들은 매년 신체검사와 인지검사를 받고 사후에 뇌를 기증하는 데 동의했다. 그들은 이상적인 대조군(동일 실험에서 실험 요건을 가하지 않은 그룹_옮긴이)을 만들었다. 그들은 모두 백인이고, 같은 음식을 먹었고, 수십 년 동안 같은 장소에서 살았으며, 술이나 담배를 하지 않았고, 임신하지도 않았다. 자신들의 뇌를 과학에 맡긴 관대한 행동 덕분에 아직도 우리는 지상에서의 보답을 거두어들이고 있다.

스노든의 말에 따르면 UPS 패키지로 첫 번째 뇌를 받았을 때 부적절하리만치 무척 흥분했다고 한다. 어느 동료가 "명심하세요. 누군가가 세상을 떠났어요"라며 그에게 충고했을 정도였다. 뇌가 늘어나면서 그는 무언가 특별한 사실을 발견했다. 부검을 통해 검사한 뇌의 거의 3분의 1이 알츠하이머가 완전히 진행된 징후를 보였다. 그러나 그러한 뇌의 주인들이 모두 알츠하이머 증상을 보인 것은 아니었다.[22] 일부는 80대, 90대까지 아주 성공적으로 인지검사를 계속 통과했다.

놀랍게도 알츠하이머 증상을 겪을지에 대한 가장 강력한 예측 변수는 수녀들이 마지막 서약을 했던 22살 때 쓴 자전적 수필의 수준 또는 질로 밝혀졌다. 훗날 알츠하이머병에 걸린 수녀들 중 놀랍게도 90퍼센트가 연구자들이 '아이디어 저밀도'라고 부르는 수준의 수필을 썼는데, 이는 10개 단어마다 표현되는 아이디어 수가 상대적으로 적고 문법적으로 복잡성이 낮은 것을 의미한다. 문장의 아이디어 밀도가 높고 문법적으로 복잡하게 쓴 사람 중에서는 13퍼센트만이 알츠하이머병에 걸렸다.[23]

아이디어 밀도는 개인의 교육 수준, 일반 지식, 어휘, 독해력과 관련한 언어 처리 능력을 반영한다. 문법적 복잡성은 작업 기억과 관련이 있는데 이것은 서로 다른 요소들이 제대로 작동하게 유지하고 생각의 흐름을 잃지 않도록 도와준다.

'인지비축분'은 두뇌가 즉흥적으로 일할 수 있는 능력, 즉 신경가소성이다. 다른 연구에서 인지비축분은 교육 수준이 높을수록 더 크다는 스노든의 연구 결과를 확인했다.[24] 이것이 '교수는 알츠하이머병에 걸리지 않는다'는 것을 의미하지는 않지만 뇌가 가소성이 있으면 더 오랫동안 뇌를 파괴하는 힘에 저항하도록 스스로 다시 정렬할 수 있을지도 모른다는 것을 암시한다. 연구에 따르면 인지 비축분이 높은 사람들이 치매뿐만 아니라 파킨슨병과 뇌졸중도 더 잘 피할 수 있다고 한다.[25]

고학력자들은 그들이 받은 행운과 사심 없이 뇌를 기증한 수녀들에게 감사해야 한다. 우리는 누구나 아이들의 언어 발달을 촉진시키기 위해 글을 읽어줄 수 있다. 그리고 우리는 모두 자신의 뇌 세포를 활성화하기 위해 노력할 수 있다. 하버드 의과대학은 인지 건강을 위한 6단계 프로그램을 개발했는데[26] 그 원리는 채식 위주의 식단으로 식사하고, 규칙적으로 운동하며, 잠을 충분히 자고, 스트레스를 관리하며, 사회적 활동을 증진하고 뇌를 계속 자극하는 것이다.

하지만 현실적으로 어떻게 우리의 뇌를 자극할 수 있을까? 모든 사람이 음악에 소질이 있는 것은 아니다. 모든 사람이 언어를 배울 수 있는 것도 아니다. 특히 그들이 언어를 사용할 기회가 없다는 것을 안다면 더욱 그렇다. 이것이 바로 두뇌 훈련 애플리케이션(앱)의 인기가 올라가는 한 가지 이유다.

## 왜 뇌 훈련을 하지 않는가?

앞서 언급했던 두뇌 훈련 게임은 대략 10억 달러 시장이라고 알려진 산업에서 급성장하는 분야 중 하나다. 많은 회사들이 정신적으로 기민한 상태를 유지하려는 사람들에게 게임을 제공하고 있다. 코그니핏Cognifit은 23종의 인지 기술을 테스트하여 '인지 기능을 촉진하고 신경가소성 향상을 도와줄 수 있는 개인별 맞춤형 두뇌 게임'을 제공한다. 해피뉴런HAPPYneuron은 '5가지 주요 인지 기능을 자극하는 완전한 두뇌 훈련법'을 제공한다. 닌텐도Nintendo는 현재 브레인에이지2Brain Age2라는 비디오 게임을 판매하고 있다.

이들 앱 대부분은 매일 연습하면 목표물을 맞히거나 순간적으로 지나가는 일련의 숫자들을 기억할 수 있을 뿐만 아니라 실생활에서 정신적으로 더 똑똑해지도록 뇌의 능력을 향상시킬 수 있을 것이라고 주장한다. 그러나 우리는 이러한 주장들을 다소 회의적으로 보는 것이 현명하다.

2016년, 루모시티닷컴Lumosity.com이라는 회사는 허위 광고에 대한 합의금으로 5,000만 달러를 미국 연방 통상 위원회Federal Trade Commission에 지급하기로 했다. 미국 연방 통상 위원회는 루모시티가 '나이 관련 인지 기능 저하에 대한 소비자들의 불안 심리를 악용했다'고 발표하며, 그들의 게임이 직장에서 성과를 높이고 기억상실과 치매를 예방할 수 있다는 주장을 뒷받침할 과학적 증거가 없다고 지적했다. 미국 연방 통상 위원회는 루모시티가 특정 게임을 하는 이용자의 기술을 향상시킬 수 있을지는 모르지만 그렇다고 해서 지난밤에 누구를 만났는지 기억하거나 지갑을 찾을 수 있는 능력이 반드시 향상되는 것은 아니라는 데 동의했다.[27]

일부 세계 유수의 인지 심리학자와 신경과학자는 스탠퍼드 장수 연구소와 베를린 막스 플랑크 인간개발연구소Berlin Max Planck Institute for Human Development가 2014년 소집한 회의에서 비슷한 우려를 표명했다.[28] 69명의 전문가는 과대광고를 비난하며 '두뇌 훈련 앱을 통해 얻는 이득은 보통 소멸한다'는 공동 성명을 발표했다. "언어 배우기, 운동 기술 습득, 새로운 환경에서의 운전, 상업적 컴퓨터 게임과 같이 정신적으로 노력해야 하는 어떠한 새로운 경험이든 새로운 기술의 습득을 지원하는 두뇌 시스템의 변화를 가져올 것입니다"라며 그들은 이렇게 말했다.

"시냅스의 수, 뉴런과 지원 세포의 수가 증가하거나 그들 사이의 연결이 강화될 수 있습니다…. 그러나 이 정도만으로 게임 훈련을 통한 변화가 학습에 의한 기술을 훨씬 넘어선다거나, 현실 세계와 관련 있는 광범위한 능력에 영향을 미친다거나, 그것들이 일반적으로 '뇌 건강Brain Health'을 좋게 한다고 결론 내리는 것은 적절하지 않습니다."[29]

또한 회의 참석자들은 사람들이 건강한 어떤 일을 하기보다는 스크린에 앉아 몇 주를 보낼지도 모른다고 걱정했다.

"만약 혼자서 소프트웨어 훈련을 하느라 한 시간을 사용하고, 산책하거나 이탈리아어를 배우거나 새로운 조리법을 만들거나 손주들과 노는 데 한 시간을 사용하지 않는다면 그 훈련은 가치가 없을지도 모릅니다."

그러나 몇 달 후, 133명의 국제 과학자와 실무자로 구성된 그룹은 매우 다른 견해를 내놓았다.

"실질적인 증거가 증가하는 추세로 볼 때 어떤 인지 훈련 요법은 일상생활에 일반화하는 방법을 통해 인지 기능을 크게 향상시킬 수 있다는 것을 알 수 있습니다."[30]

왜 이 두 집단은 의견이 서로 극명하게 달랐을까? 부분적으로는 모든 두뇌 훈련 게임을 똑같이 취급하는 것은 의미가 없기 때문이다. 시중에 나와 있는 게임 중 많은 것이 효과가 증명되지 않았다. 2016년 두뇌 훈련 게임 회사가 인용한 모든 과학 논문을 검토한 결과, 그것들은 표본 크기가 작거나 대조군이 없는 등 심각한 결함을 지닌 것으로 밝혀졌다.[31] 또한 거기에는 아무런 이득이 없는 연구 결과는 발표하지 않고 서랍 속에 넣어둔다는 '파일 서랍 딜레마'도 있었다. 그러나 몇 가지 실험은 어떤 특정한 분야에서 희망의 근거를 제시했다.

앞서 내가 했던 게임은 '처리 속도'를 개선하기 위한 것이었다. 이것은 '시야 범위UFOV 훈련'이라고도 불리는데 뇌가 보는 것을 빠르고 정확하게 처리하는 방법을 향상시키도록 고안된 것이다. 컴퓨터는 화면 중앙에 있는 객체들과 주변부에 있는 목표들 사이로 당신의 관심이 나뉘도록 만든다. 게임의 성적이 좋아질수록 객체들의 수가 많아져 목표가 희미해지고 당신은 더 열심히 집중해야만 한다.

10년에 걸친 ACTIVEThe Advanced Cognitive Training for Independent and Vital Elderly(독립적이며 활력적인 노인을 위한 고급 인지 훈련_옮긴이) 연구[32]에서 처리 속도 게임을 한 사람들이 그 게임을 하지 않거나 다른 훈련을 한 사람들에 비해 지속적인 인지 향상 현상이 나타났다. 연구원들은 65~94세의 지원자 2,800명을 세 그룹으로 나누었다. 이들 세 그룹이 받은 교육은 각각 기억력 향상 전략, 추론력 향상 전략, 처리 속도와 관련된 개별적인 컴퓨터 교육이었다.

뇌 속도를 훈련한 지원자들은 약 먹는 것을 기억하고, 식사 준비와 같이 주의집중이 필요한 일을 하는 데 더 능숙해졌다. 그들은 또한 기분이 더 좋아졌다고 보고했다. 그러나 더욱 놀라운 일은 그들의 운전 능력에서 나타났다. 뇌 속도를 훈련한 ACTIVE 지원자들은 훈련을 받지 않은 사람들보다 자동차 사고를 경험한 경우가 절반에 불과했다. 그 그룹에서 운전을 포기한 사람은 다른 그룹에 비해 40퍼센트 적었다. 그리고 그들의 보험금 청구는 이전보다 4분의 1이 줄었다. 더 빨라진 처리 속도 훈련 덕분에 자전거를 치지 않고 제때 정지할 수 있게 되었다.

ACTIVE를 비판하는 사람들도 있다. ACTIVE의 과학 연구 내용을 검토한[33] 심리학자 댄 시몬스Dan Simon와 그의 팀은 '실험은 아주 철저했지만 온라인 게임이 현실 세계에서 효과를 가져온다는 것을 증명하지는 못했다'고 말했다. 시몬스는 '훈련한 것들은 개선될 것이지만 그것들을 일반화하지는 못했다'며 〈아틀란틱The Atlantic〉을 통해 다음과 같이 밝혔다.[34] "수화물 스캔으로 칼을 찾는다고 해서 총을 더 잘 찾아내는 것은 아니다."

기준을 얼마로 높여야 하는지에 대한 논쟁이 격렬하다. 당신이 피아노를 친다고 해서 축구를 더 잘하지는 못하지만 우리는 피아노를 치는 것이 당신의 뇌에 좋다고 믿는다. 처리 속도 게임은 기억력을 향상시키지 못하는 것처럼 보이지만 만약 운전 능력을 개선하고 노인들이 더 오랫동안 안전하게 도로를 다니게 한다면 그것은 하나의 장점이다.

워싱턴 DC에서 뇌 연구를 추적하는 독립 컨설팅 회사인 샤프브레인스SharpBrains를 운영하는 패기만만한 스페인 국적의 알바로 페르난데스Alvaro Fernandez는 '많은 사람들이 뇌 훈련을 십여 시간 하는 것으로 현실 세계에서 지속적인 효과를 가져올 수 있는지에 대해 회의적이다'라며 다음과 같이 말했다.

"하지만 ACTIVE는 분명히 안전 운전에 영향을 끼쳤습니다. 현실 세계에 어떤 더 좋은 변화를 줄 수 있을까요? 어쨌든 노인들이 보통 하루에 4~5시간 동안 TV를 시청하는데 그 대신 뇌 훈련을 하지 않는 이유는 무엇일까요?"

ACTIVE를 감독한 사우스 플로리다 대학교University of South Florida의 제리 에드워즈Jerri Edwards 교수는 "UFOV 훈련은 특히 기대되는 접근법입니다. 그 한 가지 이유는 이 훈련 기법이 일반적으로 어려움에 적응하는 운동을 포함하기 때문이지요. 성인의 가소성 모델은 어려움에 적응하는 인지 훈련 프로그램이 가장 효과적임을 보여줍니다"라고 말했다.

적응 게임은 마이클 머제니치와 다른 사람들의 말처럼 정말 필수적인 강렬한 집중력을 유지하면서 뇌를 계속 자극할 정도로 진화했다. 머제니치는 ACTIVE에서 사용한 UFOV 훈련을 만든 포짓사이언스Posit Science의 창시자다. 모든 사람이 알고 있겠지만 이제 그가 상업적으로 관심이 있다는 사실에도 불구하고 나는 그의 실적을 볼 때 대단한 무언가를 발견할지도 모른다고 생각한다.

ACTIVE 실험에서 가장 최근에 발견한 것은 UFOV 훈련이 치매 발생을 감소시킬 수 있다는 것이다.[35] 적어도 10시간의 훈련을 마친 지원자들은 대조군보다 치매에 걸릴 확률이 29퍼센트 낮았다. 더 전산화된 과정을 마칠수록 그들의 치매 발병 위험은 더욱 줄어들었다.

이 수치들이 엄청나지는 않다. 대조군에서 치매에 걸릴 위험은 11퍼센트에 불과했기 때문이다. 게다가 일단 치매에 걸리면 컴퓨터 프로그램이 치매를 치료할 수 있다고 주장하는 사람은 아무도 없다. 그럼에도 그것은 UFOV 훈련이 뇌의 회복력을 향상시킬 수 있음을 시사한다.

나는 NHS와 다른 의료기관들이 이제 이런 종류의 뇌 훈련을 검토해야 한다고 생각한다. 미국 국립과학·공학·의학원US National Academies of Science, Engineering and Medicine이 처리 속도 프로그램을 포함하여 인지 기능 저하와 치매를 늦출 수 있는 17가지 방법을 조사했을 때 가장 유망한 3가지 방법은 신체 활동, 혈압 관리, 인지 훈련이라고 결론지었다.[36] 또한 이 중 어느 것도 아직 대중 캠페인을 시작할 만큼 충분히 강력한 증거에 의해 뒷받침되지 않았다고 선언했다. 그러나 특히 인지 훈련이 UFOV 훈련으로 정의된다면 이 3가지 방법에 대한 증거는 점점 많아질 것이다.

## 뇌에 치명적인 우울증과의 사투

아버지의 말년은 심하게 암울한 분위기로 그늘져 있었다. 그는 80대 후반까지도 신체적으로 건강했고 청력이 너무 좋아서 가끔 집 맞은편 선술집에서 밤늦게 밴드가 울릴 때면 귀가 조금 어두운 편이 좋겠다고 말할 정도였지만 한차례 심한 우울증을 치르고 나서는 신체적으로도 병든 것처럼 느꼈다. "내 머릿속에는 내가 행복해지는 것을 원치 않는 뭔가가 들어 있어"라고 그는 슬프게 되뇌었다. 아버지는 내가 아는 사람들 가운데 매우 명랑하고 낙천적인 사람에 속했지만 나이가 들면서 신문에 실린 슬픈 이야기들을 계속 읽었고 친구들이 우연히 한 말을 과도하게 분석하기도 했다.

우울증은 앞으로 20년 동안 전 세계적으로 장애의 가장 큰 원인이 될 것이다.[37] 인생의 후반기에 엑스트라 타임을 최대한 활용하려면 우리는 그 사실을 훨씬 더 심각하게 받아들일 필요가 있다. 왕

립정신과학 대학교British Royal College of Psychiatrists에 따르면 우울증을 앓는 노인 열 명 중 거의 아홉 명이 도움을 받지 못하는데 그것은 의사들이 그 증상을 간신히 발견하거나 치매와 혼동하기 때문이다. 게다가 많은 노인들의 경우 우울증이 단지 노화의 일부일 뿐이라고 생각하기 때문에 주변에 도움을 구하지도 않는다. 배우자와 사별하는 것은 비참하다. 그러나 외로움은 반드시 극복해야 한다. 우울증은 노화의 정상적인 부분이 아니다.

비록 아버지는 도움을 구했지만 항우울제는 단지 그를 메스껍게 만들 뿐이었다. 그는 각종 모임에 발을 끊었다. 가장 가까운 친구나 친척 외에는 아무도 만나고 싶어 하지 않았다. 자신의 시력이 떨어지는 것이 다른 사람들에게 위험하다는 것을 깨달았을 때 대단히 아쉬워하며 운전대를 놓았다. 그의 세계는 그렇게 오그라들었다.

내가 선택한 가벼운 치료법은 항상 나를 기분 좋게 만들었던 바깥 운동을 하도록 격려하는 것이었다. 나는 산책을 하는 것이 좋겠다고 아버지를 설득했다. 그러나 아버지는 '운동'이라는 생각에 거부 반응을 일으키며 재치 있게 회피했고, 신문을 사기 위해 상점에 가는 정도가 하루 산책으로 꽤 충분하다고 확신했다.

나는 이제야 아버지가 어쩌면 우리 둘 다 알고 있는 것보다 더 옳았을지도 모른다는 사실을 깨달았다. 아버지의 뇌에는 정말로 삶을 즐기지 않기를 바라는 무언가가 있었다. 우울증은 종종 뿌리 깊게 자리 잡은 사고 패턴들과 관련이 있다. 현재 일부 정신과 의사들은 이러한 패턴이 뇌 회로로 전환되고, 그런 뇌 회로가 더 많이 사용될수록 더 쉽게 우울증을 촉발한다고 믿고 있다.

그러한 패턴을 재설정하기 위해 새로운 신경 연결을 만드는 것이 가능할지도 모른다. 존 카밧진Jon Kabat-Zinn이 개척한 것과 같은 '마음챙김Mindfulness 훈련 프로그램'들은 사람들에게 그들의 생각을 더 잘 알게 하고 부정적인 생각을 단지 스쳐 지나가는 일시적인 것으로 인식하게 교육함으로써 스트레스 줄이는 것을 목표로 한다. 케임브리지 대학교의 존 티스데일John Teasdale과 같은 일부 임상 치료학자들은 우울증 환자의 재발 위험을 극적으로 줄이기 위해 마음챙김 인지치료법Mindfulness cognitive therapy을 사용해왔다.[38] 뇌 스캔 결과 이러한 인지행동치료법Cognitive behavioural therapy은 추리와 고차원적 사고를 하는 장소인 전두엽 피질의 활동을 약화시켜 나쁜 것을 골똘히 생각하는 경향을 감소시키는 것으로 나타났다. 그리고 그것은 해마의 활동을 증가시킴으로써 더욱 긍정적인 새로운 사고 패턴을 형성하도록 돕는다.[39]

명상이 약을 이길 수 있을까? 일부 과학자들은 어떤 종류의 명상은 규칙적으로 하면 스트레스를 줄이고 집중력을 향상시킬 수 있다고 믿는다. 어느 한 연구에서는 티베트 승려 여덟 명과 대학생 열 명에게 명상을 하도록 요청하고 그들의 뇌파를 비교했다.[40] 승려들은 뉴런의 발사를 동시에 일어나도록 촉진하는 것으로 알려진 강한 감마Gamma 주파수를 만들어냈다. 선禪 수행자 열세 명을 대상으로 한 또 다른 연구에서는 그들이 대조군보다 회백질이 더 적게 감소하고 반응 시간이 더 짧다는 것을 발견했다.[41] 솔직히 말해서, 아직은 충분한 증거가 없고 '명상'의 정의도 너무 광범위한 듯하다. 그러나 앞으로 10년 동안 명상의 효과가 더 명백해질지도 모른다.

우울증은 사람을 완전히 비참하게 만들 뿐만 아니라 사고 능력을 손상시킬 수 있다.[42] 즉, 그것은 기억력, 정보 처리 능력, 의사결정 능력에 영향을 미칠 수 있다. 사람들을 계속 제대로 기능하도록 돕는 데 관심을 더 많이 기울여야 한다고 주장하는 일부 전문가들에 의하면 기분을 좋게 해주는 항우울제가 항상 이러한 인지적 요소들을 다루는 것은 아니라고 한다.

## 염증으로
## 고통받는 마음

1989년 에드워드 불모어Edward Bullmore는 29세였고 정신의학을 전공하기 직전 의사로 훈련받고 있었다. 50대 후반의 환자 P 부인이 걸어 들어왔다. P 부인은 고통스러운 자가면역질환인 류머티스성 관절염으로 고생 중이었다. 부기로 흉하게 된 손이 그녀는 끔찍했다. 불모어는 관절염으로 인해 그녀의 손가락이 비틀어지고 흉터 때문에 관절이 흉하게 된 것을 알 수 있었다. 그는 신체적 증상에 관해 P 부인과 자세히 이야기를 나누고 차트에 류머티스성 관절염 난에 표시했다. 그리고 그는 통상적인 질문을 떠나 그녀의 심경에 관해 물었다. P 부인은 고민을 털어놓았다. 그녀는 맥이 다

빠지고 어떤 일에도 즐거움을 느낄 수 없으며 한동안 잠을 제대로 자지 못했다고 말했다. 그는 그녀가 임상적으로 우울증이라고 결론지었다.

"나는 매우 흥분했어요"라고 불모어는 약간 쑥스러운 듯이 회상했다. "사소한 의학적인 발견을 했다고 생각했지요. 생각해 보니 그녀에게 두 가지 진단을 했더군요. 그녀는 단지 관절염에 걸린 것뿐이라고 생각했는데 내가 그녀를 관절염과 우울증을 앓고 있는 환자로 바꾸어놓은 겁니다."

불모어는 그 처방을 갖고 선임 의사에게 달려갔다. 그는 그저 어깨를 으쓱하며 말했다. "글쎄요. 당신은 난감해질 겁니다. 그렇지 않나요? 만약 당신이 그런 장애를 갖고 있다면 당신은 그것이 더 악화할 뿐이라는 사실도 알고 있지요?"

당시에는 우울증이 모두 마음에서 발생하는 것이라는 게 전통적인 의학적 견해였다. 불모어는 P 부인의 우울증이 신체에서 비롯된 것일지도 모른다는 생각을 하지 못했다. 한참 후에야 그는 우울증이 사실상 그녀의 관절염을 일으키는 염증과 관련이 있는 것은 아닌지 의문을 품기 시작했다.

현재 케임브리지 대학교의 정신의학과 교수이자 《염증에 걸린 마음The Inflamed Mind》의 저자인[43] 불모어는 뇌와 면역체계의 연관성을 끌어내는 '신경면역학Neuroimmunology'이라는 새로운 학문 분야의 선두 주자 중 한 명이다.

가장 기본적으로 체내의 염증은 감염에 대한 반응이다. 손가락을 베면 대식세포Macrophage라고 불리는 백혈구의 한 종류가 팩맨Pac-Man(동그라미 모양의 캐릭터가 적들을 먹는 아케이드 게임_옮긴이)처럼 해로운 박테리아를 먹어 치우고 염증성 단백질인 사이토카인Cytokine을 뿜어내 나머지 면역체계에 감염이 있다는 사실을 알려준다. 다른 대식세포들이 상처 부위로 몰려들기 때문에 부기와 통증이 일반적으로 나타난다.

염증이 제대로 치료되지 않으면 류머티스성 관절염 같이 자가면역질환으로 말미암아 부기와 통증은 만성적인 특징이 될 수 있다. 이 경우 면역체계가 과민반응을 일으켜 신체에 나쁘게 작동한다. 제2형 당뇨병, 암, 파킨슨병, 알츠하이머병은 모두 통제가 불가능해진 '염증'과 관련이 있다.

이것은 우리가 나이 들어감에 따라 생기는 독특한 문제다. 면역체계는 약해지고 감염에 더 취약해진다. 그것이 바로 예방접종이 노인들에게 종종 효과가 없는 이유다. 면역체계가 목표를 잘못 잡고 잘못 공격을 할 수도 있다.

정신과 의사로 일하면서 불모어는 P 부인과 같은 환자들을 많이 만났다. 그는 이렇게 반문한다. "계속 생각했어요. '이렇게 많은 염증성 질환 환자들이 우울증을 앓고 있는데 우리는 왜 일을 더 잘할 수 없을까?' 하고요."

프로작Prozac과 같은 세로토닌 재흡수억제제SSRI인 우울증 치료제를 특히 치료와 병행하면 많은 사람에게 효과가 있다. 하지만 모두에게 효과가 나타나는 것은 아니다. 그리고 그것은 부작용을 일으킬 수도 있다. 제약회사들의 수십억 달러 규모의 투자에도 불구하고 28년 전 프로작 이후 이렇다 할 새로운 항우울제가 시장에 나오지 않았다. 불모어는 그들이 엉뚱한 곳을 보고 있는 것이 아닌가 하고 의문을 품기 시작했다. 그리고 혈액 속의 독소로부터 뇌를 보호하는 막인 '혈액-뇌 장벽Blood-brain barrier'이 생각보다 쉽게 투과되는 것은 아닌지 궁금했다.

이제야 혈액에서 나오는 어떤 신호가 뇌에 악영향을 일으키고 면역 세포를 흥분시키거나 염증을 일으킬 수 있는 것으로 여겨진다.

우리의 면역체계는 외부 세계에 대해 정교하게 반응한다. 기진맥진한 교사들, 아픈 친척을 돌보는 사람들, 또는 정신적 충격을 받은 어린이들이 받은 모든 종류의 스트레스는 혈액에 낮은 수준의 염증을 유발한다. 이것은 쥐에게도 해당한다. 만약 어린 쥐들이 갇혀 있거나 어미 쥐로부터 격리되면 그것들은 전형적인 우울증 증세를 보인다. 불모어는 쥐들이 사이토카인 주사를 맞으면 비슷한 방식으로 행동한다고 말했다. 그것이 뇌의 면역 세포를 활성화시키기 때문이다.

'면역체계는 놀라운 기억력을 갖고 있다'고 불모어는 말한다. "어렸을 때 홍역을 앓았다면 면역체계는 죽는 날까지 그것을 기억할 것입니다." 우리의 면역체계가 사회적 위협에도 같은 방식으로 반응하는 것은 아닐까? "당신은 뉴런이 작동하는 방식에 변화를 경험할 수 있습니다"라고 그가 덧붙였다. "그것들은 가소성이 적고 죽을 가능성이 더 큽니다."

쥐를 작은 우리에 가두면 신경발생이 거의 멈추게 된다.[44] 당신은 새로운 뉴런의 생성을 저해하는 것이 우울증이라고 가정할 것이다. 그러나 사실 그것은 그 반대일 수도 있다.

항염증 치료법이 우울증을 억제한다는 결정적인 증거는 없다. 더 많은 연구가 필요하다. 그러나 이러한 발견들은 우울증을 퇴치하는 데 있어서 다음 단계의 큰 진보가 염증과 신경발생에 관해 연구하는 신경과학자들에 의해 이루어질 수 있음을 가능하게 한다. 즉, 신체에서 일어나는 일이 마음속에서 일어나는 일과 밀접하게 연관되어 있을 수 있다는 가능성을 제공한다.

## 나이는 배움에 장애가 되지 않는다

조이 코르지Zoe Kourtzi는 크레타섬에서 자라던 10대 시절 여러 사건에 대한 끔찍한 기억이 있었다. "역사는 살인자였어요." 그녀는 기억을 떠올리느라 검은색 눈가에 잔주름을 지으며 빙그레 웃었다.

"그리스에는 누가 언제 태어나고 누가 언제 죽었는지 날짜가 너무 많아요. 그리스는 그처럼 고대 문명이지요."

케임브리지 대학교의 실험심리학 교수인 조이는 미용사가 되라는 어머니의 제안을 뒤로하고 마음먹었던 심리학을 공부하기 위해서는 역사, 수학, 고대 그리스어 시험을 통과해야만 했다. 그녀가 좋아하는 과목인 수학은 시험을 통과할 수 있을 것이라는 자신감이 있었다. 그러나 역사와 고대 그리스어 시험을 통과하려면 나름의 전략이 필요했다. 필사적으로 그녀는 중요한 역사적 날짜와 그리스어 단어를 읽고 녹음해 매일 밤 테이프를 재생하며 들었다.

그녀는 시험에 합격한 다음 날 그것들을 기억에서 싹 지워버렸다. 하지만 그 과정에서 그녀는 무언가를 발견했다. 역사를 공부하려면 사건들을 암기할 필요가 있지만 고대 그리스어는 마치 수학과 비슷하다는 생각이 들었다.

"나는 그리스어가 정말 논리적이라는 것을 깨달았어요. 언어를 배우려면 언어의 구조를 이해하고 해석할 수 있어야 합니다."

우리의 학교 체계는 기계적으로 암기하는 학습에 집착하고 있다. 그리고 어른들은 기억상실에 대해 피해망상증이 있다. 하지만 실제 세계의 기능에 대한 패턴을 해독할 수 있는 능력이 암기력만큼이나 유용하다는 사실이 밝혀진다면 어떻게 될까?

요즘 조이는 케임브리지 대학교의 '두뇌 적응 연구소Adaptive Brain Lab'를 맡고 있다. 그곳은 1950년대와 고딕 양식의 건물들이 뒤섞여 있고 다우닝 대학교Downing College의 팔라디오 풍 건물 뒤에 숨겨져 있다. 연구소 안으로 들어가면 벽에 놀라운 착시현상을 일으키는 사진이 있는데 그것은 베네치아 운하 사진이지만 건물들이 마치 벽에서 툭 튀어나온 것 같았다.

"손가락을 이 위에 대보세요"라며 조이가 벽으로 다가가며 말했다. "움푹 들어간 게 느껴지나요?" 사진을 손으로 훑어보니 튀어 올라온 부분도 있고 움푹 들어간 부분도 있었다. 하지만 내가 가장 가깝다고 생각한 웅장한 궁전 같은 건물들은 사실상 가장 멀리 떨어져 있었다.

나의 뇌는 손가락이 알려주는 대로 따르는 것을 거부했다. 그 사진의 모양이 내가 생각한 것과 정반대라는 사실을 알았다고 해서 그 사진을 보는 방법을 바꾸지 못했다. "왜 그것을 제대로 볼 수 없을까요?" 나는 답답해서 물었다. "평생의 경험이 방금 들은 정보보다 뇌에 더 중요하기 때문이지요"라며 조이가 웃으며 대답했다. "망막에 비치는 것을 뇌가 인식하는 것이 아니에요. 뇌는 정사각형들이 더 크면 일반적으로 당신에게 더 가깝다고 알고 있어요. 그것이 바로 뇌가 사물들을 인식하는 방식이지요."

이와 비슷하게 사람을 MRI 스캐너 통에 눕히고 달리기 출발선 앞에서 달릴 준비 자세를 한 운동선수의 정지된 사진을 보여주면 움직임과 관련 있는 뇌 부분이 작동한다고 그녀는 설명한다. 우리가 움직임을 예상하기 때문에 운동선수가 가만히 서 있어도 신경학적으로 움직임을 '본다'고 알려주기 때문이다.

조이 팀은 두뇌가 학습하는 방법의 기초가 되는 메커니즘을 풀려고 노력하고 있다. 연구실은 여러 연령대의 사람들에게 뒤죽박죽 어질러진 장면에서 대상을 판독하게 훈련하는 화면으로 가득 차 있다. 이런 종류의 시각적 인식은 고도의 훈련이 가능하다. 이것이 우리가 군중 속에서 한 사람의 얼굴을 찾아내는 방법이다. 2차 세계대전에서 희미한 항공 정찰 사진을 자세히 살펴봐야 하는 연합군

분석가들은 예를 들어, 위장된 V미사일과 아무 문제가 없는 철탑을 구별할 줄 아는 능력이 점점 더 좋아졌다.

누군가 폭포처럼 내려오는 여러 가지 색상의 점들과 다르게 움직이는 이미지 사이를 헤쳐 가는 동안 조이 팀은 뇌 회로에 무슨 일이 일어나고 있는지 알기 위해 그들의 뇌를 스캔할 것이다. 연구팀은 몇 가지 대단히 흥미로운 사실을 발견했다.

우선 나이가 배움에 장애가 되지 않는 것으로 여겨진다는 것이다. 더 중요한 것은 배우는 방법과 태도다. "노인들이 정말 집중력이 좋다면 젊은 사람들만큼 빨리 배울 수 있어요"라고 조이는 설명했다. 그녀의 말에 따르면 어느 연령대나 우등생과 열등생이 있다는 것이다. 우등생들은 동시에 여러 가지 일을 할 수 있고, 집중과 관련한 뇌의 영역을 모을 수 있는 사람들이다. 열등생들은 기억력에 더 의존하는데 우리는 뇌의 그 부분에서 더 활발하게 활동하는 것을 관찰할 수 있다. 이것은 왜 인간의 기억이 틀리기 쉬운지를 설명해준다. 우리는 실제로 모든 이미지를 기억할 필요가 없다. 왜냐하면 뇌가 하는 일은 그것들로부터 어떤 일반화된 법칙을 끌어내려는 것이기 때문이다. 노년에 뇌가 기능을 잘 하려면 기억력보다 여러 가지 일을 동시에 하고 패턴을 발견할 수 있는 능력이 중요하다.

두뇌 적응 연구소는 기호로 인공적인 '외계인' 언어를 만들었다. 실험 참가자들에게 차례대로 다음에 어떤 기호가 나와야 하는지 예측하도록 했다. 기호의 순서를 외우려고 하는 사람들은 새로운 언어의 규칙과 구조에 집중하는 사람들보다 현저하게 예측 능력이 뒤

떨어졌다. 크레타섬에서 새까만 머리를 자랑하던 10대 시절의 젊은 조이처럼 가장 성공적인 학습자들은 기억이 아니라 확률로 판단했다.

두 번째로 조이는 노인들이 젊은이들과 다른 뇌 회로를 사용한다는 사실을 발견했다. 젊은이들은 지각과 관련된 뇌의 전방 부분을 사용한다. 반면 노인들은 패턴을 해독하는 뇌의 후방 부분을 사용하는 경향이 있었다. "여기에 담긴 명확한 의미는 훈련 프로그램이 나이에 맞게 마련되어야 한다는 것입니다"라고 그녀는 주장했다.

이러한 생각에는 혁명적인 잠재력이 있다. 이전 장에서 설명했듯이 우리는 이제 겨우 사람들이 평생에 걸쳐 새로운 기술을 습득하는 것을 도와주는 방법에 대해 생각하기 시작했다. 그리고 우리는 연령대가 다른 사람들이 다른 방식으로 배울 수 있다는 사실을 확실하게 생각해본 적이 없다. 하지만 이제 우리는 그렇게 생각할 필요가 있어 보인다.

## 뇌는 더 튼튼해질 수 있다

'뇌 건강'이라는 단어는 우리가 신체 건강을 돌보는 것처럼 뇌도 관심을 기울여야 하는 시스템이라고 믿는 전문가들로부터 반복해서 들었던 말이다. 클리블랜드 클리닉Cleveland Clinic의 수석 건강 책임자인 마이크 로이젠Mike Roizen 박사는 '뇌는 정말 근육과 비슷해서 평생 더 튼튼해질 수 있다'며 최근 관점을 요약해주었다.

이 말은 우리의 인격이 자리 잡고 있으며 인간이 존재하는 데 있어 신비로운 중심이라는 뇌에 대한 일반적인 개념과는 거리가 멀다. 우리가 우리의 두뇌를 의지력을 사용하여 적극적으로 바꿀 수 있다는 생각을 이해하기란 상당히 어렵다. 하지만 오늘날 그런 생각들이 확실히 설득력 있게 다가오고 있다.

"가장 좋은 비유가 운동입니다"라며 샤프브레인스SharpBrains의 알바로 페르난데스가 말했다. "운동에 대한 일반적인 생각이 체육관, 개인 트레이너, 정밀한 운동으로 발전했습니다. 복근을 튼튼하게 하고 싶으면 윗몸 일으키기를 하면 됩니다. 만약 만능 운동선수로 더 잘하고 싶다면 역기를 들어야 하지요. 똑같은 일이 뇌에도 일어납니다. 그러나 훈련 방법들을 대부분 온라인에서 구할 수 있고 거의 누구나 접속할 수 있으므로 그 일이 더 빨리 일어날 것입니다."

페르난데스는 뇌 검사를 매년 받아야 한다고 했다. MRI 스캔은 비용이 엄청나게 많이 들지만 인지검사는 작은 변화를 감지하는 데 있어서 점점 더 정교해질 것으로 그는 예상했다. 여기에 AI는 엄청난 잠재력이 있다. 기계 학습 알고리즘은 예를 들어, 치매가 기억 상실과 같은 가시적 증상을 일으키기 훨씬 전에 초기 치매를 발견할 수 있는 패턴을 탐지할 수 있다. 자판 사이를 이동하는 데 걸리는 시간이나 얼마나 오랫동안 각 자판을 누르고 있는지 등 타자하는 데서 발생하는 작은 변화를 감지할 수 있는 시스템은 이미 존재한다. 캘리포니아의 뉴라매트릭스NeuraMatrix라는 회사는 자신들의 타자 박자 시스템Typing Cadence system이 타자할 때 변화한 내용을 100분의 1초 만에 찾아냄으로써 다른 어떤 의사보다 훨씬 더 빨리 뇌 장애를 시스템 사용자들에게 경고할 수 있다고 믿는다.[45]

더욱 야심 찬 것은 MIT 연구원들이 알츠하이머병을 진단하기 위해 수면 장애와 행동의 다른 작은 변화를 알고리즘에 사용할 수 있는지 알아보기 위해 최근 요양시설에 있는 사람들의 수면 패턴, 호흡, 움직임을 녹화했다는 사실이다. 이는 치매와의 싸움이 초기 진단으로 옮겨가고 있고, 연구자들이 치매의 속도를 늦출 수 있는 약을 개발하려는 중이기 때문에 중요하다. 그러나 그것은 치매를 충분히 일찍 확인할 수 있고, 임상시험에 적합한 환자를 찾아낼 수 있어야만 가능하다.

뇌를 근육에 비유하는 것은 많은 신경과학자들에게 불경스러운 일이다. 그러나 뇌 역시 의지에 따라 개선이 가능하다는 것을 한마디로 뚜렷하게 표현하는 데 있어서는 효과가 있다. 사람들은 팔뚝을 들어 올릴 때마다 이두박근을 사용한다. 그 근육을 사용하면 근육이 사라지는 것을 막을 수 있다. 하지만 그것을 강화하려면 적어도 일주일에 세 번 무거운 역기를 들어야 한다. 그리고 결과를 볼 때까지 체계적으로 운동해야 한다.

이와 같이 규칙적으로 역기를 들어야 지속적으로 근육을 개선할 수 있는 것처럼 같은 원리가 뇌에도 적용된다. 스톡홀름의 카롤린스카 연구소Karolinska Institute의 인지신경과학 교수인 토켈 클링버

그Torkel Klingberg는 그가 명명한 '인지 운동'을 다음과 같이 설명했다.[46]

"우리 팀은 ADHD(주의 산만, 과다 활동, 충동성과 학습 장애를 보이는 소아청소년기의 정신과적 장애_옮긴이) 아동의 작업 기억력 향상에 도움을 주기 위해 광범위한 업무를 수행했고, 또한 작업 기억력을 향상시키기 위해 60세 가량의 사람들을 훈련했습니다. 우리는 사람들이 매일 스트레칭 임무를 완수할 때 훨씬 더 강한 효과가 나타난다는 것을 확인할 수 있었어요."

이 모든 것이 의미하는 바는 우리가 만족한 중년에 푹 빠져 살 수 없다는 것을 말해주는지도 모른다.

## 뇌 건강을 위해 반드시 배워야 한다

얼마 전까지만 해도 사람들은 남학생이 선천적으로 여학생보다 과학을 더 잘한다고 생각했다. 우리가 노인들이 젊은 사람들만큼 잘 배울 수 없다고 가정하면 이와 비슷한 실수를 저지르고 있는 것일지도 모른다.

뇌가 영원히 유연하다는 것을 증명하기 위한 싸움은 수십 년 동안 계속됐지만 완전하게 승리한 것은 불과 10년이 채 안 되었다. 많은 사람들이 아직도 두뇌의 엄청난 잠재력을 이해하지 못한다.

우리는 뇌세포가 다른 뉴런과의 연결을 유지하려면 활성화된 상태를 유지할 필요가 있다는 것을 알고 있다. 이러한 연결인 시냅스는 세포가 연락하는 데 사용하지 않으면 분해되고 사라진다. 하지만 뇌세포의 감소를 막을 방법이 있다. 유산소 운동, 사회적 교류, 새로운 도전들이 이에 필수적이다. 나처럼 20년 동안 똑같은 쇼팽의 야상곡을 연주하는 것은 뇌세포의 감소를 중지시키기 어렵다. 크로스워드 퍼즐도 효과가 없을 것이다. 우리는 우리의 호기심을 유지하고 안락한 영역을 넘어 새로운 영역으로 과감히 뛰어들 필요가 있다.

2017년 란셋 치매 위원회는 '평생에 걸친 신체적 운동과 지적 자극이 치매에 대한 유전적 성향을 지닌 개인들 사이에서도 만년에 치매의 위험을 감소시키는 것과 관련이 있다'는 사실을 밝혀냈다.[47] 그러나 우리 중 4분의 3이 심장 질환의 위험을 줄일 수 있다고 믿는 것과 비교하면 치매의 위험을 줄이는 것이 가능하다는 것을 알고 있는 경우는 거의 없다.[48]

이처럼 복잡한 분야에서는 거짓 주장이 나올 수밖에 없다. 시장에는 인지 능력을 향상시킬 수 있다는 프로그램들이 갈수록 넘쳐나지만 모든 게 제대로 기능하는 것은 아닐 것이다. 그러나 UFOV 훈련은 진정한 희망을 줄 수 있다고 여겨지므로 의료 당국은 이것을 잘 살펴볼 필요가 있다.

가장 반가운 소식은 나이가 반드시 배움에 장애가 되는 것은 아니라는 사실이다. 늙은 뇌도 새로운 재주를 배울 수 있고, 뇌를 건강하게 유지하려면 반드시 배워야만 한다.

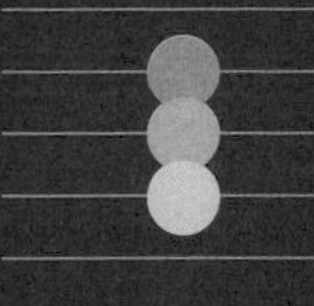

6장

# 유전자, 불멸을 향한 골드 러시

"불멸은 아직 우리에게 오지 않았지만
노화 방지약은 성큼 다가오고 있다."

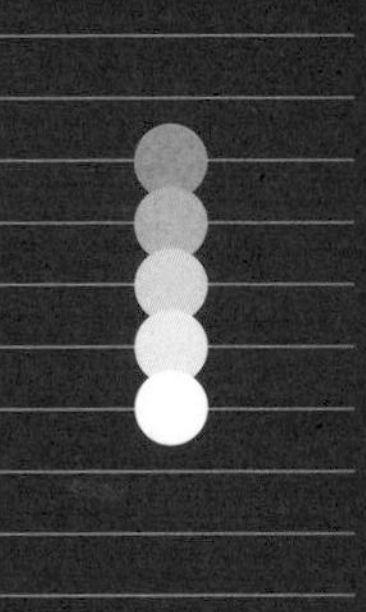

30년 전 의사들은 노화란 단지 우리 모두에게 일어나는 일로 우리가 노화에 대하여 할 수 있는 일은 아무것도 없다고 생각했다. 그러나 그 후 소수의 선구적인 생물학자들은 노화에 영향을 미칠 것으로 판단되고, 심지어 그것을 늦출지도 모르는 유전자들을 발견하기 시작했다.

전통적인 의사들이 끈질기게 환자를 치료하는 동안 이러한 생물학자들은 인기 없는 과학의 한구석에 옹송그리며 모여 앉아 오랫동안 무시당했다. 하지만 이제 그들의 발견은 우리를 획기적인 지점으로 데려갔고, 그곳에서 우리는 생명을 연장하고 개선할 것을 약속하는 일련의 치료법을 만나게 될 것이다. 실험실은 벌레의 수명을 두 배로 늘렸고 쥐와 원숭이를 더 오랫동안 더 젊게 살도록 만들었다. 꽤 많은 과학자와 심지어 일부 경영진들도 그들을 젊게 만들 수 있다고 믿는 식이요법을 따르고 있다.

이들 과학자 중 일부는 실리콘밸리가 죽음으로부터 '이탈 속도(중력을 벗어나는 가장 작은 속도_옮긴이)'를 추구하는 것처럼 불멸을 향한 골드러시 대열에 동참하고 있다. 또한 다른 사람들은 우리가 인생 말기에 쇠약해져 '늙은-노인'으로 보내는 시간의 양을 줄이기 위해 훨씬 더 중요한 무엇인가를 성취하려고 노력 중이다.

내가 이 장에서 설명하는 제품이 모두 효과가 있는 것은 아닐 것이다. 우리는 아마도 동시에 여러 경로를 따라 늙어갈 것이고, 과학은 복잡하므로 유일한 특효약은 없다. 그러나 '노화란 우리가 수동적으로 받아들여야 하는 것이 아니라 치료할 수 있는 질병'이라고 주장하는 일부 과학자들과 함께 그러한 제품들은 '노화를 어떻게 인식할 것인가'에 대해 혁명을 일으키고 있다. 또한 그것은 연구, 규제, 투자 그리고 궁극적으로 우리 모두가 어떤 제품을 이용할 수 있을지에 대해 잠재적으로 엄청난 결과를 가져온다.

## 위험한 유행인가,
## 젊음의 특효약인가?

영화 제작자인 친구 앙투안Antoine이 무척 수척해보였다. 그는 우리가 함께 찾아간 식당에서 메뉴를 두고 눈에 띄게 까다롭게 굴더니 결국 케일을 곁들인 생선 전채 요리를 '주 요리'로 시켰다. 푸딩은 시키지도 않은 채 (내가 모든 것이 들어간 카푸치노를 주문하는 동안 앙투안은 녹차를 홀짝홀짝 마시며) 그는 실리콘밸리의 우상 추종자들에게 칼로리 제한Calorie Restriction으로 알려진 'CR' 의식을 치르는 것처럼 보였다.

앙투안은 2년 동안 자신의 키와 나이에 맞는 남자의 하루 권장량보다 700kcal가 적은 하루 1,800kcal 이하로 먹으려고 노력했다. 칼로리를 제한한 이후로 기분이 좋고 머리가 맑으며 활력이 넘친다고 말했다. 그리고 이러한 매우 제한적인 식단이 그에게 더 오랫동안 건강한 삶을 가져다줄 수 있다고 믿고 있었다.

1930년대 이후의 여러 실험에서 많은 포유류의 수명은 먹는 것을 급격히 줄임으로써 연장될 수 있다는 것을 보여주었다. 설치류는 통상 소비하는 칼로리의 30~40퍼센트만 섭취하면 또래보다 더 오래 산다. 그리고 그것들은 더 건강하고 암, 심장병, 인지 기능 저하를 덜 겪는다.

일본 북쪽 끝에 있는 오키나와의 엄청나게 나이 많은 섬사람들을 기억하는가? 그들의 철학은 포만감을 약 80퍼센트 느낄 때까지만 먹는 것이다.[1] 그들은 이것을 '하라 하치 부(8부 능선까지 채운 배)'라고 부른다. 그것은 아무런 해가 되지 않을 뿐만 아니라 그들이 서양인들보다 '젊은-노인'으로서 훨씬 더 건강하게 오래 살며 '늙은-노인'으로서의 기간이 훨씬 더 짧은 한 가지 이유인지도 모른다.

당신은 그렇게 급격하게 다이어트를 하면 신체가 약해지고 저항력이 없어질 것으로 생각할 것이다. 그러나 사실 (우리가 물어볼 수는 없지만 그들이 더 행복하지 않을지 몰라도) 다이어트가 쥐와 원숭이를 더 강하게 만드는 것처럼 보인다. 이러한 이론은 유전자가 가뭄이나 기근 시기에 대응하는 방식으로 진화했고 그런 특성을 가진 사람들이 살아남아 후손을 낳는다는 것이다. 혹독한 환경은 우리의 세포를 보호하는 고대 회로와 에너지를 생산하는 세포의 '미토콘드리아'를 가동한다.

이러한 회로는 인간을 포함한 모든 동물에 일반적으로 존재하는 것으로 여겨진다. 2018년 연구원들이 인간과 같은 노화 형태를 보인 붉은털원숭이에 대한 연구 결과를 발표했다.[2] 간토Canto라고 불리는 원숭이의 경우 중년 후반에 해당하는 16살 때 30퍼센트 칼로리 제한 식이요법을 시작했다. 원숭이는 이제 43살로 인간으로 치면 130세에 해당한다.

CR이 인간에게도 젊음의 만병통치약이 될 수 있을까? 내 친구 앙투안도 분명히 그렇게 생각하지만 끔찍하리만치 창백해 보인다. 기본적으로 극도의 칼로리 제한은 비인간적이다. 그것은 우리의 골밀도와 근육량에 끔찍한 결과를 가져올 수 있다. 또한 21세 미만인 사람의 성장을 저해하며 임신을 원하는 여성에게도 재앙을 초래할 수 있다. 그로인해 이것은 의사들이 권하는 방법은 확실히 아니다. 얼마 동안의 공복통을 견디는 것도 정말 어렵다.

앙투안과 점심을 함께한 이후 나는 CR을 하는 실리콘밸리 기업가 두 사람을 만났다. 그들은 그것이 마치 비밀 암호인 것처럼 말했다. 한 사람은 밤에 종종 공복통으로 잠이 깨 냉장고에서 삶은 달걀을 폭풍 흡입한다는 사실을 고백했다.

노인학자인 발터 롱고Valter Longo가 남가주 대학교University of Southern California의 한 연구에서 그의 피실험자들이 한 달에 5일 연속으로 단식하며 CR을 재현하려고 했을 때도 비슷한 현상이 벌어졌다.[3] 이것을 견뎌낸 사람들은 콜레스테롤과 혈당치가 향상되어 더 건강해 보였다. 하지만 참가자의 4분의 1은 공복통을 참지 못하고 실험을 포기했다.

아무리 장수를 위한 것이긴 해도 나는 우리의 대부분이 음식을 먹는 즐거움을 포기할 준비가 되어 있는지 의심스럽다. 그래서 과학자들은 배고플 필요 없이 우리의 몸을 속여 고대 회로를 작동시키는 방법을 찾고 있다. 그리고 그들은 뭔가를 발견했다고 생각한다.

## 인생에 생기를 불어넣으려는 연구

작은 회색 상자 하나가 사무실로 배달되었다. 상자 겉에는 '엘리시움 헬스Elysium Health'라는 글자가 흰색으로 한 글자씩 단정하게 쓰여 있었고 상자 안에는 내가 한 달 동안 복용하려고 온라인에서 60달러를 주고 구매한 캡슐 60개짜리 알약 한 통이 들어 있었다.

이것은 '유전체학 정보로 만들어진 세계 최초의 세포 건강제품'이라고 홍보하는 베이시스Basis다. 이 작은 캡슐은 아마도 내게 건강한 삶을 몇 해 더 가져다줄 수 있을 것이다.

베이시스는 비타민처럼 미국에서 보조제로 판매되기 때문에 처방전이 필요 없고 미국 규제기관인 식품의약국FDA의 승인이 필요하지 않다. 하지만 그것은 유별나게 인상적인 혈통을 갖고 있다.

엘리시움 헬스 과학 자문 위원회에는 여섯 명의 노벨상 수상자가 있기 때문이다. 그 알약은 지난 30년 동안 장수 유전자에 관하여 세계에서 가장 중요한 몇 가지 발견을 한 생물학자 레오나드 구아란테Leonard P. Guarente 교수가 만들어 낸 창작물이다.

나는 MIT의 폴 F. 글렌 노화 생물학 연구센터Paul F. Glenn Center for Biology of Aging Research에서 그곳을 책임지고 있는 구아란테 교수를 만났다. 그곳은 높은 유리와 사암沙巖으로 된 건물 안에 있는 거대한 실험실이었다. 나는 스웨터를 입은 진지한 젊은이들이 이상하게 생긴 기계 위로 등을 구부려 들여다보는 연구실들을 지나 몇 개는 '질소'라고 표시되어 있고 다른 몇 개는 '극저온'이라고 표시된 거대한 은색 탱크가 길게 늘어선 회색 복도를 따라 터벅터벅 걸어갔다. 책 무더기와 가족사진들로 장식한 전망 좋은 고급 사무실에서 '레니Lenny(레오나드 구아란테 애칭_옮긴이)'가 벌떡 일어나 나를 맞이했다. 그가 64세처럼 보이는지는 분간하기 어렵다. 머리는 벗어졌지만 활기차고 체크 셔츠와 빛바랜 청바지 차림에 무테안경 뒤로 반짝반짝 빛나는 커다란 눈을 가진 구아란테 교수는 더 젊을 수도 있고 아니면 더 나이 들었을 수도 있다.

구아란테 교수는 '베이시스를 다른 누구보다도 더 오래 복용했고 여기 있는 많은 사람은 2016년 엘리시움이 정식 출범하기 전에 이미 베이시스를 복용하기 시작했다'고 귀띔해주었다. "그게 효과가 있는지 어떻게 알지요?" 만약 그것이 어떤 것을 직접 치료하지 않고 단지 사람들을 같은 상태로 더 오랫동안 유지하도록 도와주기만

한다면 당신은 즉각적인 결과를 얻지 못할 것이라고 말했다. 그는 이것이 도전 과제라는 것을 인정했다. "어떤 사람들은 그것을 복용하고 힘이 더 많이 났다고 하더군요." 그는 어깨를 으쓱해하며 말했다. "하지만 우리는 정말 몰라요. 나는 내 손톱이 더 빨리 자란다는 것을 알아차렸어요. 그것은 다른 사람들도 발견했어요."

구아란테 교수는 자신의 창작물에 대해 이만저만 겸손한 게 아니었지만 그는 과학을 매우 확신했다. 그에게는 그럴 만한 이유가 있었다. 그가 여기까지 오는 과정에는 놀라운 이야기가 숨어 있다.

1990년대에 구아란테 교수는 막 이혼했고 그가 어색한 듯 말하는 소위 '일종의 중년의 일'을 치르고 있었다. 이미 종신 재직의 교수였던 그는 전통적인 분자생물학에서 벗어나 침체하고 비전통적인 분야인 '장수 연구'에 뛰어들기로 했다. 그와 그의 팀은 빵을 부풀리는 데 사용하는 단순한 곰팡이인 효모를 실험하기 시작했다. 당시만 해도 효모가 인간에 관해 무엇인가를 말해줄 수 있을 거라는 생각은 너무도 이상해 보였다. 그러나 나중에 알고 보니 그것은 사실이었다.

구아란테 교수와 그의 팀은 냉장고에서 추위와 영양 부족을 극복하고 살아남은 돌연변이 효모균 하나를 발견했다. 사실 그것은 스트레스를 덜 받는 환경에서 살았던 다른 변종들보다 거의 50퍼센트나 더 오래 살았다. 그 답은 시르투인Sirtuin이라고 불리는 어떤 유전자에 있는 것으로 밝혀졌다. 시르투인이 효모나 동물에서 더 활동적이면 그것은 그들의 수명을 연장시킨다. 모든 유기체는 나이가 들면서 부서진 DNA 가닥이 체내에 쌓여 결국 죽음에 이르는데 시르투인은 이러한 점진적인 축적을 늦추도록 작용하는 것으로 보인다. 시르투인의 발견은 두 가지 면에서 혁명적이었다. 첫째, 노화를 만드는 유전자가 있음을 증명했다. 둘째, 이런 유전자들은 조작될 수 있다는 것을 보여주었다.

시르투인이 기능을 발휘하려면 NAD+(Nicotinamide Adenine Dinucleotide, 니코틴아마이드 아데닌 다이뉴클레오타이드)라고 불리는 보조 효소인 경이로운 분자가 필요하다. NAD+는 체내의 에너지를 발생시키고 음식의 대사 작용을 도우며 DNA를 건강하게 유지한다. 하지만 NAD+는 나이를 먹으면서 감소한다. 우리가 50세가 되면 NAD+의 약 절반을 잃어버린다. 바로 그것이 문제다. 연구 결과에 따르면 나이 든 쥐에게 NAD+의 수치를 증가시키면 그들의 모습과 행동을 더 젊게 만들 수 있고, 신체에서 세포가 소멸할 때 그것들을 대체할 수 있는 강력한 세포인 줄기세포의 감소를 반전시킬 수 있다고 한다.[4]

베이시스는 시르투인을 활성화함으로써 NAD+의 감소를 반전시키는 방식으로 작용한다. 베이시스에는 블루베리와 적포도주에서 발견되는 프테로스틸벤Pterostilbene과 체내에서 NAD+로 변환되는 니코틴아마이드 리보사이드Nicotinamide riboside가 포함되어 있다.

2017년 말 엘리시움은 무작위 대조군을 대상으로 벌인 최초의 임상시험 결과를 발표했다.[5] 베이시스를 최소 4주 동안 복용한 60~80세의 120명은 NAD+ 수준이 평균 40퍼센트 증가했다. 연구원들은 시험 결과 해로운 부작용은 없었다고 주장했다.

구아란테 교수는 기뻤다. "베이시스가 작동하지 않을 수도 있고, 동물들에게는 효과가 있었던 것이 사람에게는 효과가 없을 수도 있습니다. 그러나 이 실험은 안전성과 NAD+ 수준을 현저히 올릴 수 있는 능력을 시험하는 것이었는데 결과적으로 그것이 입증되었습니다."

물론 베이시스가 의약품으로 승인받지 못했다는 문제가 아직 남아 있다. 임상시험 전에 베이시스는 '그럴듯하지만 효능이 입증되지 않았다'고 공격받았다.[6] 건강보조제로서 그것은 사기일 수도 있었다. 알고 보니 구아란테 교수 자신도 대부분의 건강보조제를 혹평했다. 그는 "건강식품점에 있는 거의 모든 것이 아무런 효능이 없어요"라며 이유를 설명했다. 자신은 비타민 D를 고단위로 복용하고 '거기에는 믿을 만한 증거가 있다'면서도 비타민 C에는 '아무것도 믿을 만한 게 없다'고 주장했다. 그렇다면 어유魚油는 어떤가? "아, 글쎄요. 아마 그것들은 좋을 겁니다. 나는 어유 제품을 복용하지 않아요. 그러나 생선은 꼭 먹는답니다." 그는 시간이 없어 골프를 포기해야 했던 것을 후회하지만 하루걸러 운동도 한다.

구아란테 교수는 겸손한 선구자다. "나의 목표는 효모와 쥐를 더 오래 살게 하는 것이 아니에요." 길고 하얀 손을 의미심장하게 흔들며 그는 이야기했다. "그게 아니라 무엇이 그들의 생명을 제한하는지 알고 싶었어요. 나는 사람에게 그것을 적용할 것으로는 생각하지 않았어요."

그는 노화를 물리칠 생각이 없다. 사실 그는 그것이 가능하다고 생각하지 않는다. 하지만 그는 "우리의 인생에 생기를 불어넣고 싶을 뿐입니다"라고 강조한다. 게다가 그는 혼자가 아니다. 다른 연구자들도 비슷한 방식으로 생각하고 있었다.

## 신체의 파괴자에 맞서는 법

1993년 구아란테 교수가 보스턴에서 효모를 연구하고 있을 때 생물학자인 신시아 케넌Cynthia Kenyon은 샌프란시스코 캘리포니아 대학교에서 그녀의 현미경을 통해 작은 선충을 들여다보고 있었다. 케넌이 이 벌레들을 '예쁜 꼬마선충c-elegans'이라고 부르는 것을 보면 그녀가 오히려 그것들을 좋아한다는 인상을 준다. 그것들은 겨우 30일 산다. 케넌이 '생명의 비극적 활모양'이라고 표현한 것처럼 처음 15일 동안은 활기차게 꿈틀거리다가 조직이 약화되면서 움직임이 느려진다. 그들의 마지막 10일은 간신히 움직이고 머리를 힘없이 흔들면서 지낸다.

뜻밖에도 케넌과 그녀의 팀은 놀라운 발견을 했다. 인슐린 수용체인 daf-2라는 단일 유전자를 부분적으로 망가뜨림으로써 선충의 수명을 두 배로 늘릴 수 있음을 발견한 것이다.[7]

케넌은 죽어가는 정상적인 선충으로부터 시선을 옮겨 같은 나이에 배양 접시 안에서 여전히 젊게 행동하는 선충을 올려다보며 자세히 설명해주었다.

"온몸에 소름이 돋는 걸 느꼈어요. 머리털이 온통 쭈뼛 서는 것 같더군요."

그녀는 부드러운 캘리포니아 억양으로 그때 일을 털어놓았다.

"우리가 정말 해서는 안 되는 무언가를 한 것처럼 말이에요. 오, 세상에 당신은 그들이 죽을 것으로 생각했겠지요. 그런데 우리가 그 선충들을 더 오래 살도록 만들었어요."

돌연변이 선충들은 거의 죽을 때까지 계속 꿈틀거리며 돌아다녔다. 그것들은 자유롭게 움직이지 못하는 기간도 정상적인 선충처럼 길지 않았다. 이것은 혁명적이었고, 신의 경지를 살짝 엿볼 수 있었다. 케년은 노화를 획기적으로 늦출 수 있도록 조작할 수 있는 또 다른 유전자를 발견했다.

이러한 발견들은 인간에게도 적용된다. 뉴욕에 사는 아슈케나지Ashkenazy 유대인에 관한 연구에서 90~100세까지 살아온 유대인들이 daf-2 유전자 돌연변이를 더 많이 갖고 있다는 사실을 발견했다. "그것은 90세 먹은 노인이 마라톤을 뛸 수 있다는 의미는 아니에요"라고 케년은 말했다. "하지만 그들은 노화가 더 천천히 진행되고 젊어 보여요. 실제로 그들은 더 젊은 거랍니다."

## 우리 몸은
## 그저 낡아 없어지는 걸까?

인간이 노화하는 것은 방사선, 공해, 스트레스, 세포 분열의 자연적 과정에 의해 우리 세포의 DNA가 점진적으로 손상되기 때문이라고 널리 알려져 있다. 대부분의 세포는 정기적으로 교체된다. 피부 세포는 20일마다 뼈 세포는 약 3년마다 재생되며, DNA 손상은 항상 일어나는데 모든 세포에서 매일 약 1만 건의 DNA 손상이 일어난다.[8]

어렸을 때의 우리 몸은 분자의 활발한 생명작용을 통해 이렇게 손상된 DNA를 고치는 데 있어 놀라울 만큼 능숙했다. 그러나 이 수리 과정은 엄청난 양의 에너지를 소모하고 나이 들수록 점점 약해진다. 절대 분열하지 않거나 간혹 분열하는 심장 세포와 같은 세포는 더 많은 손상이 지속적으로 가해질 수 있다. 이 모든 손상은 누적되고, 그 결과 우리는 질병에 대한 저항력이 점점 약해진다. 선진국의 3대 사망 원인인 암, 뇌졸중, 심혈관 질환이 젊은이들이 아닌 주로 노인들에게서 발생하는 것은 바로 그 이유 때문이다. 아무 병원이나 중환자실을 방문해보라. 공통점은 환자들 대부분이 노인이라는 사실이다.

일부 생체노인학자들에 의하면 이러한 쇠퇴의 한 가지 중요한 원인은 신진대사라고 한다. 세포 수리 과정에서 많은 산소를 사용하지만 산소가 항상 완전히 대사되는 것은 아니다. 이것은 짝짓기하지 않는 전자를 가진 원자인 '활성 산소'를 방출한다. 활성 산소는 다른 분자로부터 전자를 훔치면서 신체에 해독을 일으킨다. 체내의 항산화 분자가 이것들을 대부분 청소하지만 일부는 놓치는 바람에 유전자에 대한 변화가 점차 축적되어 자동차에 녹이 스는 것처럼 우리 몸에 피해를 준다. 많은 사람이 활성 산소의 영향을 없애기 위해 항산화 보조제를 복용하지만 활성 산소 이론을 지지하는 사람들조차 항산화 보조제가 효과 있다는 증거는 거의 없다고 말한다 (활성 산소 이론 역시 보편적으로 받아들여지지 않았다).

결국, 노화는 시르투인처럼 좋은 단백질로 이루어진 유전자로서 세포 수리를 도와주는 복구자를 약화시키는 것처럼 보인다. 이런 복구자들은 더 이상 daf-2 유전자와 같은 신체의 생물학적 파괴자들과 맞서지 않는다. 케년 연구팀은 daf-2 유전자의 활동을 약화시킴으로써 세포 복구자들이 더 활발하게 작동하도록 했다. 늙은 세포들은 자신들이 젊다고 생각하는 것 같았다. 그래서 그것들은 마치 젊은 세포처럼 행동했다.

## 우리는 영원히 살 수 있을까?

인류 역사상 가장 장수한 사람으로 알려진 프랑스 여성 잔 칼망 Jeanne Calment은 122세까지 살았다.[9] 그녀는 프랑스 아를Arles에서 그녀의 딸과 손자보다 더 오래 살았으므로 아파트를 물려줄 사람이 없었다. 그녀는 죽을 때까지 매달 일정 금액을 받는 대가로 그 아파트를 어느 한 변호사에게 팔았다. 1997년 그녀가 죽을 때까지 매달 받은 금액의 합계는 아파트 가치의 두 배에 달했다.

칼망이 왜 그렇게 오래 살았는지에 대한 특별한 설명은 없다. 그리고 아무도 그녀의 기록을 경신하지 못했다. 많은 과학자들이 120세 정도가 인류의 객관적인 생체나이 한계를 의미한다고 생각한다. 지금은 예전보다 100세 이상의 고령자가 훨씬 더 많다. 그러나 아직 패러다임의 변화는 없다.

그것은 세포가 분열할 수 있는 횟수와 관련이 있을 수도 있다. 1961년 캘리포니아 대학교의 해부학 교수 레오나드 헤이플릭Leonard Hayflick은 정상적인 인간 세포는 죽기 전까지 일정한 횟수만 복제한다는 것을 발견했다. 헤이플릭과 그의 조교들은 실험실에 있는 배양접시에 세포들을 넣고 그것들이 자신의 복제품을 만들면서 번식하는 것을 관찰했다. 처음에는 세포가 너무 빨리 그리고 헤이플릭이 나중에 표현한 것처럼 '풍성하게' 복제하는 바람에 배양접시에 모두 저장할 수 없었다. 그러나 잠시 후, 가장 오래 복제한 세포가 약 50번 분열했을 때 모든 것이 서서히 멈추었다. 세포들이 분열을 중단한 것이다.

헤이플릭은 이것을 '노쇠' 상태라고 불렀다. 즉, 세포는 아직 살아 있지만 분열할 수 있는 능력을 잃은 '죽음 직전의 시기'다. 세포가 죽기 시작하는 그 시점을 '헤이플릭 분열 한계Hayflick Limit'라고 불렸고 이는 살아 있는 모든 생물에 적용되는 것으로 알려져 있다.

우리는 어느 날 갑자기 헤이플릭 분열 한계에 도달해 쓰러지는 것이 아니다. 너무 많은 세포가 노쇠하면 우리 몸의 조직은 노화한다. 상처가 치유되는 데 더 오래 걸리고 감염되기가 더 쉽다. 노쇠한 세포들이 둘러앉아 힘없이 면역 세포에 도움을 요청하면서 염증을 일으킨다. 이렇게 되면 말년에 노쇠한 기간이 길어지고 비참해질 수 있다.

헤이플릭은 세포에 세포분열 횟수를 추적하는 내부 스톱워치가 있다는 것을 발견했다.[10] 스톱워치는 각 염색체의 끝에 달린 말단소립Telomere이라는 작은 보호 모자와 연결되어 있다. 세포가 분열할 때마다 신발 끈 끝에 있는 플라스틱 코팅처럼 말단소립이 짧아지고 해진다. 말단소립이 너무 짧아지면 세포는 분열을 멈추고 그 세포 안에서 에너지를 생산하는 미토콘드리아가 사라진다.

물론 말단소립만이 노쇠의 유일한 원인은 아니다. 따라서 나는 서둘러 터무니없이 비싼 비용을 들여 반드시 말단소립 검사를 받아야 한다고는 말하고 싶지 않다. 쥐는 말단소립을 재건하는 효소인 텔로머레이즈Telomerase를 투여받았을 때 더 오래 살았다. 그러나 아직 암을 일으키지 않고 인간에게 더 많은 텔로머레이즈를 제공할 방법을 아무도 찾아내지 못했다. 무한 세포분열은 곧 종양으로 이어지기 때문이다.[11]

## 생물학적으로 불멸하는 생물

텔로머레이즈는 초기에는 유익하지만 나중에는 치명적으로 변할 수 있는 효소의 한 예다. 테스토스테론Testosterone(남성의 대표적인 성호르몬_옮긴이)과 유사하다. 그것은 젊은 남성들을 더 강하게 만들어주지만 노인들을 전립선암에 걸릴 위험에 더 크게 노출시킨다.

노화를 연구할 때 우리는 이러한 진화적 상충관계Trade-offs를 사방에서 보게 된다. 그것이 우리가 초점을 맞춰야 할 전체 주제다. daf-2 유전자는 초기 생명체에 있어 필수적이다. 배아는 그것 없이는 성장할 수 없다. 하지만 신시아 케년이 선충으로부터 발견한 것처럼 나중에 daf-2 유전자가 자신의 존재를 드러내려고 할 때 그것은 파괴자로 변한다.

수명을 연장하려는 과학자들은 장수와 생식 사이에 근본적으로 존재하는 진화적 상충관계와 싸우고 있다. 우리가 일단 생식기를 지나면서 유전자 집합을 개선하고 유지하며 아마도 손주들을 돌보는 때가 되면 진화론은 우리에게 우리의 사명을 달성했다고 암시할 것이다. 기근을 거치면서 제한된 칼로리로 살아남은 동물들을 보면 그 기간에 종종 불임 상태로 부족한 자원을 생존에 쏟아붓는다. 그리고 어떤 생물은 인간처럼 노화하지 않는다.

2007년, 메인Maine 주에서 한 어부가 아무런 눈치도 채지 못한 채 거대한 집게발을 가진 바닷가재를 끌어 올렸을 때 큰 충격을 받았다. 그것의 나이를 무게로 추정해보면 180살이었다. 바닷가재는 '생물학적으로 불멸'한 것이다. 그것들은 잡히거나 다치지 않는 한 계속 성장하고 몸집이 커질수록 먹이가 될 가능성이 적어지므로 나이 들수록 알을 더 많이 낳는다. 어린 시절에는 유익하지만 나중에 해롭게 될 유전자를 더 적게 갖도록 진화했다.

그러나 바닷가재는 사실 영원히 살지 않는다. 그것들은 껍데기를 갈면서 성장한다. 그러나 껍데기가 너무 커지면 그것을 갈기 위해 너무 많은 에너지를 사용하여 에너지가 바닥난다. 그러면 노인들이 폐렴에 걸려 사망하는 것처럼 그들 역시 곧바로 죽는다. 하지만 바닷가재는 인간과 달리 텔로머레이즈를 조정하는 다른 유전자를 갖고 있으므로 높은 수준의 텔로머레이즈를 지니고 있어도 암에 걸리지 않는다. 그래서 바닷가재들은 블랜딩 거북이Blanding's turtles를 포함한 다른 생물들처럼 여전히 생식능력이 남아 있다.

## 벌거숭이두더지쥐의 비밀

아직 잔 칼망보다 더 오래 산 사람은 없지만 아주 오래 산 사람들에게서 한 가지 이상한 현상이 관찰됐다. 우리가 105살까지 살 수 있다면 그 후 사망률은 안정되기 시작한다는 것이었다.

이탈리아 인구통계학자 엘리사베타 바비Elisabetta Barbi와 대부분이 여성으로 구성된 그녀의 연구팀은 2009~2015년에 생존해 있는 105세가 넘은 이탈리아인 3,800명에 대한 기록을 조사했다.[12] 연구팀은 사망률이 80세까지 기하급수적으로 증가하는 것을 발견했다. 하지만 그 나이를 지나면 사망률은 천천히 증가하고 105세 이후가 되면 사망률이 일정한 '안정기'에 접어들었다. 105세에 사망할 위험은 50퍼센트로 분명히 높은 수준이다. 그러나 그 나이를 넘어서면 사망률은 결코 더 높아지지 않았다. 우리가 110세 또는 115세에 죽어도 마치 105세에 죽는 것처럼 죽음을 속일 수 있다. 그리고 우리가 죽을 때 오랜 만성 질환보다는 장기 장애로 인해 빨리 죽을 가능성이 크다. 105세까지 산다는 것이 그렇게 쉬운 일이 아니지만 꽤 매력적으로 들린다.

110세 이상의 '초백세인Supercentenarian'에 대한 또 다른 연구는 초백세인이라 할지라도 노쇠 상태가 길어지는 것을 피할 수 있다는 견해를 뒷받침해준다.[13] 그들 중 거의 절반은 여전히 기능적으로 혼자서 생활할 수 있다. 당뇨병이나 파킨슨병을 앓는 사람이 거의 없었고, 사실상 혈관 질환과 관련하여 면역성이 있었다.

초백세인은 나이 들수록 사망 위험이 기하급수적으로 증가한다는 수학 법칙인 '곰퍼츠의 법칙Gompertz Law'에 도전할 수 있을 듯하다. 1825년 영국의 수학자 벤자민 곰퍼츠Benjamin Gompertz가 정의한 이 법칙은 인간의 사망 위험이 30세 이후 8년마다 대략 두 배로 증가한다고 주장한다. 하지만 바비와 그녀의 팀은 이 법칙이 105세 이후가 되면 더는 들어맞지 않을 수도 있다는 사실을 발견했다.

또 다른 생물이 곰퍼츠의 법칙에 반기를 든다. 그것은 '벌거숭이두더지쥐'다. 동아프리카의 메마른 사막에서 발견할 수 있는 이 흉측하게 못생긴 분홍색 설치류는 3세나 30세나 죽을 확률이 같다.[14] 이 생물은 지구상에서 가장 오래 사는 설치류로 암에 대한 저항력이 매우 높다. 미국 샌프란시스코의 구글에서 분리된 항노화 자회사인 칼리코Calico에서 실시한 2018년 연구에 따르면 벌거숭이두더지쥐는 다른 생물들과 같은 방식으로 늙지 않는다.

벌거숭이두더지쥐는 소위 '미미한 노쇠'라고 알려진 것을 지니고 있다. 비록 이것에 관하여 무수히 많은 이론이 나왔지만 우리는 그 이유를 모른다. 불멸의 경로를 연구하기 위해 '미미한 노쇠 설계를 위한 전략 연구 재단SENS, Strategies for Engineered Negligible Senescence Research Foundation'을 설립한 긴 수염의 노인학자인 오브리 드 그레이Aubrey de Grey 박사는 벌거숭이두더지쥐들은 세포의 손상이 발생할 때 손상된 세포를 수리한다고 믿는다. 드 그레이는 '지금 살아 있는 50세나 60세인 사람 중 누군가는 1,000세까지 살 것으로 믿는다'는 유명한 말을 했다. 그는 쥐의 수명을 전례 없이 늘릴 수 있는 연구원을 격려하기 위해 2003년 '므두셀라 쥐 상Methuselah Mouse Prize'을 제정했다.

드 그레이는 논란의 여지가 있는 인물이다. 므두셀라 쥐 상이 제정된 지 2년이 지나 존경받는 〈MIT 테크놀로지 리뷰MIT Technology Review〉의 편집자인 제이슨 폰틴Jason Pontin은 드 그레이의 '미미한 노쇠 설계를 위한 전략'이 환상에 불과하다는 것을 증명할 수 있는 분자 생물학자에게는 상금 2만 달러를 주겠다고 제의했다. 그러나 지원자 중 누구도 SENS를 완벽하게 반증했다고는 판단되지 않았다. 기업가 겸 투자자인 짐 멜론Jim Mellon은 '드 그레이의 예언 중 일부가 서서히 현실의 영역으로 들어오고 있다'고 말했다.[15] 그러나 폰틴은 많은 과학자들처럼 현재 우리가 생각할 수 있는 어떤 기술을 동원하더라도 세포핵을 재설계하려는 드 그레이의 열망은 실현 불가능하다고 여전히 믿고 있다.

## 젊음의 특효약이 될 화합물

"인간의 수명에는 최고치가 없어요."

하버드 의대 유전학 교수인 데이비드 싱클레어David Sinclair가 호주인 특유의 부드러운 어조로 말했다. "그렇고말고요." 그는 어깨를 으쓱했다. "역사를 돌이켜 보면 약 120세까지 산 사람이 분명히 있어요. 하지만 그것은 1900년에 인류는 결코 동력 비행을 할 수 없을 거라고 말하는 것과 같아요." 그는 자신의 주장을 입증하려는 듯 싱글거리며 커다란 사진 하나를 탁자 맞은편에 있는 나에게 쓱 밀어주었다. 흑백사진 속에 있는 그들은 세계 최초로 비행기 발명에 성공한 라이트형제였다.

나는 약간 긴장해서 숨을 깊이 들이마셨다. 우리는 깔끔하게 쌓아올린 책들로 빙 둘러싸인 싱클레어 사무실에 앉아 있지만 그의 매력적인 성격은 방보다 더 큰 것 같았다. 비록 전화상으로 길게 통화한 적은 있지만 이렇게 마주해 보니 그는 내가 생각했던 것보다도 훨씬 열정적이었다. 강단 있고 꼬마 요정처럼 생긴 그는 '완전 이상해'라고 쓰인 짙은 회색 티셔츠를 입고 있었다. 그는 조용히 말하지만 카리스마 넘치는 분위기로 자신의 커다란 포부를 강력하게 선언할 줄 알았다.

싱클레어는 젊은 나이에 크게 성공한 사람이다. 불과 48세에 그는 이미 생명공학 회사를 9개 설립했고, 특허 35개를 따낸 발명가이며, 〈타임〉이 선정한 세계에서 가장 영향력 있는 100인 중 한 명으로 이름을 올렸다. 그는 세계적인 상호 심사 저널에 이름을 올리기도 했다. 표창장과 잡지 기사로 만든 액자가 벽을 가득 장식했다. 싱클레어는 내가 만났던 대부분의 과학자들처럼 조심스럽게 자제하며 말하지 않았다. 그는 매우 패기만만하며 장난치는가 싶을 정도로 낙관적으로 보였다.

싱클레어는 레오나드 구아란테 교수 밑에서 사회생활의 첫발을 내디뎠고, 그가 이룬 성과는 구아란테의 연구실에서 관여했던 시르투인의 발견에서 어느 정도 영감을 받았다. 그 이후 그는 여러 가지 화합물의 열렬한 지지자가 되었으며 그중 일부는 제약회사들이 자세히 검토하곤 했다. 싱클레어가 지지하던 최초의 화합물 중 하나는 적포도주에서 발견되는 산화방지제로서 강력한 시르투인 활성제로 알려진 레스베라트롤Resveratrol이었다.[16] 레스베라트롤을 투여

한 쥐는 다른 쥐들보다 훨씬 더 오래 살았다. 그러나 사람이 같은 효과를 보려면 수백 잔의 포도주를 마셔야 할 것이다. 싱클레어는 쥐가 그것을 고단위로 섭취해 매끈해지고 운동력이 좋아졌다고 주장하지만 사람이 고단위로 복용해도 안전하다는 것을 아직은 아무도 확실하게 증명하지 못했다.

레스베라트롤에 대한 회의론이 일부 시장에 존재한다. 2010년 글락소스미스클라인GlaxoSmithKline사는 싱클레어가 설립한 시트리스 제약회사Sirtris Pharmaceuticals의 인수를 통해 사들인 레스베라트롤의 특허 제조방식에 대한 임상시험을 중단했다. 부작용에 대한 우려 때문이었다.[17] 그러나 건강식품점에서 레스베라트롤을 구매하는 미국인들을 내가 얼마나 많이 만났는지는(공교롭게도 모두 남자였지만) 주목할 만하다. "10년 안에 이 중 어떤 것이 기적 같은 제품이고, 어떤 것이 쓰레기 같은 제품인지 훨씬 더 분명해질 겁니다"라고 최근에 누군가 내게 말했고 나는 다음과 같이 대답했다. "하지만 그때쯤이면 나는 죽었을 거예요."

이에 굴하지 않고 싱클레어 연구소는 노화를 늦출 수 있는 다른 여러 가지 분자들을 연구하고 있다. 하나는 프렌치 라일락French lilac에서 추출한 처방약인 메트포르민Metformin이다. 이 약은 인슐린 호르몬에 대한 민감도를 높이고 혈당 수치를 낮추기 때문에 당뇨병 환자들이 널리 복용한다. 하지만 메트포르민은 그보다도 예상치 못한 다른 효력을 갖고 있다. 그것은 어떤 암의 성장을 더디게 하는 것으로 보인다. 카디프 대학교Cardiff University의 2014년 연구에서 메트포르민을 복용한 제2형 당뇨병 환자가 그렇지 않은 비당뇨병 환자보다 더 오래 산다는 사실을 발견했다.[18] 이것은 당뇨병 환자뿐만 아니라 모든 사람에게 잠재적으로 큰 영향을 미칠 수 있는 그야말로 놀라운 발견이다. 왜냐하면 나이 들수록 우리의 장기는 인슐린에 대한 저항성이 커지기 때문이다.

메트포르민은 이제 노화를 늦추려는 임상시험을 선도하는 화합물로 꼽힌다.[19] 미국 노화연구소US Institute for Aging Research의 설립자인 니르 바르질라이Nir Barzilai 박사는 당뇨가 없는 노인들을 대상으로 메트포르민을 복용하는 집단이 복용하지 않는 대조군에 비해 나이와 관련된 질병이 늦게 나타나는지를 확인하는 임상시험을 이끌었다. 바르질라이의 목적은 규제 당국이 노화를 하나의 특수한 상태로 승인하도록 설득하는 것이다. 만약 그들이 승인한다면 노화 자체가 미래 의약품의 대상이 될 수 있을 것이다.

분명히 말하자면, 설치류는 사람과 다르므로 메트포르민의 효과를 분명히 주장하려면 임상시험이 필요하다. 대만의 한 연구에서는 메트포르민을 12년 이상 복용한 당뇨병 환자는 파킨슨병과 알츠하이머병에 걸릴 위험이 더 클 수 있다고 경고했다.[20] 하지만 나는 처방전 없이 온라인에서 메트포르민을 구매해 복용하고 있다고 말하는 장수 분야의 권위자들을 만난 적이 있다.

싱클레어가 최근 발견한 것 중 하나는 브로콜리와 양배추에서 발견되는 화합물이다. NMN(nicotinamide mononucleotide, 니코틴아마이드 모노뉴클레오타이드)으로 불리는 이 물질은 우리 몸이 그것을 경이로운 분자인 NAD로 변환하기 때문에 칼로리 제한의 효과를 모방하는 것처럼 보인다.

싱클레어는 최근 그의 팀이 쥐에 NMN을 주입한 실험을 설명하면서 크게 고무되었다.[21] 그들은 두 살짜리 쥐의 조직과 근육에서 찾아낸 노화의 징후들이 넉 달 된 쥐와 차이를 더는 구별할 수 없을 정도까지 바뀐 것을 발견했다. 그는 "늙은 쥐의 세포와 젊은 쥐의 세포를 구별할 수 없었어요"라며 신이 나서 그 내용이 게재된 〈셀Cell〉 한 부를 내게 건네주었다. "쥐들은 더 날씬해지고, 에너지가 더 많아졌으며, 트레드밀에서 더 멀리 달릴 수 있었습니다."

임상시험은 곧 시작될 것이다. 만약 그것이 순조롭게 진행된다면 싱클레어는 3년에서 5년 사이에 안전한 약이 출시될 수 있을 것으로 예상했다. 그는 "NMN이 광의의 비타민 B3 계열처럼 보조제이므로 이미 상당히 안전합니다. 우리는 잃어버린 것을 단순히 보충하는 거예요"라고 주장했다. 그는 자신의 말이 강력한 증거가 되지 않는다는 것에 동의하면서도 자신도 NMN을 복용하고 있으며 피곤을 덜 느낀다고 말했다.

그렇다면 그가 NMN, 레스베라트롤, 메트포르민 이 3가지 화합물에 대해 그렇게 확신하는 이유는 무엇일까? 싱클레어가 가장 오랫동안 시행했던 임상시험의 대상은 바로 자신의 아버지였다. 싱클레어 아버지는 10년 넘게 이 분자 중 일부를 복용하고 있었다.

"아버지는 1956년 헝가리 혁명을 피해 호주로 갔어요. 그는 장수를 기대하지 않았어요. 할머니가 마지막 10년을 양로원에서 보냈거든요. 우리 집안은 당신이 끔찍한 유전자라고 생각할지도 모를 것을 지니고 있어요. 그는 67세에 은퇴하고 몇 년 동안 여행하려고 생각했지요. 아버지는 12년 전부터 레스베라트롤을 복용하기 시작했어요. 아버지는 연구를 믿는다고 인정하지 않았지만 '내가 잃을 게 뭐 있겠니?'라고 말했답니다."

싱클레어는 책상 위 오른쪽으로 팔을 뻗었다. 그는 산비탈 위에서 활력 넘치는 모습으로 웃고 있는 세 명의 등산객을 담은 사진 액자를 집어 들었다. 젊어 보이는 한 사람이 바로 그의 아버지였다. "11개월 전에," 그가 천천히 말문을 열었다. "아버지는 NMN을 복용하기 시작했어요. 무슨 일이 일어났는지 살펴보면 놀라워요. 그는 78세인데 친구들은 대부분 세상을 떠났거나 아니면 주변을 겨우 걸어 다닐 정도지만 아버지는 스스로를 30대 때보다 더 젊게 느끼고 있어요. 등산하고 급류타기도 하러 다니거든요. 그는 피곤해하지 않고 체육관에 갑니다. 거기서는 자신이 속한 그룹에서 가장 건강한 사람 축에 들어요."

싱클레어는 자신도 10년 동안 레스베라트롤을 복용했고 다른 가족들도 이 분자 중 몇 가지를 복용한다고 설명했다. 다른 과학자들은 그 정도까지 확신하지 않았다. 그들은 어떤 당뇨병 환자들을 상대로 메트포르민이 소화불량과 설사를 유발하여 복용을 중지했고, 글락소스미스클라인사가 2010년 실험을 중단했다는 사실을 지적했다. 그들은 싱클레어가 효과가 제한적일 수밖에 없는 화합물을 과잉 선전하는 것은 아닌지 우려했다.

하지만 싱클레어는 낙관적이었다. 그는 인사이드 트래커Inside Tracker라는 회사에서 얻은 정보를 근거로 지난 2년 동안 자신의 신체적 나이가 줄어들었다고 말했다(그는 유전자 데이터를 분석하기 위하여 AI를 이용하는 이 회사의 이사회 구성원이다). 그리고 그는 이 화합물들이 단지 시작에 불과하다고 믿는다.

싱클레어는 어떤 정해진 순간에 특정 유전자가 활성화되도록 조절하는 우리 몸 안의 시스템인 후성유전체Epigenome에 매료되었다. 우리가 젊었을 때 이 시스템은 화학 신호들을 발사하고 '파괴자'들을 궁지로 몰아넣으며 효율적으로 작동한다. 그의 설명에 따르면 우리가 나이 들수록 이러한 신호들은 후성적 '소음'에 의해 혼란스러워지고 결국 노쇠로 이어진다. 싱클레어는 일광 노출과 방사선이 모두 후성적 소음을 유발한다고 말했다. 그는 그런 이유로 공항 검색대를 거치지 않으려고 한다. 그가 자신이 하는 일을 공항 직원에게 설명하자 그들은 그가 옆으로 돌아가도록 허락했다고 내게 말해주었다. 이 이야기를 들은 후부터 물어보기에는 좀 쑥스럽지만 나도 공항 검색대를 피해야만 하는지 궁금해졌다.

싱클레어 연구소는 복구자와 파괴자가 작동하는 후성적 경로를 일부 해독하는 작업을 하고 있다. 레스베라트롤과 메트포르민은 후성적 경로를 자극하여 시르투인의 생산을 촉진한다.

## 최초의
## 인간 노화 실험

2014년, '최초의 인간 노화 시험'으로 불리는 이 시험에서 남태평양 이스터섬의 토양에서 발견된 박테리아로부터 추출한 약을 65세가 넘는 호주인과 뉴질랜드인 수백 명에게 나누어주었다. '라파마이신Rapamycin'이라는 단어는 이스터섬의 현지어인 '라파 누이Rapa Nui'를 차용하여 만들었다. 의사들이 장기이식 거부 반응을 막기 위해 수년간 면역 억제제로 사용한 이 약은 또한 쥐의 수명을 20퍼센트 연장하는 것으로 나타났다.[22]

연구원들은 독감 백신을 맞으려는 환자들에게 라파마이신의 파생 제제를 제공했다. 그들은 환자들의 면역체계가 마치 더 젊어진 것처럼 동료들보다 더 효과적으로 반응한다는 사실을 발견했다.[23] 이것은 매우 중요한 발견이었다. 라파마이신은 나이 들면서 발생하는 면역체계의 쇠퇴를 늦추는 것처럼 보인다. 그것은 신진대사를 조절하는 유전자의 집합체인 엠토르mTOR, mammalian target of rapamycin(포유류 라파마이신 표적 단백질_옮긴이) 복합체라고 불리는 것을 억제함으로써 작용한다.[24] 엠토르를 억제하면 칼로리 제한과 유사한 효과를 달성하고 세포를 생존 상태로 밀어 넣어 수명을 연장한다.

이 과정은 엠토르를 노화 연구의 중요한 대상으로 만들었다. 부작용을 일으키지 않고 엠토르를 부드럽게 억제할 방법을 찾기 위한 추적 작업이 진행중이다. 심지어 라파마이신이 중년 개들의 수명을 연장할 수 있는지 알아보기 위한 연구도 현재 시애틀에서 진행되고 있다.

## 신체 재생을 위한 줄기세포

오랜 사용으로 못쓰게 된 신체를 대신하여 새로운 장기를 만들기 위해 줄기세포를 사용할 가능성에 대해 많은 논의가 있었다. 이들 중 일부인 '만능' 줄기세포는 몸 안의 다른 세포를 만드는 데 사용될 수 있다. 그것들은 나이로 인해 이미 약시인 사람들의 시력 감퇴를 고치고,[25] 척수 손상을 치료하는 데 사용됐다. 만약 그것들을 더 많이 만들 수 있다면 노화의 시계를 다시 맞출 수 있을 것이다. 예를 들어, 새로운 콩팥을 만들기 위해 만능 줄기세포를 사용한다면 신체 스스로 자신의 장기를 키우는 것이기 때문에 신체가 장기이식을 거부할지에 대한 일반적인 걱정을 하지 않아도 된다.

제브라피시Zebrafish(인도에 서식하는 담수어_옮긴이)는 이미 그렇게 하고 있다. 그것들은 자신의 심장 조직을 재생시킬 수 있다. 런던 킹스칼리지의 과학자들은 제브라피시가 심장을 재생하는 방법과 성인 세포가 손상된 피부를 회복하는 방법 사이에서 상당한 유사점을 발견했다. 게다가 일본의 과학자 신야 야마나카Shinya Yamanaka가 성숙한 성인 세포를 다시 조작하면 만능 줄기세포가 될 수 있다는 것

을 증명했기 때문에 배아를 채취하는 윤리적 딜레마를 피할 수 있게 됐다.[26]

어떤 장기든 안전하게 재생할 수 있을 때까지 적어도 10년은 걸릴 것이다. 임상시험을 거친 줄기세포 치료법은 거의 없으며, 일부 환자들이 시력을 향상시킬 수 있다고 주장하는 치료를 받고 눈이 멀었다는 보고와 함께 전 세계에서 의심스러운 치료가 급증하는 등의 우려가 커지고 있다.[27] 이것은 과학이 규제 당국보다 더 빨리 움직일 때 언제나 나타나는 위험이다. 그러나 데이비드 싱클레어와 같은 과학자들은 규제 당국이 노화에 대해 완전히 다른 접근법을 취할 필요가 있다고 주장한다.

## 노화는 질병인가?

내가 이 장에서 간추려 설명한 발견들은 노화가 단순히 시간이 지남에 따라 결함들이 불가피하게 축적된 것이 아니라 부분적으로 치료할 수 있는 증후군이 될 수 있다는 것을 암시한다. 많은 생체노인학자들은 노화 자체가 질병으로 분류되어야 한다고 생각한다.

전통적인 의학은 암, 심장병, 뇌졸중 같은 질병을 치료할 때 한 번에 한 가지씩 치료한다. 하지만 우리가 가까스로 하나를 치료한다고 해도 그 대신 다른 질병이 우리에게 닥칠 것이므로 그것은 우리에게 단지 4~5년의 여생을 가져다줄 뿐이다.[28] 심장마비로 인한 사망률이 곤두박질치는 것은 대단히 성공적이지만 치매에 더 많은 미래의 희생자를 제물로 바치고 있다. 암도 마찬가지다. 그 이유는 이러한 질병의 주요 원인이 노화이기 때문이다.

우리는 지금까지 노화란 수정할 수 없는 변수라고 생각했다. 하지만 우리가 건강 수명 기간을 크게 늘리려면 반드시 노화의 개념을 수정해야만 한다. 싱클레어, 케넌, 구아란테와 그들의 동료들은 우리가 노화의 바탕을 이루는 생물학을 목표로 삼을 가능성을 제시하고 있다. 그들은 기근과 같은 스트레스에 대응하여 세포와 조직을 보호하는 고대 유전 회로를 작동시킴으로써 전체 유기체를 회생시킬 수 있었다. 따라서 그러한 회로를 열어주는 노화 방지약은 단지 한 가지 질병이 아니라 여러 가지 질병의 진행을 늦출 수 있다.[29] 그러나 대부분의 연구 자금은 여전히 노화 자체보다는 개별적인 질병에 사용되고 있다. 싱클레어는 노화 연구에 대한 투자금은 심장병과 당뇨병에 주어지는 투자금의 약 100분의 1이라고 주장하며 다음과 같이 말했다.

"의료기관은 반대예요. 그들은 내가 하려는 일이 불가능하거나 새롭지 않다고 생각합니다. 21세기 의학의 비극은 한 번에 한 가지 질병만을 다룬다는 데 있어요. 노화 연구 공동체가 취하는 접근 방식은 하나의 장기나 조직, 신체의 한 측면만을 살아 있게 하려는 것이 아니라 쇠약과 질병에 대한 신체의 자연적인 방어력을 이용하여 모든 장기를 건강하고 젊게 탄력적으로 유지하자는 겁니다. 그러면 우리는 당뇨병약을 먹을 수 있지만 부작용으로 암에 걸리지는 않을 것입니다. 그렇게 되면 우리 아버지가 78세에 산에 올랐던 것처럼 많은 사람이 산에 오를 수 있을 거예요."

사람들이 노화를 막을 수 없다고 생각할 때 그것은 노화 방지약을 출시하려는 과학자들에게 어려운 장애물이 될 것이다. 또한 규제 기관은 미리 정의된 질병을 대상으로 하는 약품만 허가할 것이다. 규제 기관은 노화를 치료하는 것은 물론 관리할 수 있다고 생각하지 않기 때문에 노화를 질병으로 정의하지 않았다. 이런 상황에서는 제약회사들이 발명품에 대한 판매 허가를 받지 못할 수 있으므로 그들에게 노화에 투자하라고 설득하는 것은 어려운 일이다.

세계보건기구는 20년마다 질병 분류 방법을 갱신한다. 노화를 특정 조건으로 포함하도록 설득하기 위해 방대한 로비 과정이 현재 진행 중이다. 그러나 암이나 알츠하이머병에 대한 연구비를 마련하려고 투쟁하는 운동가들은 귀중한 자금이 헛수고로 전환될 수 있다고 우려한다. 의심스러운 치료법을 퍼뜨리면서 노화 방지 세계에 가짜 약 판매원이 넘쳐나는 것은 회의론에 도움이 되지 않는다. 또한 건강한 노년의 가능성을 높이는 것이 찾기 힘든 불로장생약을 찾는 것보다 더 정당하고 가치 있는 것처럼 보인다. 빌 게이츠가 말했듯이 "이 세상에 아직 말라리아와 결핵이 있는데 부유한 사람들이 더 오래 살 수 있도록 자금을 대는 것은 매우 이기적인 것처럼 보인다."[30]

건강한 수명을 연장할 수 있는 약물의 잠재적인 이익은 엄청나다. 특정한 조건을 갖춘 노화가 질병으로 규정된다면 이것은 제약 업계의 상당한 투자를 촉발시킬 수 있다. 그것은 또한 우리의 생각하는 방식을 바꿀지도 모른다. 우리는 보통 노년에 접어들기 훨씬 전부터 노년을 두려워하기 시작한다. 우리가 더 오래, 더 잘 살 수 있는 기회를 높일 수 있다면 엄청나게 자유로워질 것이다. 중요한 것은 다름 아닌 우리가 '우리 삶의 마지막 10년을 체험하는 방법'에 대한 혁명이다.

## 우주의 새 주인들

이 책을 쓰는 동안 나는 여기에서 언급한 많은 화합물을 복용하는 사람들을 놀라울 만큼 많이 만났다. 그들은 대부분 상류 클럽의 회원들로 연구 논문을 읽고 위험을 무릅쓰기로 한 부유하고 교양 있는 사람들이다. 그중 몇 사람과 이야기를 나누면서 나는 노화를 극복하는 것이 아마도 궁극적인 지위의 상징이라는 생각을 하지 않을 수 없었다.

이러한 화합물들이 효과가 있다고 광범위하게 입증되면 그것들이 부자들의 전유물이 되지 않도록 하는 것은 지극히 중요하다. 싱클레어는 FDA가 승인한 항노화 약품 생산에 성공한다면 이를 널리 보급할 것이라며 "선진국에만 보급하는 게 아니에요. 내 생각에

이 약품은 너무나 중요하므로 살 수 있는 사람들에게만 제공할 수도 없고 지구상의 넓은 지역을 빼버릴 수도 없어요"라고 말했다. 그것은 칭찬받을 만한 야심이다.

항생제가 20세기에 그랬던 것처럼 노화 방지약은 21세기에 세상을 바꾸어놓을 중요한 약이 될 것이다. 그리고 노화 방지라는 우주를 지배하는 회사가 아마도 구글과 아마존의 경쟁 상대가 될 만한 세계 최대의 회사가 될 것이다. 이 우주를 주목하라!

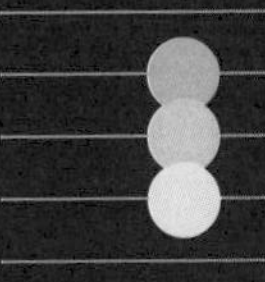

7장

# 모두에게 이웃이 필요하다

"세상에 대한 참여의식을
절대 포기해선 안 된다."

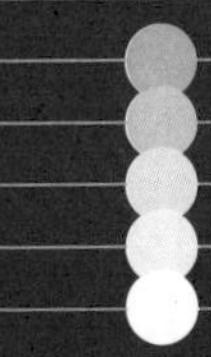

"다음의 두 가지 주장 중 어느 것에 더 동의하십니까? 첫 번째는 일반적으로 사람 대부분을 신뢰할 수 있다, 두 번째는 일반적으로 사람을 상대할 때 가능한 한 조심해야 한다."

이 질문을 유럽의 14개국 주민들에게 던졌을 때[1] 첫 번째 주장에 동의하고 다른 사람을 신뢰하는 사람들이 의심하는 경향이 있는 사람들보다 훨씬 더 건강한 것으로 나타났다. 세계보건기구의 연구원들은 가장 긍정적인 사고방식과 최고의 건강 상태를 이웃 간의 신뢰, 반복적인 상호작용, 서로 도와주기 등 '사회자본Social capital'이 높게 형성된 지역에서 발견했다.

'건강한 노화의 핵심은 관계, 관계, 관계다'라고 하버드 성인발달 연구Harvard Study of Adult Development를 이끌었던 정신과 의사 조지 베일런트George Vaillant는 강조했다. 80년에 걸친 이 연구는 하버드 대학생 그룹과 도시의 끝과 끝 서로 다른 지역에 살았던 가난한 시민들의 삶을 평생 추적했다. 공장 노동자가 된 사람이 있는가 하면 변호사가 된 사람도 있었다. 몇 사람은 중독자가 되기도 했고, 또 다른 몇 사람은 정신병을 앓았다. 어떤 사람은 보스턴 빈민가에서 사회의 최정상 위치까지 성공했는가 하면 정반대 방향의 길을 간 사람들도 있었다. 그러나 그들의 마지막 모습이 어떠하든 소외감을 느꼈던 사람들보다 사회적 관계가 끈끈했던 사람들이 더 행복했고, 더 오래 살았으며, 신체적으로 더 건강했다.

"연구를 시작했을 때 그 누구도 공감이나 애정에 관심을 두지 않았습니다"라고 베일런트는 말했다. 하지만 행복한 결혼 생활과 단단한 친구 관계가 필수적인 것으로 밝혀졌다. 그는 중요한 것은 관계의 수가 아니라 질이라는 사실을 발견했다. 의지할 수 있는 사회적 관계가 있다고 생각하는 사람들은 80세에도 정신이 또렷했고, 신체적 고통에 시달릴 때조차 더 행복하다고 알려졌다.

의지할 친구가 있다는 안정감보다 스트레스에 더 좋은 완충장치는 없을 것이다. 그것이 바로 오키나와 사람들이 모아이 모임을 통해 얻은 것이며(13쪽 참조), 우리 모두에게 필요한 것이다. 자녀들이 직업을 찾아 집을 떠나고 배우자와 친구들이 사망했을 때 의지할 사람이 지리적으로 아주 가까운 곳에 없다면 우리 중 너무나 많은 사람들이 소외될 것이다. 사회적 관계가 부족하면 하루에 담배 15개비를 피우는 것만큼 건강에 나쁘다고 한다.[2]

나의 아버지는 이런 점에서 지극히 운이 좋았다. 그는 세상을 떠나기 15년 전, 런던의 내가 사는 집에서 모퉁이만 돌면 되는 가까운 곳에 살았다. 그러나 그는 소란스러운 위층 이웃에 시달리더니 어느 날 갑자기 살던 집을 떠나 작은 집들과 좁은 거리가 있어 시골 마을 분위기를 물씬 풍기는 런던의 한 동네로 이사했다. 아버지는 그곳에 이미 친구가 한 명 있었고 더 많은 친구를 빠르게 사귀었다. 그들은 모두 아버지보다 상당히 젊었다. 한번은 어느 이웃 사람이 평소와는 달리 길에서 그를 보지 못했다는 사실을 깨닫고 급히 아버지 집으로 달려가 아버지의 목숨을 구했다(그는 보조 열쇠로 집 안으로 들어가 목욕통 속에 갇혀 있던 아버지를 발견했다). 아버지의 장례식에는 내가 한 번도 들어본 적 없는 사람들이 참석했다. 장례식은 우리 모두 동네 식당으로 가기 전에 지역 교회에서 열렸다. 그곳은 마치 세계에서 가장 큰 도시의 한 가운데 자리 잡은 오래된 시골 마을 같았다. 그곳에 진정한 이웃이 있었다.

## 다시
## 이웃 만들기

옛날에 이웃이란 우리가 안전하다고 느낄 수 있는 그런 장소였다. 그곳에서는 사람들이 서로 보살펴주고 상황이 좋지 않을 것 같으면 미리 알려주곤 했다. 커튼을 살며시 젖히고 조심스레 밖을 살펴보는 수다스러운 노처녀들이 가득한 빅토리아 시대 소설의 한 장면처럼 그곳은 때때로 답답할 수도 있지만 요즘 세상만큼 외롭지는 않았다. 익명의 도시 생활 등장, 가족의 해체 그리고 조직화한 종교의 쇠퇴는 자연스러운 만남의 장소를 없애고 세대를 분리했다. 외로움과 불안은 건강에 해롭다.[3] 한 연구에서는 그것들로 심지어 치매를 예측할 수 있다고 한다.

사람들은 공동체를 다시 만들고 싶은 갈망이 엄청나다. 이런 모습은 어디에서나 볼 수 있다. 하지만 보통 그것을 어떻게 해야 할지 확신이 서지 않는다. 당신은 그들에게 모임에 가입하라고 강요할 수 없다. 인간은 자존심이 강한 존재이므로 자신이 외롭다고 흔쾌히 인정하는 사람은 거의 없다. 그렇다면 우리는 어떻게 해야 할까?

네덜란드 학자인 릴리안 린더스Lillian Linders는 의존을 두려워하거나 자립을 이상적으로 생각하기 때문에 도와달라고 요청하는 것을 꺼리는 현상인 소위 '부탁 망설임'에 대한 연구 내용을 발표했다. 그녀는 네덜란드의 비교적 가난한 공업지역을 연구하면서 그곳 주민들은 대체로 다른 사람들을 도와줄 준비가 기본적으로 되어 있다는 사실을 발견했다. 하지만 사실상 실제로 도와주는 일에는 신중했다. 린더스는 이것을 '도움 망설임'이라고 정의했다. 그러나 상대방이 부탁 망설임을 극복한다면 그들은 기꺼이 도와줄 것이며, 만약 그 사람들이 가까운 곳에 산다면 그렇게 할 가능성이 훨씬 더 클 것이었다.

몇 년 전, 나는 50세 이상의 외로운 사람들이 서로 봉사하는 것을 도와주기 위해 런던 남부에 설립된 서더크 서클Southwark Circle을 방문했다. 그곳에서 나는 스페인 여성으로부터 언어 수업을 받는 한 노인을 만났다. 두 사람 모두 그가 어휘를 익히지 못해 낙담하는 바람에 폭소를 터뜨리고 있었다. 하지만 사실 스페인어가 목적은 아니었다. 서더크 서클에 대한 평가에서 그 조직 덕분에 외로운 사람들이 새로운 유대관계를 만드느라 '중요하지 않은' 일로 지역 보건의를 방문하는 횟수가 줄었다고 한다. 이와 같은 회원제 조직들은 상호 교류에 기반을 두고 있으므로 우리의 타고난 망설임을 극복하는 데 도움이 된다.

20년 전 매사추세츠 주 보스턴시의 비컨 힐에서 한 무리의 중년들은 이미 자신들이 제 역할을 하는 이웃들과 함께 살고 있다는 사실을 깨달았다. 만약 주민들 사이의 유대관계를 강화할 수만 있다면 그들은 자기 자신과 서로를 보살피면서 자신의 집에서 여생을 보낼 수 있겠다고 생각했다. 그래서 그들은 '비컨 힐 빌리지Beacon Hill Village'라고 불리는 회원제 조직을 만들었다. 현재 이 단체는 전 세계에 350개가 넘는 또 다른 '빌리지'를 낳았다.

## 자립적이며 자발적인 협력의 마을

보스턴시 조이 스트리트Joy Street에서 84세의 수잔 맥위니 모스Susan McWhinney Morse는 1999년 어느 날 저녁 자신들의 부모가 인내하며 견뎠던 노년 생활에서 탈출할 방법을 찾으려고 지역 주민 열 명과 함께 가졌던 모임에 대해 자세히 들려주었다.

"우리 모두 부모님에 대한 경험들을 나누었어요." 수잔이 말했다. "양로원이 외딴 데 위치하고 사람들이 적대시하는 상황에 실망했어요. 우리는 사회 복지 기관보다 무엇이 필요한지 더 잘 알고 있답니다. 그리고 우리는 우리의 몸과 마음을 계속 움직일 수 있기를 바랐어요."

그날 저녁에 만난 사람들의 나이는 55~80세였다. 일부는 은퇴했고 일부는 아직 일하고 있었다. 그들은 사교 행사를 개최하고, 건강을 유지하기 위해 운동 수업 시간을 마련하며, 매주 식료품 쇼핑 여행을 하고, 진료 예약 장소로 이동할 차편을 제공할 수 있는 단체를 만들기로 했다.

그렇게 해서 비컨 힐 빌리지가 탄생했다. 마을 한가운데를 차지하고 있는 역사적인 담쟁이덩굴로 뒤덮인 연이은 주택들과 구식 호롱불 가로등이 줄지어 있는 길은 프리덤 트레일Freedom Trail을 찾아 매사추세츠 주 의사당Massachusetts State House으로 올라가는 관광객들의 눈을 사로잡는다. 그날은 날씨가 쌀쌀했다. 나는 레드 라인Red Line 지하철의 찰스Charles역에서부터 걸어 올라갔는데 빨간색 벽돌의 가파른 보도는 미끄러웠다. 그 언덕들은 샌프란시스코만큼 가파르고, 눈이 빙빙 돌 정도로 아찔하기로 유명하다. 나는 겨울에 그 조각 돌길이 틀림없이 위험하리라는 것을 알아차렸다. 하지만 수잔은 지팡이에 의지하며 기운차게 이 언덕을 오르내리는 것이 그녀의 유산소 운동이라고 말했다.

"사람들이 뉴욕 사람들은 지하철을 타려고 그 많은 계단을 오르락내리락해서 더 건강하다고 하더군요. 여기도 마찬가지예요. 나는 처음 보는 사람들의 엉덩이에 둘러싸여 있지요. 게다가 나는 듀플렉스Duplex(두 집을 닮은꼴로 나란히 지은 주택_옮긴이)에 산답니다."

검은 비단 셔츠 위에 붉은 튜닉을 입고, 머리 전체가 백발에 검은 테 안경 뒤로 날카로운 눈매를 가진 수잔은 풍채가 자못 당당했다. 그녀는 시어머니가 계신 요양원을 방문한 다음 사람들이 자신의 집에서 생활해야 할 필요성을 확신했다고 한다.

"그곳은 정말 끔찍해요. 우리는 그녀를 데리고 소풍을 나가곤 했어요. 그렇게 해야 그 형편없는 식당에 앉아 있을 필요가 없었지요. 어느 토요일, 우리는 시어머니가 다른 사람들과 아래층에 있다는 말을 들었어요. 우리가 내려갔을 때 그녀는 출입구에서 휠체어에 앉은 채 발바닥을 바닥에 단단히 대고 있었어요. 간호사가 이렇게 말하더군요. '점점 까다로워지시네요. 우리가 밀도록 내버려두지 않아요.' 하지만 발을 바닥에 대고 버티는 일이 그녀가 '아니오'라고 말할 수 있는 유일한 방법이었어요."

비컨 힐 빌리지를 세운 사람들은 17세기에 뿌리를 둔 보스턴의 청교도 정신을 철저히 준수하면서 자립과 자발적인 협력이라는 분명한 원칙을 세웠다. 빌리지는 국가가 아니라 회원들이 운영하고 자금을 조달해야 한다. 또한 모든 사람에게 열려 있어야 한다. 형편이 넉넉하지 않은 사람들이 회비를 낼 수 있도록 도와주려고 은밀히 기금을 모금한 그들은 간접비를 낮게 유지하려 애쓴다. "우리는 결코 부동산을 소유하거나 직원들을 많이 두지 않기로 했어요"라고 수잔은 설명했다. 사무실은 작고 허술했다. 내가 방문했을 때 그들은 승합차를 임차할 것인지를 두고 격렬한 논쟁을 벌이고 있었다.

자립하려는 욕망이 강력한 동기부여의 수단이 되었다. 수잔에게 자녀들과 함께 살려고 한 적이 있는지 물어봤을 때 그녀는 질린다는 표정을 지었다.

"나는 그들이 독립하도록 만드는 데 20년이라는 세월을 보냈어요. 그들은 상근직으로 일해요. 자기 자식들이 있고 복잡하게 살지요. 나는 내 딸아이가 나를 대장내시경 검사를 받도록 데려가는 것보다 그 애와 함께 점심을 먹고 싶어요. 게다가 나는 다른 사람의 계획이 아니라 나의 계획에 따라 밥도 먹고 잠도 자고 일도 하고 산책도 하고 싶어요."

이렇게 단호한 리더들이 있었지만 네트워크를 만드는 것이 결코 쉬운 일이 아니었다. "첫날 저녁 60명이 등록했어요." 수잔이 말했다. "우리는 너무 기뻤어요. 하지만 그다음 달에는 신규 회원이 고작 한 명이었답니다." 그들이 자신들을 '사실상 은퇴한 사람들의 공동체'라고 불렀던 것이 실수였는데 그 말은 마치 한물간 사람들의 모임처럼 들렸다. "아무도 그 말을 좋아하지 않았어요. 그들은 '좀 더 나이가 들어 준비되면 참가할게요'라고 말하곤 했어요. 우리가 주민들이 생각하는 연령차별을 이해하지 못했던 거지요."

그들은 단체명을 바꾸었고 지금은 빌리지에 이웃들의 너그러운 행동에 대한 가슴 따뜻한 이야기가 넘쳐난다. 사람들로부터 많은 사랑을 받고 있는 회원인 티나Tina는 간호사를 은퇴하고 빌리지에 합류했다. 그녀는 결혼해본 적이 없고 믿을 수 없을 정도로 열심히 일했으나 아는 사람이 거의 없었기 때문에 빌리지 생활에 온몸을 바쳤다. 사람들은 빌리지에서 열렸던 그녀의 90번째 생일 파티가 '대단한 파티'였다고 알려주었다. 하지만 2년 후 티나는 넘어져 넓적다리뼈가 부러지는 바람에 병원으로 실려 갔다. 의사는 그녀에게 요양원에 들어가야 한다고 말했다.

"티나는 싫다며 집으로 왔어요"라고 비컨 힐 빌리지의 최고경영자이자 몇 안 되는 유급 직원 중 한 사람인 로라 코너스Laura Connors가 말했다. "하지만 티나의 집은 길에서 현관까지 계단 네 개를 올라간 다음 무거운 문을 밀고 들어가 엘리베이터를 타야만 해요." 티나는 한 친구의 도움으로 간신히 집에 왔지만 침실에 들어갔을 때 침대가 너무 높다는 사실을 깨닫고 빌리지에 전화를 걸었다고 했다. "몇 분만에" 로라가 계속 말했다. "그녀의 현관 앞에 두 그룹의 이웃이 도착했어요. 두 사람은 티나의 침대에서 매트리스를 들어내 바닥에 놓고 그녀가 그 위에 눕는 것을 도와주었어요. 또 다른 사람은 그들이 일하는 동안 티나와 게임을 하며 시간을 보냈지요. 그동안 네 번째 이웃이 몇 군데 전화를 하더니 마침내 티나에게 새 아파트를 찾아주었답니다."

우정과 상호존중에서 나온 이런 활동이 우리가 필요할 때 의지할 수 있기를 바라는 종류의 지원 활동이다. 수잔은 빌리지가 사회 복지 기구가 아니라 자발적 조직이라는 사실을 강조했다. 그녀의 말에 따르면 전국 각지에서 조언해달라는 초청을 받았을 때 이 사실을 계속 설명해야만 했다. "나는 이런 질문을 받곤 했어요. '당신의 고객(우리가 절대 사용하지 않는 단어)이 약을 먹고 있는지 어떻게 압니까?' 또는 '어떻게 하면 낙상하지 않게 할 수 있지요?' 우리는 그런 것들이 중요하다는 것은 알고 있지만 사람들이 스스로 책임질 수 있도록 도와주기 위해 노력한다고 대답했어요."

빌리지는 자원을 균형 있게 사용하도록 조정한다. 예를 들어, 가사 도우미를 소개해줄 수는 있지만 직접 도와주는 것은 아니다. "빌리지에 전화해서 '어떻게 배관공을 구하지요?' 아니면 '사회보장연금은 어떻게 받을 수 있나요?'라고 물어볼 수는 있어요"라고 로라는 말했다. 그럴 때마다 "우리는 진짜 사람 목소리로 대답해요. '배관공 문의는 1번, 사회보장연금 문의는 2번을 누르세요'가 아니라 당신의 말을 듣고 대답하는 상대방은 보통 자원봉사자랍니다."

전직 강사였던 머레이 프랭크Murray Frank는 아내가 세상을 떠난 후 빌리지에 합류했다. "나의 결혼 생활은 아주 좋았답니다. 그게 마음에 큰 구멍을 남겼지요. 누군가가 나를 어느 모임에 데려갔어요. 기본적으로 회의에 참석해서 질문을 던지세요. 그러면 곧바로 위원회에 들어갈 거예요!"라며 그는 씩 웃었다. 그러더니 "무척 오랫동안 나는 혼자서 밖에 나가려고 하지 않았어요. 내가 재미있게 한 일은 동료 회원들과 함께 콘서트에 가는 것이 유일했지요"라며 진지하게 말했다.

트위드 재킷을 말쑥하게 차려 입고 깔끔하게 다듬은 턱수염과 반짝이는 눈을 가진 머레이는 자신이 91세라고 강변했다. 나는 진짜 놀랐다. "당신은 아흔한 살 먹은 사람이 어떻게 생겼는지 몰랐을 겁니다!"라며 그는 만족하다는 듯 껄껄 웃었다. 그는 여행을 하고 사람 만나는 것을 즐긴다. 지난주에는 공공 도서관을 둘러보는 여행에 참여해 그곳에서 예전에는 본 적 없던 이웃 열 명을 만났다.

머레이는 자기 정도의 나이가 되면 종종 투명인간이 된 것같이 느낀다고 말했다. "당신이 백화점 계산대로 걸어갔다고 해요"라면서 그는 강한 보스턴 말투로 느릿느릿 이야기했다. "그리고 거기에 나와 젊은 사람이 있다고 합시다. 종업원이 누구를 먼저 응대하는지 보세요!" 그는 눈을 굴리며 물끄러미 쳐다보았다. 그는 어쩔 수 없이 퇴물로 취급받는 것을 원치 않는다.

"나는 노인 아파트에서 살고 싶지 않아요. 거기에는 모두 노인들만 있어요. 비참하지요. 내가 사는 이곳은 아이들과 일하는 어른들로 둘러싸여 있어요. 그리고 내가 무언가 필요할 때 내게는 빌리지가 있답니다."

이곳 사람들은 자신들이 어떻게 늙어갈지를 정부 기관이 결정하게 내버려두지 않았다. 그들은 스스로 참여해 더 강한 공동체를 만들었고, 그 공동체는 은퇴가 외롭다거나 할 일 없이 빈둥대는 게 아니라는 것을 보여준다. 비컨 힐은 부유한 지역이지만 경제적으로 덜 부유한 곳에서도 비컨 힐 모델의 변형들이 만들어졌다. 그 중심에는 돈으로 살 수 없는 무언가가 있다. 핵심은 단호히 결심한 사람들이 함께 행동하는 것이다. 수잔은 머레이를 '건장한 아저씨'라고 다정스럽게 말한다. 그는 농담조로 그녀를 '수녀원장'이라고 부른다.

"우린 엄청나게 운이 좋았어요." 수잔이 곰곰이 회상하며 말했다. "하지만 나는 사람들이 함께하면 산도 들어 옮길 수 있다고 철석같이 믿고 있답니다."

## 미래를 위한 네트워크 공동체

여전히 많은 사람들이 은퇴 후에는 해변으로 이사해 정원을 가꾸며 사는 것을 꿈꾼다. 그러나 그들은 인생의 그 시기에 물러나기보다는 그들이 상상한 것보다 실제로 훨씬 더 길어질지도 모를 미래를 위하여 네트워크를 더 넓게 구축할 필요가 있다. 호주와 미국에서 한 가지 답은 '은퇴 빌리지'를 짓는 것이다. 그곳에서는 부부가 골프 카트로 윙윙 돌아다니며 요가 수업을 듣고, 만약 배우자가 사망한다면 새로운 연인에게 구애할 수도 있다.

은퇴 빌리지의 성공은 숫자로 드러났다. 호주인들은 영국인들보다 10배나 많은 사람, 즉 65세 이상 인구의 5.7퍼센트가 그처럼 특별한 목적으로 지어진 은퇴 공동체에 살고 있다.[4] 호주에서 은퇴 빌리지는 의학적 도움과 의료 시설에 쉽게 접근하고 싶어 하는 사람들과 건강을 염려하는 사람들에게 특히 인기 있는 선택지다. 빌리지 주민의 70퍼센트 이상이 자기 집에 설치된 비상 통화 버튼을 사용했다. 호주의 빌리지는 기존 지역사회 근처에 위치하는 경향이 있고 주민의 절반 이상이 10킬로미터 이내에 자신의 집이 있다.[5]

이런 빌리지와 똑같이 닮은 마을들이 중국에서 '골든 하이츠Golden Heights' 또는 '골든 선샤인Golden Sunshine'과 같은 이름으로 현재 지어지고 있다. 이것들은 플로리다에 있는 최초의 '선 시티Sun City' 은퇴 공동체와 연결되어 있다. 일부는 보험회사들의 지원을 받는다. 베이징의 동쪽 외곽에 있는 빌리지 한 곳은 더 안심할 수 있도록 병원 주변에 지어졌다. 유럽에서는 이보다 작은 규모로 공동 구역을 빙 둘러 독립된 자가 주택이 있는 형태로 관리인이 24시간 지키는 흔히 '보호 주택'이라고 불리는 빌리지가 있다.

이러한 개발 단지 중 일부는 잘 설계되어 있다. 그것들은 현금이 있고 성인 자녀들에게 부담을 주지 않으려는 사람들에게 위안을 준다. 하지만 그것들은 값이 비싸서 언제나 소수의 사람들에게만 공급될 것이다. 도시에서 멀리 떨어진 곳에 있는 빌리지는 은퇴하지 않으려는 사람들에게는 어울리지 않는다. 그래서 많은 단지에서는 끈끈한 공동체 의식을 만들려고 안간힘을 쓴다. 그것이 공동체를 약간 인위적으로 왜곡하면서까지 주민들은 반드시 65세가 넘어야 한다고 종종 주장하는 이유이기도 하다. 하지만 그것은 주민들이 어떤 합의된 철학을 추구하는 것이 아니라 대부분 그 시설물을 믿었기 때문이다.

다른 접근법은 1960년대에 덴마크와 네덜란드에서 시작했다. 개인들이 모여 독립된 자기 주택, 공동생활 공간, 적극적인 상호 지원의 철학으로 '공동 주택' 단지 개발에 함께 힘을 모았다. 1920년대 뉴욕의 공동 아파트의 모습과 똑 닮은 공동 주택들은 한층 자연스러운 공동체인데, 그 이유는 거주자들이 특유의 생활 방식을 추구하려고 함께 모였기 때문이다. 이윤을 추구하는 개발업자들이 운영하는 은퇴 빌리지와는 달리 공동 주택 단지는 주민들이 스스로 운영하며 그들이 믿는 가치를 서로 공유한다.

## 자신을 위해
## 일하는 자매들

"이곳을 운영하는 사람들의 일부가 되었기 때문에 나는 삶을 매우 긍정적으로 생각하게 되었어요."

영국의 첫 번째 노인용 공동 주택 개발 단지인 '뉴 그라운드New Ground'에 거주하는 85세의 안젤라 래트클리프Angela Ratcliffe는 말했다. "나는 노화에 있어서 가장 중요한 게 통제력을 유지하는 것이라고 생각해요. 아무도 '주의해야 한다'고 말해주지 않지요. 그래서 그게 도리어 우리를 적극적으로 만들어주었어요."

안젤라는 런던 북부의 뉴 그라운드 단지에서 51~89세의 다른 여성들과 함께 살고 있다. 그녀의 아파트는 지하철 근처의 조용한 빅토리아식 연립 주택 거리에 있으며 주민들이 직접 가꾸는 화려한 정원으로 둘러싸인 밝고 통풍이 잘되는 주택 25채 중 하나다. 거짓말 같지만 2016년에 문을 연 이 단지를 건립하기 위해 18년 동안 조직적인 운동을 벌여왔다. 처음 같이 운동을 시작했던 사람 중 몇 사람은 이 단지를 보지도 못하고 세상을 떠났다.

주택 단지 공간은 일상적인 상호 작용을 원활히 할 수 있도록 설계되었다. 부엌 창문은 산책길을 내다보고 사람들이 복도를 걷다 보면 휴게실을 지나게 된다. "그 안에 누군가가 있으면 손을 흔들 수도 있어요"라고 안젤라는 말했다. "수다 떨려고 잠깐 들를 수도 있고요. 하지만 꼭 그래야만 하는 건 아니에요. 우리는 모두 자신의 삶을 사는 거랍니다. 멋진 정원을 내다보고, 다른 사람들을 바라보며 본인의 아파트에서 지낼 수 있는 거지요. 그러니 다른 사람들과 만나고 싶지 않으면 함께 어울릴 필요는 없어요. 하지만 만약 누군가와 어울리고 싶다면 이웃들은 그곳에 있어요."

뉴 그라운드의 다른 많은 이웃처럼 안젤라도 이혼했다. 그녀는 여배우로 시작하여 결혼 상담사가 되었고(그녀는 얄궂은 자신의 처지에 빙그레 미소 짓는다), 남편과 딸을 위해 요리하는 법을 배웠으며, 그 후에 보호 관찰관, 어린이와 가족 상담사로 일했다. 내가 여기에는 왜 남자가 없는지 물어보았을 때 나는 어떤 이념적인 외침을 기대하지 않았다. 그러나 그녀는 단순하고 부드럽게 설명했다. "이 일을 진행하기 시작한 여성 세대는 어떤 일을 경영하는 것은 자신들의 몫이라고 생각했던 배우자들과 헤어졌어요. 하지만 나는 다음 세대에는 이런 현상이 달라질 것으로 생각해요." 개인적인 이유가 어찌되었든 간에 공동 주택은 분명히 이들 여성에게 '해방'을 의미했다.

뉴 그라운드의 기원은 비컨 힐 빌리지와 상당히 유사하다. 그것은 다른 사람들이 해주는 것이 아니라 '독립적으로 살고 싶은 욕망'에서 시작했다. 1998년, 이미 서로 알고 지내던 여성 여섯 명으로 구성된 그룹은 나이를 먹어가면서 도시가 안전하지 않으며 앞으로도 외롭게 살고 싶지 않다는 사실을 깨달았다. 따라서 런던 전역에 흩어져 살던 그들은 여성 노인들을 위한 영국 최초의 공동 주택 공동체를 만들기로 했다.

여성 노인 공동 주택Older Women's Co-Housing, OWCH의 회원들은 서로 매우 달랐지만 그들은 세심하게 확립한 공동의 원칙들을 공유한다. 그 원칙은 책임 공유, 상호 지원, 연령차별적 고정관념 타파, 환경 보호, 더 넓은 공동체의 구성원 되기 등이다. 이곳은 세상으로부터 숨어버린 집단, 즉 세상에 문을 걸어 잠근 공동체가 아니라 반대로 세상을 받아들이고 싶어 하는 공동체다.

초기 회원 중 한 명인 73세의 마리아 브렌튼Maria Brenton은 노년에 사람들을 행복하게 하고 활동적으로 유지하는 네덜란드식 접근법을 연구했다. 그녀는 "그들은 노년을 함께 보낸답니다. 그게 그들을 유쾌하게 만들어주는 거예요"라고 말했다. 그녀는 공동 주택이 사람들을 더 오랫동안 더 건강하게 만들어줌으로써 의료와 요양 시스템의 부담을 줄일 수 있다고 믿는다.[6] 사실 그것이 설립자들의 분명한 목표였다. 그러나 지방의회들은 동의하지 않았다. 그들은 자치구로 여성 노인들이 더 많이 들어오면 요양 서비스 예산에 대한 수요가 증가할 것을 우려했다.

개발 프로젝트는 기나긴 인내심 훈련으로 변해버렸다. 사람들은 그들과 함께 일할 개발업자나 지방 의회를 찾는 데 상당한 어려움을 겪었는데, 그 이유는 공동 주택 단지 개발에 자신의 아파트를 살

형편이 못되어 국가 보조금을 받아야 할 세입자들을 일부 포함하기로 했기 때문이었다. 뉴 그라운드에서 거주자가 소유한 아파트는 열 일곱 채이고 임차 보증을 받은 사회적 임차인이 빌려 쓰는 아파트는 여덟 채다. 개발업자들은 임대 주택과 공공 지원 주택을 혼합하는 방식을 좋아하지 않았다. 지방 의회는 공공 지원 주택 세입자가 주택 단지에서 살게 될 위치를 결정하고 싶어 했다. 그런 생각은 공동체를 추구하는 사람들이 자신들의 철학을 공유하는 사람을 선택해야 한다는 정신을 완전히 훼손할 수도 있었다.

마리아는 지역 당국이 보여준 적개심을 이렇게 설명했다. "그들은 나에게 '여러분은 공공 자금을 이용하려고 하면서 당신들 마음대로 이웃을 선택하려고 하는 행동을 어떻게 정당화할 수 있지요?' 라고 묻더군요. 하지만 나는 이렇게 되물었어요. '당신들이 만든 단일문화 주택 단지가 그렇게 잘 작동하지는 않았지요? 그렇죠?" 그녀는 네덜란드가 혼합 주택 공동체를 장려한다는 사실에 주목했다.

13년간에 걸친 회의, 토론, 부지 찾기, 부지 포기, 마케팅, 로비, 절망의 과정 끝에 하노버 주택 협회Hanover Housing Association와 손을 잡고 대지를 매입했다. 이제 그녀들은 건축가들을 선택할 수 있었고 그들과 함께 새 건물을 설계했다. OWCH가 궁극적으로 공동체를 만드는 것은 집이 아닌 사람이라고 강조하기도 했지만 모든 과정이 엄청나게 긴밀히 진행됐다는 사실은 분명하다. 거주자들이 하나로 뭉치지 않는다면 멋진 건물을 위해 노력하는 것은 의미가 없었다.

그녀들 중 아무도 아직 간호 서비스를 이용하지 않는 것은 놀라운 일이다. "사소한 위기들은 겪었어요"라고 안젤라가 내게 말했다. "우리는 누군가 아프면 식사를 준비했어요. 그렇지 않으면 그들을 데리고 차에 태워 병원으로 갔지요. 그것이 바로 도움이 필요한 친구이자 이웃을 위해 당신이 해야 할 일이지요."

이곳에서 생활하다 보면 블라인드가 내려져 있거나 얼마간 보이지 않는 등 도움이 필요한 사람들을 즉시 찾아낼 수 있다. 다른 이웃들에게 발견되지 않고 며칠 동안 혼자 누워 있을 수도 있다는 생각에 두려워하는 사람은 아무도 없다.

## 혼자 살거나,
## 다시 함께 살거나

뉴 그라운드와 같은 프로젝트가 분명히 효과가 있는데도 더는 그러한 프로젝트가 없다는 사실이 놀랍다. 네덜란드에는 약 300개, 미국에는 약 160개의 공동 주택 단지가 있으며 일부는 노인을 위한 것이다. 그러나 개발업자들은 잘 사는 사람들을 위한 '은퇴 빌리지'를 짓거나 가난한 연금 수급자들을 위해 손주가 와도 놀 공간이 없고, 일생 지니고 살 용품들을 들여놓을 장소도 없는 형편없는 방 한 칸짜리 아파트를 짓는 데 관심이 더 많다. 즉 이용할 수 있는 게 별로 없다.

영국에서는 65세 이상인 사람들의 3분의 1이 혼자 살고 있고 그 중 3분의 2가 여성이다.[7] 그러나 많은 지방 의회는 공공 서비스 부담이 늘어날 것을 염려해 노인용 주택 건설을 반대한다. 게다가 위치가 좋은 곳은 비싸서 공동생활 공간을 갖춘 시설로 개발할 여력이 없다. 하지만 노인들을 위해 더 좋은 주거 공간을 지을 수 있다면 젊은 사람들이 훨씬 더 필요로 하는 공간을 그들에게 제공할 수 있을 것이다.

"우리는 이 사람들을 한데 섞어서 젊은 사람들은 더 큰 집으로 가게 하고, 노인들은 계단이 없는 아담하고 특정 목적에 맞춰 지은 주거 시설에서 살 게 할 필요가 있습니다"라고 공공 지원 주택 전문가이자 하노버 주택 협회 전 회장인 리처드 베스트Richard Best가 말했다. "영국에는 420만 명의 연금 수급자가 사용하지도 않는 침실이 두 개나 있는 집을 소유하고 있어요.[8] 그들 중 2퍼센트만 이사를 가면 정원 있는 집을 갖고 싶어 하는 가족들에게 8만 5,000채의 집을 공급할 수 있을 겁니다. 10년 동안 매년 그렇게 할 경우 400만 명에게 집을 공급할 수 있어요!"

다우닝가에서 일하며 영국의 주택 위기로 골머리를 앓고 있을 때, 당시 73세였던 열정적인 베스트 경Lord Best을 처음 만났다. 주택 건설 속도가 매우 느리고 인구 밀도가 높은 지방에서 건설 계획에 대한 규제가 있는 것을 고려할 때 노인들에게 주택 규모를 줄이라고 설득하는 것이 젊은이들에게 주택 공급을 늘릴 수 있는 확실한 방법인 것 같았다. 영국은 65세 이상 인구의 약 3분의 2가 주택

담보 대출 없이 집을 온전히 소유하고 있다.[9] 그중 많은 집이 난방비가 많이 들어가는 빈 침실과 무릎 아픈 노인들에게 힘에 부치는 정원이 딸린 대가족에 어울리는 집이다.

조사에 따르면 그들 중 적어도 4분의 1이 집의 규모를 줄이고 싶어 한다. 그렇게 하면 60대 이상이 보유한 담보로 제공되지 않은 막대한 주택 자산의 일부가 시장에 풀린다. 그 규모는 영국에서만 약 1조 5,000억 달러로 추산된다.[10] 하지만 매력적인 대안이 필요하다. 지방 의회는 특히 집 규모를 줄이려는 사람들을 위해 특별히 지역을 지정하고 서류 작성과 이사를 도와줄 수 있다. 그리고 정부는 이사에 대한 세금 우대 혜택을 제공하거나 50년 동안 간직했던 소지품을 수리하거나 분류하고 옮기는 데 따른 커다란 심리적 장벽을 극복하는 것을 도와줄 수 있다.

궁극적으로 우리가 선택할 수 있는 대안이 훨씬 더 많이 필요하다. 일부는 규모를 줄일 필요가 있지만 또 다른 사람들은 어른이 된 자녀들이 돌아오면서 대가족으로 집이 다시 채워지기 시작한다는 사실을 알게 되었다. 금융위기와 그 여파로 재정적으로 여러 세대가 함께 사는 다세대 생활이 필요하게 되었기 때문이다.

내가 아는 한 영국인 부부는 그들이 더는 계단을 오르내릴 수 없을 때를 대비해 지하실에 '노인용 별채'를 만들었다. 그러나 지금 그곳은 대학을 졸업한 두 아들이 차지해버려서 '졸업생 별채'가 되었다. 1998년부터 학생들이 대학 등록금을 내야 했던 영국에서는 2015년 대학 졸업생의 절반 가까이가 부모와 함께 생활하고 있다.[11]

미국에서는 현재 6,000만 명이 넘는 성인들이 2세대 이상 한집에서 살고 있다.[12] 2014년에는 130년 만에 처음으로 18~34세의 사람들이 다른 어떤 거주 방식보다 부모와 함께 생활하는 방식으로 더 많이 살고 있다.[13]

경제가 회복되고 사람들이 스스로 경제적으로 더 안정되었다고 생각하면 이런 현상이 서서히 사라질지 아니면 다세대 생활을 적극적으로 선택할지는 아직 확실하지 않다. 더 많은 사람과 함께 살기 위해 집을 개조하는 것을 보면 앞으로 일어날 일이 흥미진진하다. 캘리포니아에서 넥스 젠Nex Gen이라는 개발업자는 집 한 채와 그 옆에 붙은 작은 아파트 하나를 함께 얻을 수 있는 '집 한 채 가격에 집 두 채'라는 거래를 성공적으로 마쳤다. 이러한 집은 나이 든 부모와 학생인 자녀가 바로 옆집에 살지만 화장실에서 서로 맞닥뜨리는 일을 피할 수 있다.

## 새로운 종류의 가족

역설적으로 들릴지 모르지만 많은 노인이 그 어느 때보다 외로워지고 있다. 그것은 이혼과 재혼으로 말미암아 한 지붕 아래에서 대가족 형태로 생활하는 것이 신체적으로는 말할 것도 없이 감정적으로도 항상 적합하지 않게 되었기 때문만은 아니다.

한 가지 해결 방법은 당신에게 꼭 맞는 것이 아닐지라도 새로운 형태의 대가족을 만드는 것이다. 독일의 경우 정부가 지원하는 '다세대 주택'에는 개방형 공간에 탁아소, 숙제 클럽, 노인 요양원이 함께 섞여 있다. 그곳에는 증조모, 걸음마를 배우는 아이, 육아와 직장 일의 균형을 맞추느라 고군분투하는 싱글 부모 사이에 문이 열려 있어 서로 아주 많이 섞여서 생활한다. 창의적인 조부모 서비스Grosselterndienst는 아이 돌보는 것을 도와주고 감정적인 지원을 하기 위해 싱글인 부모와 노인들을 연결해준다.

싱가포르 정부는 노인들을 위한 아파트와 유치원, 놀이터, 보육원 등 젊은 사람들을 위한 시설을 결합한 주택 단지 열 개 중 첫 번째 단지를 이제 막 조성했다. 이 계획은 '캄풍Kampung'이라고 불리는데 싱가포르 주택개발위원회Housing Development Board가 1950년대에 국민을 빈민가에서 벗어나게 하려고 공공 주택을 건설하면서 사라진 옛 전통 마을 공동체의 이름에서 차용한 것이다. 위원회는 친척과 이웃이 서로 돌보는 전통도 다시 이어가기를 바라면서 삼대가 함께 거주할 수 있는 더 큰 아파트를 짓기 시작했다.

고령화 시대에 세상이 어떻게 변할지 예측이 가능했던 사회 사업가들은 몇 가지 멋들어진 서비스를 개척했다. 호주의 홈쉐어Home-Share라는 아주 성공적인 단체는 집에 남는 방이 있는 노인들을 일주일에 10시간씩 집안 허드렛일을 하는 대가로 거주할 곳이 필요한 학생들과 연결해준다.

더블린에서 존John이라는 노인은 아내가 세상을 떠난 후 남는 방을 에이미Amy라는 학생에게 제공했다. 존은 집안에 누군가 있었으면 좋겠고 요리를 도와준다면 기꺼이 받아들이고 싶었다. 그는 자신이 혼자가 아니라는 사실에 늘 '기뻤다'고 말했다. 에이미는 다른 학생 여섯 명과 함께 방 두 칸짜리 비좁은 방갈로에 살고 있었다. 전기 사용량을 두고 대학 성적에 타격을 줄 정도로 논쟁을 벌이며 난로를 사용하려고 서로 다투었다. "존은 유머 감각이 끝내줘요." 그녀는 아일랜드 TV 프로그램에 출연하여 말했다. "당신도 금세 그를 좋아하게 될 거예요. 그는 같이 지내기에 정말 환상적이에요. 게다가 다른 가족들도 그렇게 협조적일 수가 없어요." 에이미와 존은 홈쉐어를 통해 2년 동안 함께 살았다. 이것은 자선 활동이 아니라 예부터 내려오는 훌륭한 호혜주의에 의존하는 방식으로 외로움과 싸우는 매우 현실적인 방법이다.

세대들이 서로 섞여 살고 싶어 하지 않는다는 고정관념은 완전히 잘못된 것일 수 있다. 나는 네덜란드에서 그 사실을 분명히 보았다.

## 좋은 이웃이 되는 것은 나이와 상관없다

암스테르담에서 동쪽으로 두 시간 떨어진 은퇴 주택 단지인 휴머니타스 디벤터Humanitas Deventer에 들어가면 떠들썩한 커피숍에 들어서는 것 같은 기분이 든다. 섬뜩한 침묵도, 시들은 화분이나 TV 주위에 둘러앉은 노인도 없다. 그 대신 온갖 다양한 색과 소음이 난무한다. 노인 다섯 명이 파격적인 색깔의 전등 빛이 내리비치는 술집 구역에서 잡담을 나누고 있다. 보행기에 의지해 발을 옮기던 두 사람은 '나는 아무것도 후회하지 않아요Je Ne Regrette Rien'를 부르며 밝은 녹색 카펫을 따라 천천히 이동하는 파로Faro라는 무릎 높이 로봇에 온통 정신이 팔려 있었다. 스무 살 먹은 한 학생이 주황색 소파에서 로봇을 조종하며 근처에 있는 두 할머니의 놀란 얼굴을 보고 싱글거렸다.

대학생 여섯 명이 이곳에서 79~100세의 노인 160명과 함께 살고 있다. 학생들은 집안일을 돕거나, 컴퓨터 수업을 하거나, 단지 대화를 나누는 등 한 달에 30시간을 주민들과 보내는 대가로 무료로 숙식한다. 각 복도마다 학생이 한 명씩 살고 있는데 정원을 거닐던 나는 난간에 수북이 쌓여 있는 맥주 상자를 보고 어느 방이 그들의 방인지 알 수 있었다. 노인들은 학생들의 시험 문제나 친구 관계에 대한 이야기를 들으며 생기를 되찾는다. 그들은 가끔 어느 날 밤 학생들의 새로운 여자 친구들이 비상구를 통해 도망치는 모습을 목격하기라도 하면 다음 날 아침에 어젯밤 사건을 조목조목 파헤치는 것을 특히 좋아했다.

"여기 오기 전에 나는 노인들의 한계만을 보았어요." 작은 키에 덥수룩한 수염을 기른 강단 있는 남학생 소레스 두만Sores Duman이 행복한 미소를 지으며 말했다. 그는 이곳에서 2년 동안 살았다. "내 눈에는 그들이 할 수 없는 것만 보였지요. 하지만 지금 나는 노인들의 끝없는 가능성을 보고 있어요."

정보통신 학위를 준비하고 있는 소레스는 홍보 분야에서 일하고 싶어 한다. 그는 왼쪽 어깨에 자신의 댄스 그룹 이름인 '그 위의 모든 것All of the Above'이라고 새긴 문신을 내게 보여주었다. 그는 최근 TV 게임쇼에 나가 브레이크 댄스 상을 받았다. 그가 공동 주택에 도착했을 때 가장 놀랐던 것은 '주민들이 생각보다 매우 활기차게 살고 있다'는 사실이었다. 그는 파티를 좋아했다. "파티를 열면 어르신들도 참여하지만 피곤해서 오후 9시면 각자의 방으로 돌아갑니다. 게다가 그들은 귀가 좀 어두워서 그들 방에서는 밤늦게 나는 음악 소리를 듣지 못해요. 그래서 상관하지 않지요. 다들 너무 태평하답니다." 그의 친구들은 여기에 오는 것이 조금 이상하다고 생각하지는 않는지 물었다. "아니요, 그들은 여기가 어떤 곳인지 알고 있어요." 그리고 '이곳은 나만의 부엌과 욕실 등 모든 것을 갖추고 있어서 다른 친구들의 기숙사 방보다 더 좋다'고 했다.

소레스가 처음 알게 된 주민 중 한 명은 그가 아이패드 사용을 도와주었던 91세의 마티Marty였다. IT 수업은 곧 가족에 대한 긴 대화로 발전했다. "그녀는 내가 어디 출신인지 관심이 아주 많았어요. 내가 쿠르드족이라는 것을 알았을 때 그녀는 쿠르드족에 관한 많은 것들을 찾아보고 그것에 관해 이야기를 나누었어요." 마티는 소레스에게 2차 세계대전 때 자신이 겪었던 일에 대해 말해주었다. 그는 그녀와 대화하는 것이 좋아서 일주일에 두 번 그녀의 방을 방문한다. “그녀를 보면 91세 할머니로 보이지 않고 인생을 살면서 여러 가지 다른 부분을 경험한 나의 좋은 친구라는 생각이 들어요.”

이곳은 진정한 관계가 형성되는 곳이다. 초등학생들이 노래를 들려주려고 방문하는 일회성 활동 같은 것이 아니라 시간이 흐르면서 우정이 더 깊게 형성되는 장소다. 이런 일들은 과거 조부모들과 함께 지내며 성장할 때는 평범한 일이었다. 하지만 이제는 사회가 그 공백을 메우고 있다. “파티를 열었던 학생이 한 명 있었어요. 그의 방에는 술 취한 소녀가 세 명 있었고 복도에는 브래지어 하나가 떨어져 있었지요.” 휴머니타스의 이사인 기아 십키스Gea Sijpkes가 말했다. “다음 날 아침 식사 때 주민들이 모두 그 문제로 수다를 떠느라 무릎이 아픈 것도 까맣게 잊어버렸답니다.”

직원들은 이런 상황을 그다지 달가워하지 않았다. 그런데 어느 날 밤 한 간호사가 치매에 걸린 말썽꾸러기 할머니에게 공격을 당하자 직원들은 그녀에게 컴퓨터 활용법을 가르쳐주던 주리엔Jurien을 깨웠다. “그녀가 나를 보자 즉시 긴장을 풀었어요.” 주리엔이 말했다. 그는 그녀를 안정시키고 함께 영화를 보거나 자전거를 타고, 학교에 가기 전까지 나머지 저녁 시간을 그녀와 함께 보냈다.

표범 가죽 앵글부츠에 검은색 랩 원피스를 차려입고, 금발 머리를 뒤로 쓸어 넘겨 쪽진 기아는 예전에 본드 걸에 지망했다면 뽑힐 수 있었을 것이다. 그녀는 나를 밝은 카펫이 깔린 비탈길로 안내했다. 나는 곧 휠체어 비탈길을 카펫으로 위장했다는 사실을 깨달았다. 회색 머리의 한 숙녀가 걸어 내려오더니 내 팔을 잡고 활짝 웃으며 자신의 '베이더Vader(영화 스타워즈의 등장인물, 네덜란드어로는 아버지를 의미함_옮긴이)'에 대해 무언가 말하기 시작했다.

"여기는 게리Gerrie예요. 그녀는 그녀의 아버지로부터 두 개 층 아래에 떨어져 살고 있어요." 안도의 한숨을 내쉬며 '두 개 층'을 반복해서 말하는 게리를 껴안으며 기아가 말했다. "게리는 73세, 아버지는 91세랍니다. 지난번 살던 곳에서 행복해하지 않아서 우리가 이곳으로 데리고 왔어요"라며 더 자세한 설명은 하지 않았다. 그것이 휴머니타스에서 일어나는 일이다. 그들은 문제가 있다면 그것을 해결한다.

기아는 2012년 이사가 되고 나서 '모든 노인이 살고 싶어 하는 가장 따뜻하고 가장 멋진 집'을 만들기 시작했다. 일은 쉽지 않았다. 건물은 리놀륨을 깐 계단이 있는 보기 흉한 1960년대 블록 빌딩이었고, 예산은 주 정부 기금으로 운영하는 다른 요양원과 같았다. 이곳 거주자들은 대부분 노동자 계층으로 추가 비용을 내지 않았다.

"나는 의사들이 당신을 고쳐줄 수 없다고 하면 어떨지 상상했어요. 노인이 되면 슬픔에 빠지고 친구와 친척들을 잃게 되지요. 그런 일들은 바꿀 수 없어요. 하지만 훈훈한 환경은 만들 수 있지요. 나는 하루에 알약 한 알이 아니라 하루에 한 번 미소 짓기를 원합니다. 나는 사람들이 그저 손자가 오기만을 기다리는 게 아니라 자신만의 경험을 만들어가길 원해요. 그래서 나는 '어떻게 하면 이곳을 활기차게 만들 수 있을까' 고민했답니다." 기아가 말했다.

그녀는 복도를 열정적인 색깔로 칠하고, 소음을 줄이기 위해 치매 구역의 벽에 폴리스티렌 꽃을 붙이고, 치매 환자들이 갇혀 있을 때 그런 사실을 느끼지 못하도록 출입문 전체를 거리 풍경 사진으로 입혔다. 그녀는 집과 바깥세상 사이의 벽도 허물기로 했다. 그러나 그녀는 지역 학교들이 휴머니타스의 시설을 이용하도록 설득하는 데는 실패했다. 그래서 대신 이사회에 대학생들이 집에 들어와 살게 하고 싶다고 보고했다.

"이사회 사람들은 학생들이 섹스, 마약, 로큰롤을 할 것이므로 연약한 노인들과 함께 살 수 없다고 말했어요. 그들은 심지어 학생들이 노인들을 성적으로 학대할 수도 있다고 생각했답니다." 그녀는 입을 삐죽거리며 말했다. 그녀는 "그들은 왜 그렇게 생각할까요? 학생들은 아주 멋있는 젊은이들이에요. 나중에 훌륭한 어른으로 자랄 겁니다. 그리고 노인들은 연약하지 않아요. 그들은 자식들을 키웠고, 나름대로 삶을 살아왔는데 이제 와서 우리가 그들을 침묵하는 사람으로 취급하는 겁니다"라며 파란 눈을 반짝이며 대담하게 말했다.

노인들이 단지 보살펴야 할 육체덩어리가 아니라 독자적인 목소리와 개성을 지닌 여전히 인간이라는 믿음이 휴머니타스가 가진 비전의 근본적인 요소다. 이곳의 노인들은 환자나 거주자가 아닌 '이웃'으로 불린다. 이 말은 서로 도와주는 관계이자 가정이라는 느낌을 강조한다.

이사회는 결국 오노 젤바흐Onno Selbach라는 한 학생을 받아들이는 데 동의했다. 그는 지역 대학교에서 기아의 광고에 응답한 유일한 학생이었다. 기아는 그에게 '좋은 이웃이 되어야 한다'는 단 한 가지 규칙이 있다고 알려주었다. 사회 복지학과 학생인 오노는 처음에 침실 가득 맥주병이 뒹굴고, 때로는 이른 아침에 술이 덜 깨서 비틀거리는 바람에 직원들이 당황하기도 했다. 그러나 그는 곧 주민들과 친구가 되었고 전쟁이야기를 들려주길 좋아하는 93세의 한 노인을 포함해 몇몇 노인들과 매우 친해졌다.

6년 후, 이러한 휴머니타스의 계획에 참여하겠다는 지원자가 넘쳐났다. 나는 식당에 앉아 학생 아파트의 빈자리 하나를 놓고 몰려든 40명의 경쟁자를 물리치고 가장 최근에 합격한 22세의 이보나Yvonna라는 이름의 학생을 바라보았다. 파란색 셔츠와 검은 가죽 바지를 입고 말총머리를 한 그녀는 오후 간식을 즐기기 위해 전동 스쿠터를 타고 식당에 온 약 25명의 열성적인 노인들에게 냅킨을 나눠주느라 바쁘게 움직이고 있었다. 그것은 전통적으로 노동자 계층이 오후에 차를 마시며 즐기는 시간으로 누군가는 매일 도와줘야 하는 일이었다.

그녀는 60년 선배들과 함께 살아야 해서 주눅이 들었을까? "천만에요." 그녀는 진지하게 미소 짓는다. "너무나 자연스러워요, 모두가 100퍼센트 스스로 해요. 나는 정말 도움이 되고 싶어요"라며 중얼거리더니 바닥에 떨어진 누군가의 칼을 집어 주려고 뛰어갔다. 노인들은 그녀의 일거수일투족에 눈을 반짝였다.

"학생들이 바깥세상을 이곳에 들여왔어요"라고 기아는 말한다. "사람들은 단지 노인들의 모임 때보다 훨씬 더 일상생활에 어울리는 대화를 나누어요. 과거에는 주로 질병이라든가 아니면 누가 죽었다는 이야기뿐이었지요. 지금은 소레스가 TV 게임쇼에서 차지한 브레이크 댄스 상에 관해 이야기꽃을 피워요!"

지금까지 단 한 명의 학생만 내보냈다. 내가 듣기로 그는 너무 오랫동안 남과 어울리지 않았다고 했다. 다른 학생들은 새로운 아이디어를 갖고 왔다. 나는 91세의 말쑥한 신사, 해리 터브락Harry TerBraak을 만났다. 그는 미용사였으며 아파트를 깔끔하고 아름답게 꾸몄다. 그는 패트릭Patrick과 주리엔 두 학생과 함께 노인들이 꽃을 딸 수 있도록 아파트 바깥에 야생화 정원을 만들고 샐러드를 준비하던 일을 자랑스레 이야기했다. 그는 패트릭에게 채소 재배 방법과 위생의 중요성에 대해 조언해주었다고 말했다. "우리는 학생들과 동등해요." 그는 흐뭇해하며 말을 이었다. "그들은 우리를 늙은이로 대하지 않아요."

휴머니타스에서 시간을 보내면 보낼수록 나는 사람마다 조금은 다를지 몰라도 '노인'으로 취급받지 않으면 아마 스스로도 그렇게 늙었다고 느끼지 않을 것이라는 생각이 더 많이 들었다. 기아는 내게 작은 체육관을 보여주었다. 그곳에서 주민들과 학생들은 가상현실 화면 앞에서 마치 산속에 들어왔다고 상상하며 운동용 자전거를 타고 있었다. 기아는 어느 날 아침 출근해 보니 학생들이 장난삼아 바람을 넣은 수백 개의 초록색 풍선들이 온 건물 안에 둥둥 떠 있었던 일을 들려주었다. "하지 말라는 법이 어디 있나요?" 그녀가 웃으며 말하자 나도 그렇다고 생각했다. '그렇고말고, 안될 이유가 뭐 있어?' 노인들도 다른 사람들처럼 유머 감각, 놀이 감각을 갖고 있다. 기아는 말했다. "나는 그 사람들의 이름을 다 알아요. 그들이 어느 대목에서 웃는지도 알고 있답니다."

휴머니타스 디벤터는 내가 방문했던 그 어떤 요양원보다도 노인 시설처럼 느껴지지 않는 곳이었다. 직원과 주민들이 장식한 형형색색의 찻잔들, 사람들이 함께 요리하고 식사할 수 있는 친근한 공간, 주민들이 선택한 그 지역 나무로 만든 아름다운 식탁 등 구석구석 작은 것들에 세심한 배려가 깃들어 있었다. 게다가 이 모든 것을 예산 삭감의 시기에 하고 있었다.

"우리는 2차 세계대전 이후 우리가 만들었던 복지 국가를 감당할 수 없다는 사실을 깨달았어요. 그곳에서는 80세 이상이면 누구나 이런 곳에 들어올 수 있는 일체의 경비가 포함된 입장권을 받을 수 있었지요"라고 기아는 털어놓았다.

그녀가 이사가 된 2012년, 네덜란드 정부는 80세 이상의 시민들이 매우 곤궁하지 않을 경우 장기요양을 위한 자금 지원을 중단했다. 기아는 이렇게 회상했다. "예산 삭감 때문에 나는 내가 무슨 사업을 하고 있었는지 다시 생각하게 됐어요. 그리고 앞으로는 행복 사업에 종사하기로 했지요." 그들은 그녀에게 여러 가지 규칙도 다시 쓸 기회를 주었다. "만약 당신이 모든 일을 규정 안에서만 해야 한다면 무슨 의미가 있겠어요?"라며 그녀는 반문했다.

한 관리자는 내게 그녀가 이곳을 담당하기 전에는 새로 입주하는 사람들은 100개에 가까운 질문이 적힌 양식을 작성해야 했지만 지금은 겨우 다음과 같은 3가지 질문에 답하면 된다고 알려주었다.

"당신은 누구시지요?"

"당신은 누구였습니까?"

"당신은 어떤 사람이 되고 싶으세요?"

'당신은 어떤 사람이 되고 싶으세요?'라고 기아가 질문을 던진 80세 이상의 노인들은 말할 것도 없이 30세가 넘는 사람들도 이런 질문을 받는다면 얼마나 어리둥절할까? 노인들에 대한 그녀의 희망, 즉 모든 사람은 죽을 때까지 행복할 자격이 있다는 신념은 각자 스스로 달성해야 한다. 전통적으로 강 근처의 더 호화로운 장소를 선호해온 중산층 사람들이 예약을 하는 바람에 현재 이 공동 주택에 예약 초과 현상이 벌어지는 것은 놀랄 일이 아니다. 그들은 돈이 비전만큼 중요하지 않다는 것을 안다.

비록 우리가 인생의 끝자락에서 다른 사람의 도움이 필요할지라도 우리는 절대 우리의 정체성과 세상에 대한 참여의식을 포기해서는 안 된다.

## 함께 살면
## 에너지가 생긴다

71세의 안드레아 하그리브스Andrea Hargreaves는 자녀들이 보기에 매우 충동적이라고 생각할 만한 일을 저질렀다. 그녀는 자신의 집을 팔고 자신과 같은 처지에 있는 다른 두 명의 부인들과 함께 이사했다. 살리 메Sallie-Mae는 안드레아가 지역 합창단에서 만났던 65세의 예술가이고, 66세인 린Lyn은 은퇴한 패션 전문가로 최근 스페인에서 돌아왔다. 안드레아가 웃으며 당부했다.

"내 자식들에게는 말하지 마세요. 사실 나는 그 사람들을 그다지 잘 알지 못해요."

이혼한 부인 두 명과 사별한 부인 한 명, 모두 할머니인 그들은 영국 서섹스Sussex 해안에 넓은 정원이 딸린 커다란 에드워드식 집을 사기 위해 세미(한쪽 벽면이 옆집과 붙어 있는 주택_옮긴이) 두 채와 테라스 하우스(연립 주택_옮긴이) 한 채를 팔았다.

우리가 그들을 만나기 며칠 전, 그들은 새해맞이 저녁 파티를 열었는데 안드레아가 내게 귀띔해주기를 파티는 새벽 3시 15분까지 계속되었다고 한다. 나는 "몇 명이나 참석했어요?"라고 물었다. "아, 한 40명 정도 왔어요." 그녀는 대수롭지 않게 대답했다. 작년 9월에 그들은 지역 예술가들의 그림을 전시하고, 라이브 곡을 연주하며, 심지어 정원에서 조각 워크숍을 개최하는 주말 행사를 두 차례 열었다. 그들은 올해도 그 행사를 다시 열 계획이다.

그녀 스스로 자신이 늙었다고 느낄까? 그녀는 "아니요, 나는 어떤 통증이나 고통도 없어요"라고 말했다. 그녀의 어머니는 5분 거리에 살고 있다. "당신에게 96세인 어머니가 있다면 당신은 오히려 노인이라는 신분을 밖으로 내던져버리는 게 나을 겁니다. 왜 꼬리표를 달고 다녀요? 우리는 정말 운이 좋았어요. 우리는 우리 자신을 젊다고 부를 수 있는 최초의 세대랍니다. 적어도 거울에 비친 우리 모습을 보기 전까지는 그렇다고 말할 수 있지요."

새집으로 이사한 것은 어른스러운 결정이지 변덕이 아니었다. 부인들은 신뢰의 공동선언문을 작성하고 각자가 행복하려면 무엇이 필요한지 신중하게 규정했다. 정열적인 채소 재배자인 린에게 중요한 것은 커다란 정원이었는데 그 정도 정원을 관리하려면 그들 세 사람이 필요했다. 살리 메에게는 작품을 위한 스튜디오를 갖는 게 중요했다. 은퇴 기자인 안드레아는 그녀의 가구가 모두 사용되길 원했다. 그녀의 말에 따르면 고인이 된 남편은 그녀가 좋아하는 가구 스타일에 전적으로 공감하지 못했다. 그가 세상을 떠난 뒤 그녀는 좋아하는 가구들을 구하려고 중고 상점을 찾아다니며 약간의 위안을 얻었다고 한다.

그들이 하는 공동생활이 모두에게 맞는 것은 아니었다. 네 번째 친구는 부엌을 함께 쓰는 것을 견딜 수 없다며 그들 곁을 떠났다. 그러나 세 사람은 진기한 경험을 하면서 활기를 되찾았다.

"함께 살면 에너지가 생기는 것 같아요"라고 안드레아가 말했다. "당신이 혼자 산다면 집에 가서 구운 감자를 오븐에 넣고 구운 콩이 든 깡통 하나만 따면 되지요. 하지만 일주일에 세 번 다른 사람들에게 괜찮은 음식을 제공해야 한다면 당신은 아마 그렇게 할 수 없을 거예요." 그녀는 이와 같은 많은 일과 주말 축제를 열거나 닭을 기르는 일을 혼자라면 시도하지 않았을 것이라고 했다. 우리가 이야기를 나눌 때 닭들이 계속 도망치는 바람에 그녀의 마음속에 그런 생각이 불쑥 든 모양이다. 닭들을 몰아가며 닭장에 집어넣느라 씨름하는 세 부인은 즐겁게 살고 있는 듯 보였다.

"여러분은 누구라도 쇠약해지면 어떤 일이 일어날지 생각해보았나요?" 내가 물었다.

"우리는 그 문제에 대해 논의했어요. 하지만 여분의 방에 간병인을 두는 것 이상으로 무언가를 생각할 수 없었지요. 나는 잘 걷지 못하는 세 명의 할머니를 위해 간병인 한 명을 둔다고 해서 소용이 있을지 확신할 수 없지만 우리에게는 더 많은 사람을 위한 공간도 남아 있지 않아요. 하지만 당신도 모를 거예요. 당신은 수정 구슬을 꺼내 예언해볼 수 있겠지만 솔직히 나는 그것에 대해 걱정하지 않는답니다. 예전에도 나는 앞으로 무슨 일이 일어날지 걱정하지 않았는데 왜 지금 와서 걱정해야 하나요?"

## 신나게 살기

'젊은-노인'들은 조용한 삶을 원하지 않고, 그들이 의도한 대로 살고 싶어 한다. '늙은-노인'들은 시설에 수용되어 이리저리 휘둘리는 것을 원하지 않으며 자기 인생의 저자로 남고 싶어 한다.

모두에게 필요한 것은 이웃이다. 그것은 가능한 이웃들의 의견을 반영해 설계하는 것이 좋다. 사회적 연결과 공동체에서 얻을 수 있는 분명한 건강상의 혜택은 공동 주택을 장려하고 회원제 조직을 강화하려는 정부에도 도움이 되어야 한다는 것을 의미한다(서더크 서클은 정부의 예산 감축으로 2014년에 문을 닫았다).

아직 아무도 다세대 가족이 우리가 사는 방식에 어떠한 영향을 미칠지 확실히 모른다. 그러나 분명한 것은 젊은이와 노인 모두가 직업, 훈련 과정, 예술, 병원과 접근성이 좋은 도시에 살기를 점점 더 원할 것이라는 점이다. 2007년, 역사상 처음으로 세계 인구의 절반이 도시에 살고 있다. 2050년에 이 비율은 70퍼센트에 도달할 것으로 예상된다.[14]

변화를 주도하기 위해 '노인 친화적인 도시'를 건설하기 위한 초기 운동들이 등장했다. 뉴욕시는 사람들이 앉을 수 있도록 지역 시설물 근처에 1,500개의 벤치를 추가로 설치했다. 코펜하겐에서는 '다함께 자전거 타기Cycling Without Age'라는 멋진 운동에 따라 노인들을 릭샤rickshaw(자전거 인력거_옮긴이)에 태워 무료로 실어 나른다. 이러한 변화들은 우리에게도 곧 다가올 것이다. 리스본과 밀라노에서는 75세 이상의 여성들이 가장 큰 단일 연령층이다.[15] 그야말로 유럽 도시에는 수백만 명의 노인들이 사회적, 감정적, 재정적, 기동성 등의 이유로 집을 거의 떠나지 않거나 아예 떠나지 않는다. 버스 정류장에 갈 수 없거나 길이 안전하지 않기 때문에 길을 나서는 것을 두려워한다면 '저상 버스'를 추가로 배치하는 것은 아무런 도움이 되지 않는다.

더 오래 산다는 것이 반드시 보호시설에 수용되거나 수용될 것을 의미하지 않아도 된다. 그것은 다른 사람들의 지지와 관심 속에 이웃의 일부가 되는 것을 의미한다. 우리가 아무리 건강하게 나이를 먹더라도 우리 주위에는 다른 사람들이 필요하다. 그리고 지능형 기술이 우리를 보살피고 도와주겠지만 다음 장에서 알 수 있듯이 반응해야 하는 것은 여전히 '사람'이다.

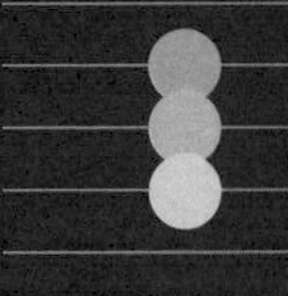

8장

# 건강은 마음 씀에서 온다

"로봇은 당신을 돌봐주고,
인간은 당신에게 마음을 쓴다."

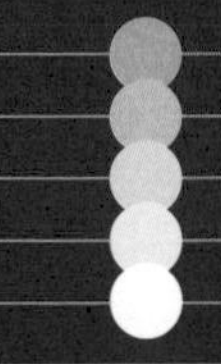

제인은 평상시 차를 몰고 누가 기다리는지도 모르는 어느 집 현관 앞에 도착하곤 한다. 어제는 오랜 병치레 끝에 병원에서 퇴원했지만 몸을 너무 심하게 떠는 바람에 혼자 샤워할 수 없는 부인이었다. 오늘은 90세 할아버지다. 그는 제인이 찾아온 것을 고마워하면서도 다른 사람의 도움 없이는 침대에서 일어나 밖으로 나올 수 없어 어쩔 줄 몰라 한다. 내일은 진분홍색 실내복을 위험스럽게 앞으로 퍼덕거리며 "메리는 어디 있어?"라고 계속 물어보는 80세의 치매 걸린 여성일 것이다.

제인은 메리가 요양 기관을 그만두면서 그녀의 일을 넘겨받았다. 제인은 진분홍색 실내복을 입은 여자의 거실에서 의료 서류철을 훑어볼 것이다. 지역 간호사, 요양보호사, 사회복지사 등 그녀를 방문했던 사람들이 그 서류에 새롭게 알려줄 내용을 기록하게 되어 있다. 제인은 그 여성이 어떤 약을 먹는지 읽어보겠지만 약을 전해줄 권한이 없으므로 놀란 여성을 달래줄 수 있는 다른 방법을 찾아 볼 것이다. 그녀와 친해지려고 벽난로 위에 놓인 사진들에 관해 이것저것 물어보고, 식사는 제대로 하는지 확인하기 위해 냉장고도 한번 들여다 볼 것이다. 그러고 나서 제인은 곧바로 다음 고객을 만나기 위해 다시 떠나야만 한다.

제인에게는 이렇게 정기적으로 방문하는 고객이 몇 명 있다. 그녀가 무척 좋아하는 한 노인은 최근 그녀가 도착했을 때 침실의 전구가 고장 난 바람에 암흑 속에 있었다. 제인은 건강과 안전에 관한 규칙을 어긴다는 사실을 알면서도 사다리를 가져다 전구를 갈아 끼웠다. 그렇게 하지 않았더라면 그가 어떻게 빛을 볼 수 있었을까? 제인은 그들에게 약을 챙겨주지 못하게 한 것은 미친 짓이라고 생각한다. 그의 부인은 세상을 떠나기 전까지 자격증이 없어도 그 일을 해왔다. 친절을 베풀 여지도 없이 가는 곳마다 규칙과 제약이 있다.

제인은 망가진 시스템을 지탱해주는 용감하지만 인정받지 못하는 일선 근로자 중 한 명이다. 그 시스템에서는 그녀와 같은 요양보호사들이 최소한의 훈련만 받고 때때로 하루에 고작 15분 정도 고객들의 집에 파견된다. 왜냐하면 국가가 그보다 더 많이 비용을 지급할 수 없기 때문이다. 그들은 대체로 급여가 형편없고 때때로 고용 안정성이 없는 '제로 아워Zero-Hour 계약(근로시간을 특정하지 않고 고용주가 원하는 시간에만 일하는 고용계약_옮긴이)'에 근거해 급여를 받는다.

제인은 요양 업무를 하면서 노인들과 친해지기에는 시간이 충분하지 않다고 말한다. 그녀는 다시 회계 기장업무를 하는 직장을 찾아볼까 생각 중이다. 영국에서는 매년 그녀와 같은 요양보호사들의 30퍼센트가 시스템을 떠난다. 이는 요양 기관들이 새로운 직원을 모집하고 훈련하는 데 비용을 훨씬 더 많이 써야 하는 것을 의미한다.[1] 게다가 이럴 경우 노인들은 낯선 얼굴들로 만든 회전목마에 다시 올라타야 한다.

2013년 신임 간호사와 요양보호사의 기술과 경력에 대해 독립적으로 검토해달라는 보건부 장관의 요청을 받았을 때 나는 제인을 처음 만났다.[2] 잉글랜드와 웨일스를 여행할 때도 일반인에게 거의 눈에 띄지 않는 근로자들을 인터뷰한 적이 있다. 많은 사람이 정 많고 열정적인 중년 여성들이었으며 간혹 쾌활하고 헌신적인 남성들도 있었다. 그들은 그들의 노동조합을 제외하고 아무도 자신들의 의견을 물어본 적이 없다고 말했다.

그들은 노인들이 지역 보건의, 병원, 지역사회 서비스로 나뉘어 서로 간에 정보가 거의 흐르지 않는 의료 시스템의 틈새에 빠져 있다고 말했다. 그들은 자신들이 선임 의사, 간호사, 관리자들에게 얼마나 자주 무시당했는지 그리고 업무 수행에 필요한 자동차 보험료와 기름값을 벌기 위해 얼마나 애쓰는지에 대해 이야기했다.[3]

요양 업무는 저평가되고, 저임금이며, 감정적으로 고갈되기 쉽고, 육체적으로 매우 소모적인 일이다. 그러나 내가 보기에 그것은 고도로 숙련된 업무다. 그 일을 하려면 엄청난 원숙함과 회복력 그리고 마음속 깊은 곳에서 우러나오는 친절 역시 필요하다. 인구가 고령화되면서 특히 모든 고소득 국가에서 의료 서비스의 새로운 성배는 사람들을 병원 밖에서 돌보는 것이기 때문에 우리는 그런 자질을 갖춘 요양보호사들이 더 많이 필요할 것이다. 20년 동안 심장병을 달고 사는 사람이 겁먹을 때마다 병원에 입원한다면 감히 엄두도 내지 못할 만큼 비용이 많이 들 것이다. 그 대신 우리는 그들을 다정하게 '공동체'라고 불리는 곳에 머물게 하고 싶다.

문제는 우리가 그것을 잘하지 못한다는 데 있다. 너무 많은 사람이 여러 의료 기관의 사일로 사이로 이리저리 옮겨 다니며 장시간 기다리고 똑같은 이야기를 매번 반복한다. 영국, 미국 그리고 다른 여러 나라에서는 의료 서비스와 목욕, 옷 갈아입기, 식사 등을 도와주는 장기요양 서비스가 거의 단절되어 있다. 영국에서는 NHS가 무료지만 대부분의 사람이 요양 서비스 비용을 내야 한다. 미국에서는 메디케어Medicare(미국의 노인 의료 보험 제도_옮긴이)가 병원과 치료 비용을 보전해주지만 장기요양 비용은 보전해주지 않는다.

몇 년 전 나는 한 해 동안 자기 집을 다녀간 요양보호사들을 일일이 메모해둔 89세의 신사를 만났다. 그는 내게 명단을 보여주었다. 거기에는 102명의 이름이 적혀 있었다. 일부는 한 번 방문하고 다시는 나타나지 않았다. 아마 지역 슈퍼마켓처럼 보수가 더 좋은 직장으로 자리를 옮겼을 것이다. 이러한 일이 우리가 노인을 얼마나 대수롭지 않게 대하는지를 보여주는 냉혹한 현실이다.

다행히, 더 좋은 방법이 있다.

## 친절의
## 위력

간호사 조시Josie와 함께 네덜란드 덴하그Den Haag에 있는 아파트 블록의 계단을 오르고 있었다. 3월의 어느 추운 날 아침, 낮게 깔린 구름은 베르메르Vermeer(17세기 네덜란드 화가_옮긴이)의 회색이었다. 테디베어처럼 넓적한 얼굴의 건장한 50대 여성인 조시는 우리가 3층으로 향할 때 숨을 약간 헐떡였다. 하지만 내가 걱정한 것은 우리 뒤에서 할딱거리는 조시의 보더 테리어Border Terrier(영국산 테리어의 일종_옮긴이) 두 마리였다. 환자를 방문할 때 간호사가 작고 털 많은 강아지 두 마리를 데려가는 것을 허용하는 재가요양 서비스를 영국에서는 상상할 수 없다. 위생 문제를 과연 어떻게 해결할 것인가?

조시는 우리가 방문할 베릿Berit 할머니에 대해 설명해주었다. 베릿은 치매 초기 단계로 불안해할 수 있다고 했다. 듣자 하니 그녀는 과거 기념품 가게에서 일했기 때문에 나에게 영어를 써보려고 고대하고 있었다. 나는 알겠다고 고개를 끄덕였지만 나의 서툰 네덜란드어보다 강아지들이 그녀의 발뒤꿈치로 달려들까봐 그것이 더 걱정스러웠다. 강아지들과 함께 할머니를 방문하는 것이 정말 좋은 생각일까?

우리가 베릿의 집 3층에 도착하여 문이 열렸을 때 나는 강아지들이 우리의 비밀 병기라는 사실을 깨달았다. 구부정한 허리에 노란색 양털 스웨터를 입고 맨발로 입을 삐죽 내민 93세의 베릿은 처음에 불안정한 듯 보였다. 그러나 그녀는 강아지들을 보더니 이내 웃기 시작했다. 테리어들은 틀림없이 여기에 와본 적이 있었다. 그들은 잽싸게 방안으로 달려 들어가 카펫 위에서 미친 듯이 뒹굴었다. 일단 나는 인사를 하고 커피를 한 모금 마시면서 런던탑에 대한 우스갯소리를 주고받았다. 조시는 베릿에게 강아지 간식이 가득 들어 있는 비닐봉지를 건네주었다. 베릿은 천천히 일어서서 무섭게 집중한 뒤 길고 창백한 손가락으로 봉지 안을 이리저리 뒤졌다. 그녀는 강아지들이 발치에 앉아 꼬리를 마구 흔들며 기다리는 동안 똑같은 크기의 간식 두 개를 조심스럽게 골랐다. 개들이 간식을 덥석 받아먹자 그녀의 얼굴에서 커다란 웃음이 터져 나왔다.

이런 일은 관료주의보다 인간애를 우선시할 때 일어난다. 이것이 바로 간호사들이 환자 각자에게 알맞은 서비스를 결정할 수 있는 네덜란드식 요양 서비스인 '뷔르트조르흐Buurtzorg(이웃 간호_옮긴이)'다. 이러한 서비스를 행하는 간호사들은 쌀쌀맞게 비용 절감에만 신경 쓰는 관리자들이 아니다. 모든 사람이 개를 좋아하는 것은 아니다. 조시의 개들은 다른 여러 곳을 방문할 때 차 안에서 얌전히 지내지만 조시는 개들이 베릿을 행복하고 차분하게 만들어주기 때문에 베릿이 자신을 기꺼이 받아들인다는 사실을 알고 있었다.

베릿이 내게 1978년에 런던을 여행했던 사진을 보여줄 때 나는 곁눈으로 조시가 베릿이 식사하는 것을 잊어버렸는지 살펴보기 위해 조용히 냉장고와 접시들을 확인하는 것을 보았다. 치매는 그녀의 기억을 잠시 지우기도 하지만 이유 없이 화를 돋우기도 한다. 지난주 그녀는 지역 상점으로 가려고 길을 건널 때 차들을 보고 고래고래 소리 지르기 시작했다. 그녀의 아들 브루노Bruno는 주말에만 어머니를 방문할 수 있어서 걱정이 많다. 조시는 뷔르트조르흐가 모든 간호사에게 지급한 아이패드에 설치한 애플리케이션에 베릿의 분위기를 투입하여 브루노가 볼 수 있도록 해주고 있었다.

뷔르트조르흐는 간호사들에게 아이패드를 지급했지만 지시 사항은 거의 없다. 내가 지금까지 보았던 다른 요양 서비스 기관과는 달리 체크 용지나 일정표가 없었다. 간호사들은 열두 명 이하의 지역팀에서 일하면서 고객을 평가하고, 자신만의 일정을 준비하며, 심지어 자신들이 사용할 사무실 공간도 마련한다. 조시의 팀은 콘크리트 건물 끝에 붙어 있는 두 개의 작은 방에서 일한다. 그곳에는 의자 네 개, 책상 두 개, 캐비닛과 강아지 침대가 각각 한 개씩 들어 있다. 그들은 컴퓨터 앞에 앉아 보고서를 작성하는 게 아니라 사람들을 만나러 밖으로 나가야 하므로 더 큰 방이 필요 없다고 내게 말해주었다.

본사는 팀의 임대료를 내고 급여 명부를 분류하여 IT 업무를 처리한다. 하지만 본사 규모는 아주 작다. 50명의 본사 직원이 뷔르트조르흐의 전체 간호사와 요양보호사 1만 명을 지원한다. 그 결과 간접비 비율이 약 8퍼센트로 다른 비슷한 조직이 25퍼센트인 것과는 대조적이다. 뷔르트조르흐는 비영리 기관이기 때문에 절약한 돈은 간호사를 더 많이 고용하는 데 사용한다.

이것이 얼마나 혁명적인지 설명하기 어렵다. 너무나 많은 나라에서 요양 시스템은 비인간적이 되고 수많은 규칙과 규제로 제약받고 있다. 위험 평가를 할 때 도움이 안 되는 동정심 항목은 아예 등급을 낮추었다. 그 결과 아무도 환자를 간호할 시간이 없다.

뷔르트조르흐는 2007년 네덜란드 의료 서비스에 환멸을 느낀 남자 간호사 요스 드 블록Jos de Blok이 설립했다. 당시 네덜란드는 의료 서비스와 지역 요양 서비스를 공장의 제품 생산으로 정의했다고 설명했다. "예를 들면 간호, 간호 돌봄 추가, 안내 추가 등의 10가지 제품으로 정의했습니다. 그것은 감독관들이 이것 몇 시간, 저것 몇 시간 하는 식으로 요양 서비스를 구매하는 방식이었지요. 그 결과 환자와 간호사들의 관계는 정말 혼란스러웠습니다."

관자놀이에 백발이 성성한 60대의 능변가인 드 블록은 직원과 환자 사이의 의미 있는 관계 회복을 목표로 동료 단 세 명과 함께 첫 번째 팀을 꾸리기 시작했다. 그의 철학은 '일을 단순하게 하는 것'이다. 그렇게 하면 이런 모든 것을 통제하기 위해 그렇게 많은 인력이 필요 없다. 그리고 또 다른 철학은 '계급 구조를 제거하는 것'이다. 그는 "우리가 일을 시작한 이후, 단 한 번도 경영 회의를 한 적이 없어요"라고 말했다. "내가 예전에 했던 일은 온통 회의와 관련된 것뿐이었지요. 이제 우리는 문제를 해결할 시간이 생겼답니다." 그리고 그것은 제대로 작동하고 있다.

오늘날 뷔르트조르흐는 네덜란드 전역에서 7만 명의 환자를 돌본다. 간호사들은 뷔르트조르흐 철학에 너무 열광한 나머지 여기에 합류하려고 은퇴 생활을 접었다.

다시 베릿의 이야기로 돌아가보자. 나는 런던 타워 사진은 제쳐

두고 그녀의 1980년 베를린 여행 앨범에 푹 빠졌다. 조시는 베릿의 마른버짐에 크림을 바르기 위해 옷을 벗자고 하면 지금 즐기고 있는 대화를 방해할까 싶어 그 일은 내일로 미루기로 했다. 베릿은 놀랍도록 강한 성격의 소유자였다. 그녀는 네덜란드어와 영어를 띄엄띄엄 섞어가며 지난 이야기를 들려주었다. 하지만 그러다가 가끔 줄거리를 잊어버리기도 하고, 구부정한 어깨와 두꺼운 양탄자 위의 맨발은 뒤틀어져 고통스러워 보였다.

다음 약속 장소로 이동할 시간이었다. "개들을 여기에 남겨두나요?" 작별인사를 할 때 나는 조시에게 물었다. "그럼요." 그녀는 자신 있게 대답했다. 그녀는 내 의구심을 곧바로 알아차리고 "나중에 데려갈 거예요. 베릿 눈이 반짝거리는 거 봤지요?"라며 자랑스레 내 귀에 속삭였다. 나도 그녀의 눈빛을 보았다. 베릿에게 이 강아지들을 친구 삼고 돌봐야 할 책임을 지우는 것은 확실히 그녀를 계속 움직이게 하는 방법이었다.

조시와 함께 나머지 오전 시간을 차로 다니면서 나는 3가지 사항에 충격을 받았다. 첫째, 요양 서비스의 연속성이다. 우리가 방문하는 모든 집에는 그들을 책임지고 돌보며 앞으로 계속 방문할 단 세 명의 팀원 사진이 들어 있는 작은 책자가 있었다. 둘째, 자립과 가족 관계를 강조한다. 조시와 그녀의 동료들은 적극적으로 고객의 친구들과 가족을 찾아내어 그들에게 정보를 계속 제공하고 그들을 참여시킨다. 셋째, 팀원들은 어떤 일을 하든 그것이 자신들의 품위에 어울리지 않는다고 생각하는 사람은 아무도 없었다.

영국에서는 요양 활동을 약을 투여하는 것 같이 정규 간호사가 하는 '전문적인' 업무와 샤워를 돕는 것 같이 요양보호사가 하는 '기초적인' 업무로 구분한다. 하지만 조시는 두 업무를 모두 하고 싶어 했다. 그녀는 환자와 다시 가까워지고 싶어서 뷔르트조르흐에 가입했다고 말했다. "나는 사람들과 함께 일하면서 초심으로 돌아가려고 해요." 즐거운 표정으로 그녀는 이렇게 덧붙였다. "우리는 모든 것을 돌본답니다. 고객이 필요하다고 하면 그들을 위해 샌드위치도 만들 거예요."

영국에서 나는 오래전부터 임금이 가장 낮은 직원들에게 업무를 과도하게 맡기는 것은 겉으로만 절약하는 것이라는 견해를 갖고 있었다. 그것을 감독하려면 괴물 같은 관료 체계가 필요하고, 환자와 실질적인 관계를 구축할 여유가 있는 사람은 아무도 없다. 이런 현상은 종종 환자들의 상태가 더 빨리 악화되고 점점 더 많은 도움이 필요하다는 사실을 의미한다. 환자들의 이익을 위해 우리는 비용이 아니라 결과에 초점을 맞출 필요가 있다. 그러면 역설적으로 돈을 절약할 수도 있다.

뷔르트조르흐가 효율성에 대한 나의 이론을 증명하는 듯하다. 컨설팅 기업인 언스트앤영Ernst&Young, EY에 따르면 뷔르트조르흐는 보통 정규 간호사들에게 기초적인 업무와 전문적인 업무를 모두 수행하도록 함으로써 비교 가능한 다른 기관보다 시간당 비용이 더 많이 드는 것 같지만 결과적으로는 전체 비용이 거의 40퍼센트나 적게 든다고 한다.[4] 그 이유는 간호사들이 환자마다 더 적은 시간을 투입하기 때문이다. 그것은 결국 신뢰가 가져온 결과다. 조시와 그녀의 동료들은 환자들이 스스로 자신의 상태를 관리하도록 격려하고 그 일에 친척들을 참여시키는 데 능숙하다. 환자들은 조시가 돌아온다는 것을 알기 때문에 당황하지 않고 본사에 쉴 새 없이 전화하지 않는다. 그런 의미에서 이미 우리가 살펴본 것처럼 뷔르트조르흐는 건강을 개선할 수 있는 이웃들을 창조하고 있다.

조시는 환자를 방문할 때 그들과 시간을 많이 보내는 것 같은 인상을 주지만 나는 그녀와 함께 오전 시간을 보내면서 그녀가 능수능란하게 시간을 늘린다는 사실을 깨달았다. 우리는 압박 양말을 신어야 하는 한 나이 든 부인과 겨우 10분밖에 있지 않았는데도 조시와 부인이 줄곧 수다를 떠는 바람에 더 길게 느껴졌다. "고객들은 자신들이 필요하다면 내가 5분에서 10분 정도 더 시간을 낼 것으로 생각해요"라고 그녀는 말한다. "그들은 자신들이 우리를 필요로 할 때 우리가 거기에 있을 거라는 사실을 잘 알고 있어요."

뷔르트조르흐에 대한 고객 만족도는 네덜란드의 다른 유사한 의료 기관보다 높다. 사실 뷔르트조르흐가 다른 의료 서비스에 대한 수요를 줄여 주기 때문에 국가 예산을 훨씬 더 크게 절약하는지도 모른다. "뷔르트조르흐는 내 가족이에요." 폐암에서 회복 중인 애니타Anita라는 한 중년 부인이 우리를 만난 자리에서 이렇게 말했다. "나는 내 여동생에게 알리고 싶지 않은 것들도 조시에게는 말할 수 있어요. 병원 의사가 나더러 상담사를 만나고 싶은지 묻더군요. 하지만 나는 그들을 몰라요. 내가 왜 그들에게 말하겠어요? 조시에게 말하면 되는데요."

소위 간호의 '장인정신'을 위하여 환자를 인간으로 대우하고, 적절한 관계를 구축하며, 소명을 갖고 일하는 사람에게 보상하는 일은 상식처럼 들릴지 모른다. 하지만 요즘 세상에서 그것은 급진적인 생각이다.

문제는 일본에서 가장 심각하다. 일본은 인구 감소로 2025년까지 요양보호사가 38만 명 부족할 것으로 예상된다.[5] 요양보호사 인력을 대체하고 늘리기 위해 일본 정부는 현재 기술적인 해결책에 많은 투자를 하고 있다.

## 로봇이 돌봐줄지도 모른다?

일본 중부의 아이치현 거리에 확성기 소리가 울려 퍼졌다. 연분홍색 셔츠 차림의 85세 여성을 본 사람이 있는지 묻고 있었다. "그녀를 보면 경찰서에 신고해주세요"라며 쉿소리 같은 목소리로 외쳐댔다.

일본의 공공 경보 시스템은 원래 태풍과 지진을 경고하기 위해 구축됐지만 현재는 치매 노인들을 찾는 데 자주 사용된다. 연분홍색 셔츠를 입은 아호테Ahote 여사는 일본에서 매년 실종되는 약 1만 6,000명 중 한 명이다. 지난해 이 중 약 500명이 치명적인 사고를 당했다.[6]

도쿄 신토미Shintomi 요양원의 유카리 세키구치Yukari Sekiguchi 원장은 부모를 돌볼 자녀들이 이제 충분하지 않기 때문에 모든 사람이 전자적으로 감시당해야 할 세상이 올 것으로 예상했다.

"이곳 주변에는 노인들이 혼자 사는 아파트가 많아요." 그녀는 근심이 가득한 눈으로 조용히 말했다. "일부는 재활을 위해 혹은 목욕하려고 우리를 찾아와요. 하지만 그들이 집으로 돌아갈 때 우리는 그들이 어떻게 살아가는지 몰라요." 꽃을 아름답게 수놓은 푸른 셔츠를 입고 까만 머리에 자그마한 체구의 세키구치는 최근 직원들이 혼자 살면서 실수로 이틀 치 알약을 한꺼번에 삼켜버린 70세 여성을 구출했다고 알려주었다. 이런 일은 분명히 꽤 자주 일어난다. "그들에게는 돌봐줄 친척들이 없나요?"라고 내가 물었다. 세키구치는 어깨를 으쓱했다. "가족은 멀리 살아요"라며 그녀는 기대할 게 없다는 듯 단호하게 대답했다.

신토미에 거주하는 사람 대부분이 80대 후반이다. 세키구치의 직원은 자신이 거주자들을 감시할 수 없을 때 그들을 감시할 수 있는 다양한 기술을 시험해보고 있었다. 야간에 이곳 8층 건물은 각 층마다 직원이 한 명씩만 있으므로 환자들의 호흡 패턴이 어떻게 변화하는지를 포착하기 위해 각 침대 매트리스 아래에 전자 감지기를 설치했다. 다른 감지기는 누군가 침대 밖으로 나오면 바닥의 움직임을 탐지해 야간 근무자에게 경고를 보낸다.

유사한 시스템이 가정용으로도 개발되고 있다. '올빼미 빛Owl Light'이라고 불리는 기구는 적외선을 사용하는데 이것은 방마다 완벽하게 작동하는 CCTV 카메라를 설치하는 것보다 거부감이 덜하다. 하지만 인간의 노화가 진행되면서 사생활의 경계가 모호해지는 것은 분명하다. 친척들은 불안해하며 원격으로 그들을 감시하고 싶어 한다.

인간의 부족으로 로봇들이 등장하기도 한다. "심지어 지금은 필리핀 사람보다 로봇을 더 선호해요"라며 한 의사는 좌절한 듯 고개를 절레절레 흔들며 말했다.

일본은 이런 놀랄 만한 기술 분야에서 세계를 선도하고 있고 일본인들은 그것들과 함께 생활하는 것이 매우 편해 보인다. 〈스타워즈〉에 등장하는 C-3PO의 흰색 플라스틱 버전과 비슷하게 생긴 키 120센티미터의 휴머노이드 로봇 페퍼Pepper는 최근 도쿄 은행의 로비에서 나를 맞이했다. 그의 깊고 어두운 눈과 고음으로 킥킥거리는 목소리는 오히려 사랑스럽다. 은행에서는 그를 주로 고객들이 줄 서서 기다리는 동안 춤추며 즐겁게 해주는 수단으로 사용한다. 그러나 일부 요양원에서 페퍼 로봇은 운동 수업 시간에 노인들에게 운동 동작 등을 가르치고 있다.

일상생활에서 노인들이 페퍼를 따라 하는 모습을 지켜보는 것은 초현실적인 경험이었다. 할머니들 몇몇이 휠체어를 몰고 페퍼에게 더 가까이 다가가 페퍼의 팔 움직임을 열심히 따라 했다. 한 할머니가 로봇의 머리를 만지자 로봇이 그녀에게 무어라 말하는 바람에 그녀는 시시덕거리며 웃었다. 그러나 무리에 있던 세 명의 남성 노인을 포함한 다른 사람들은 점심 메뉴에 더 관심이 있는 것 같았다.

전문가들은 페퍼가 우울증에 걸린 사람들을 자신만의 세계에서 끄집어내어 세상에 다시 참여하도록 도와준다고 주장한다. 한 일본인 물리치료사는 노인들이 일련의 운동 동작을 따라 할 때 사람보다 페퍼를 더 좋아한다고 내게 알려주었다. 신토미의 세키구치 원장은 이런 현상은 페퍼가 킥킥거리며 높은 음조로 말하는 방식과 관련이 있을지 모른다며 "페퍼의 율동이 노인들 특히 치매에 걸린 노인들에게 잘 맞는 것 같아요"라고 말했다.

또 다른 친구 로봇은 키 20센티미터에 플라스틱 흑백 몸체에 귀여운 원숭이 같은 얼굴을 가진 로보혼RoBoHoN이다. 로보혼은 노인들의 침대 곁에 앉아 아침에 노인들을 침대 밖으로 나오게 하려고 건강이 좋아졌다거나 "외출한 지 오래되셨는데 우리 같이 산책하러 가실래요?"와 같은 기분 좋은 말들을 할 수 있다.

로보혼은 기본적으로 두 다리로 걸을 수 있고 음성과 안면 인식이 가능한 '정교한 전화기'다. 그는 당신이 있는 방에서 운동할 수도 있고 당신을 향해 걸어갈 수도 있다(모두 로보혼을 '그'라고 부르기 때문에 '그'라고 부르지 않을 수 없다).

과학자들이 이러한 기술의 응용프로그램을 선도하는 나고야 대학교에서 내가 본 마케팅 비디오에 등장한 한 나이 든 여성은 "나를 돌봐줘서 고마워, 로비Robby"라고 웃으며 인사했다. 이 대학의 타카유키 모리카와Takayuki Morikawa 교수는 사람들이 대체로 전통적인 전자 화면보다 로보혼을 더 편하게 생각한다고 말한다.

로비는 아직 완전한 대화를 할 수는 없지만 그의 창조자들은 안락의자에 있는 센서를 통해 뇌파를 측정하여 스트레스 수준을 감지함으로써 로비가 상대방의 기분을 짐작하고 어떤 종류의 대답을 해야 할지 판단할 수 있을 정도까지 AI를 발전시키기 위하여 작업 중이다.

만약 우리의 일거수일투족을 기록하는 가구와 친구인 척하는 플라스틱 로봇이 있으면 우리 중 일부는 스트레스 수준이 올라간 상태로 영원히 지내는 게 아닌가 하는 의구심을 떨쳐버릴 수 없을 것이다. 노인이 몰래 담배를 피우거나 부적절한 것을 컴퓨터로 내려받는 등 앞으로 무슨 일이 일어날지는 아무도 알 수 없지만 이런 기술들이 자립하려는 사람들에게 생명줄이 된다는 것은 확실하다. 나는 항상 사람들이 인생의 맨 마지막 때가 되면 할 수 있는 한 즐거운 일을 찾아 나선다고 생각한다. 나는 로봇이 노인들을 그런 일에서 끌어내어 더 좋은 길을 가도록, 끈질기게 즐거운 말을 하도록 프로그램될 것이라 추측한다.

아버지는 불평하는 것이 상노인들이 할 수 있는 마지막 즐거움 중 하나라고 했다. 내가 사람들에게 이 기계들이 마음에 드냐고 물어보면 정중하게 뜻밖이라는 표정을 짓는 참을성 있는 일본인과는 달리 유럽인들, 특히 나 같은 켈트 인들은 불평할 줄 아는 로봇이 필요할지도 모른다. 아마도 더글러스 애덤스Douglas Adams는 그의 저서 《은하수를 여행하는 히치하이커를 위한 안내서The Hitchhiker's Guide to the Galaxy》에서 '마빈 더 패러노이드 안드로이드Marvin the Paranoid Android(소설 속에 등장하는 로봇_옮긴이)'를 발명했을 때 무언가 알아챘을 것이다("엄청나게 똑똑한 로봇인 마빈과 다른 로봇들이 나에게 종이를 한 장 주워 달라고 부탁한다… 그런 일에 만족하지요?"[우울증에 걸린 마빈처럼 사람들이 자신의 직업에 흥미를 갖지 못하고 불평한다는 것을 비유적으로 표현한 문장_옮긴이])

제조업체들은 우리의 감정을 감지하는 로봇에 대해 자주 이야기한다. 페퍼를 생산하는 일본의 소프트뱅크 로보틱스Softbank Robotics는 페퍼가 '인간의 주요 감정을 인지하고 그의 행동을 대화하는 상대방의 기분에 맞출 수 있는 인간을 닮은 최초의 로봇'이라고 주장한다. 하지만 그것이 로봇을 감정을 가진 존재로 만드는 것은 아니다. 우리는 플라스틱을 씌운 전자기기에 인간애가 있다고 생각하지 않는다.

인간애가 있다고 생각할 수도 있을까? 심리학자 셰리 터클Sherry Turkle은 저서 《외로워지는 사람들: 테크놀로지가 인간관계를 조정한다Alone Together: Why We Expect More from Technology and Less from Each Other》에서 인간의 자질을 로봇에 주입하면 할수록 다른 사람에 대한 우리의 기대는 더욱더 작아진다고 주장했다.

"사교적인 로봇은 눈을 마주치고 말을 걸며 우리에 대해 알아간다. 로봇은 우리에게 자신을 보살펴달라고 부탁하고 우리는 그 보답으로 로봇이 우리를 돌봐줄지도 모른다고 상상한다."

터클이 걱정하는 한 가지는 그 결과 사람들이 서로 말하지 않는다는 것이다. 특히 우리는 노인들이 말하는 것을 듣지 않는다. 진정한 대화를 하려면 상대방의 말을 문자로 받아 쓴 대본에 따라 대응하는 것이 아니라 그들이 진정으로 무엇을 말하려는지 그 뉘앙스에 귀를 기울여야 한다.

로봇으로 만든 팔에는 얼굴이 필요 없다. 그것은 당신을 이해하는 척 행동할 필요도 없고 단지 당신의 요양보호사가 허리를 다치지 않도록 육체적인 일을 할 뿐이다. 나는 일본에서 기막힌 로봇들을 보았다. 환자가 침대에 있는 상태에서 휠체어로 변하는 침대 로봇은 엄청난 허리통증을 덜어준다. '나무Tree'라고 불리는 뇌졸중 환자용 두꺼운 통나무 모양의 재활 로봇은 환자가 다시 걷는 것을 배우는 동안 몸을 의지해 매달릴 수 있다. 이처럼 기적 같은 장치들이 널리 사용될 수 있도록 가격이 충분히 내려가기만을 간절히 바랄 뿐이다. 감정 영역으로 잘못 들어온 로봇들을 우리가 받아들인다는 것은 어쩌면 더 힘들지 모른다. 하지만 로봇이 인간이 해줄 수 없는 수준의 위안을 치매 환자들에게 제공할 수 있다는 것을 부정할 사람이 있겠는가?

로봇 동물이 바로 그 중간 단계다. 털이 북슬북슬한 바다표범 모양의 '파로Paro'가 사람이 쓰다듬을 때 긴 속눈썹을 끔벅거리는 모습을 보면 솔직히 무척 사랑스럽다. 그것은 이미 덴마크와 미국의 요양원에서 사용 중이다.

나는 나이 든 일본 부인 세 명이 파로를 쓰다듬는 모습에 흠뻑 빠져들었다. "파로가 내 말을 들어요." 식탁에 간신히 닿을 정도로 왜소하고 몹시 여윈 얼굴을 한 첫 번째 부인이 속삭였다. "이 녀석이 나를 알은체하네요!"라며 그녀가 천천히 말했다. 두 번째 부인은 깊은 생각에 잠겨 있었다. 우리가 그곳에 있다는 사실을 알지 못하는 게 분명했다. 금테 안경을 쓴 세 번째 부인은 82세의 전직 골프 선수였다. 그녀는 자신이 강아지보다 고양이를 더 좋아하기 때문에 강아지 로봇인 아이보Aibo보다 파로를 더 좋아한다고 말해주었다(게다가 아이보는 애교를 부리며 꼬리를 흔들기는 해도 짙은 회색 플라스틱으로 만들어져 있어 안아주고 싶은 마음이 생기지 않는다고 했다).

"우리는 전쟁이 끝날 때까지 고양이를 키웠어요"라며 전직 골퍼는 지난날을 회상했다. "사람들이 어머니를 '고양이 부인'이라고 불렀지요. 식량 부족으로 그들을 키울 수 없었어요." 그녀는 곧바로 현실로 돌아와 장난치기 시작했다. "내가 이 녀석 얼굴을 때리면 울어요" 하고 파로를 철썩 때리면서 파로가 구슬프게 우는 모습을 보여주기도 했다. 그녀는 파로가 진짜가 아니라는 것을 분명히 알고 있었다. 다른 두 부인은 그런 사실을 잘 모르는 것 같았다.

파로는 츠쿠바Tsukuba시에 있는 산업기술종합연구소National Institute of Advanced Industrial Science and Technology의 수석 연구원인 타카노리 시바타Takanori Shibata가 발명했다. 시바타는 사람들이 개나 고양이처럼 가정에서 흔히 키우는 애완동물보다 바다표범에는 익숙하지 않기 때문에 가짜 모형과 유대를 형성할 가능성이 클 것으로 판단하여 바다표범을 선택했다. 그는 실제 바다표범이 활동하는 것을 관찰하기 위해 캐나다를 방문했고 파로의 울음소리를 만드는 데 녹음해온 캐나다 하프 바다표범의 울음소리를 사용했다. 파로는 불안과 우울증 심지어 화학요법으로 치료를 받는 고통까지도 줄여주는 것으로 밝혀졌다. 파로는 일부 치매 환자를 진정시키고 돌아다니는 것을 방지하는 데 매우 효과적이므로 때에 따라서는 향정신성 약품을 대체하기도 했다.

의심할 여지없이 이러한 로봇들은 바쁜 인간이 제공할 수 없는 수준의 위안을 제공한다. 그리고 일본이 지금과 같은 속도로 계속 고령화가 진행된다면 다른 사람의 말을 들어줄 사람이 충분하지 않게 될 것이다. 일부 제조업체들은 부모들이 자신들의 노후를 부양할 세금을 내려면 열심히 일해야 할지도 모른다는 가정 하에 어린 자녀들을 위한 굴러가며 유령처럼 얼굴이 흔들리는 로봇 공인 코코토Cocotto와 같은 친구 로봇을 만들고 있다.

## 가족을 도와줄 사람들

인간이든 로봇이든 전문적인 요양보호사의 수는 나이 든 친척을 돌보는 아들, 딸, 아내, 남편 등 가족 간병인들의 수에 비해 적다. 영국의 민간 네트워크 케어러스 트러스트Carers Trust에 따르면 그런 사람들이 760만 명이며, 그중 67만 명은 치매 환자를 돌보고 있다고 한다.[7]

이들은 대부분 눈에 띄지 않는다. 그들은 영웅적으로 열심히 일하다가 형제자매를 위하여 회사의 마지막 요청도 뒤로하고 비상 휴가를 떠난다. 어떤 이들은 아예 직업을 포기해야 했다. 샤힌 라리

유Shaheen Larrieux가 그런 사람 중 한 사람이다. 그녀의 이야기는 부모가 치매에 걸리면 우리 중 대부분이 직면하게 될 극단적인 예다.

샤힌은 미국의 한 소프트웨어 회사의 잘 나가던 임원이었다. 2001년 가족 회계 사업의 문제들을 해결하려는 부모를 돕기 위해 몇 달 지낼 계획으로 영국으로 돌아왔다. 하지만 그녀는 그 후 18년이나 머물게 되었다.

"어떤 상담사가 '당신은 당신 어머니의 전업 간병인이에요'라고 말했어요"라고 그녀는 전했다. "내가 뭐라고? 나는 '간병인'이라는 단어를 증오했어요. 그러나 그제야 내가 얼마나 많은 것을 포기했는지 깨달았지요. 지금 돌이켜 보면 이런 생각이 들어요. 그 오랜 세월이 다 어디로 갔을까?"

화학공학과를 졸업하고 MBA를 마친 샤힌은 몇 달 동안 휴가를 쓰고 자신의 사업을 시작할 계획이었다. 그러나 당시 54세였던 어머니 호스나Hosna가 확진할 수 없는 희귀한 치매인 행동변이형 전두측두엽 치매bvFTD에 걸려 엉뚱하게 행동하는 바람에 샤힌은 그녀를 돌봐야 했다. 강인한 방글라데시 여성인 어머니가 항상 하던 일은 고객의 부가가치세 업무를 처리하는 것이었다. 하지만 상황이 바뀌었다.

"어머니는 수표를 발행해야 할 때면 나한테 수표를 쓰라고 하고 자신은 서명만 하려고 했어요. 더는 은행에 가고 싶어 하지 않았지요. 영어를 완벽하게 구사했지만 전화 통화 내용은 정말 끔찍했답니다."

샤힌은 어머니가 컵을 탁자 위에 '쾅' 내리치면서 똑같은 질문을 계속 되풀이하는 바람에 아버지가 미친 듯이 화를 냈다고 했다. 그 뒤로 샤힌은 점점 더 많은 일을 떠안았다. 그녀는 부모가 치매에 걸렸을 때 우리 중 많은 사람이 겪게 될 경험을 이렇게 신랄하게 묘사했다. "우리는 서서히 부모가 되고 부모님은 서서히 어린아이로 변해갑니다."

나는 이러한 역할 반전을 좀 더 다방면으로 이해할 필요가 있다고 생각한다. 어머니가 치매에 걸렸을 때 나 자신도 그것에 대해 전혀 준비하지 못했다. 처음에는 둘 다 무슨 일이 일어나고 있는지 이해하지 못한 것이다. 나는 반드시 했어야 했던 의학적인 질문을 캐묻는 대신 어머니가 여전히 자기 일은 시시콜콜한 것까지 다 기억하면서도 내 어린 시절의 중요한 순간들을 기억하지 못하는 것이 야속하여 분개했다. 비록 어머니가 나중에 전혀 기억하지 못했지만 그녀가 했던 가슴 아픈 말들로 분통을 터뜨리기도 했다. 사랑을 독차지하던 외동딸로 솔직히 어떤 책임을 맡는다는 것이 나는 무척 어색했다. 어머니는 짐이 되기 싫다며 끝까지 독립적으로 살기 위해 치열하게 노력했다. 우리 모두 새로운 한계가 어디 있는지 알기 위해 여전히 몸부림치고 있었다.

샤힌에게 며칠이 몇 달로 변하고, 그 후 다시 몇 년으로 변했다. "나는 그 과정으로 빨려들어 갔어요." 그녀가 직장 일을 다시 시작하려고 생각할 때마다 "어떤 일이 일어났어요. 누군가가 어머니를 경제적으로 속이고 돈이 없어지고 있었지요. 아빠에게 엄마한테

직불카드를 주지 말라고 했어요. 하지만 그들은 모두 그녀를 무서워했답니다." 호스나는 점점 공격적으로 변해갔고 샤힌은 자신감을 잃고 있었다. 회사의 많은 동료로부터 그녀는 점점 잊혀 갔다. "MBA 학위를 갖고 있지만 '나는 지금 여기서 무엇을 해야 하나?' 생각했어요."

설상가상으로 친척들은 그녀의 어머니가 아프다는 사실을 받아들이려고 하지 않았다. 샤힌은 그녀의 문화권 사람들은 미혼인 딸이 부모를 당연히 돌보아야 한다고 생각하므로 소란을 떨 이유가 없었다고 설명했다.

2013년 어머니에게 내려진 진단은 그녀에게 엄청난 안도감을 주었다. "계속 생각했어요. '나는 왜 어머니와 잘 지낼 수 없을까?' 마치 달걀 껍데기 위를 걸으면서 그것을 깨뜨리지 않으려고 애쓰는 것과 같았어요. 내 자신이 문제라는 생각이 들어서 나를 변화시키려고 도움을 구했지만 결국 나는 뇌 질환을 앓는 사람을 상대한다는 사실을 깨달았지요."

샤힌의 이야기를 들으면서 가장 가슴 아팠던 부분은 그녀가 얼마나 외로웠을까 하는 점이었다. 경찰은 호스나가 길거리에서 사람들에게 무례하게 행동했다고 투덜대며 집에 찾아오곤 했다. 사회복지 서비스는 별 도움이 안 될 것이었다. 그래서 샤힌은 의료 지원을 받기 위해 열심히 노력해야만 했다. "내가 한 일 중에 가장 힘들었던 일은 요양 서비스를 조정하기 위해 NHS의 여러 부서를 상대하는 것이었어요"라며 그녀는 그동안 겪은 고통을 털어놓았다. 어떤 때는 장기요양의 체계에 관한 170쪽짜리 자료를 내려 받아 읽어야 했다. "나는 일반 사람이 어떻게 그것을 따라 할 수 있는지 모르겠어요." 유감스럽게도 그것은 아주 일반적인 경험이었다. 많은 간병인들은 보통 늙었고 환자와 씨름하느라 진이 다 빠지며 샤힌처럼 일 처리에 정통한 것도 아니다.

샤힌은 불평하지 않았다. 아버지는 2018년에 돌아가셨고, 현재 71세인 어머니는 간병인들이 잘 돌보고 있다. 샤힌은 여러 회사들에 자신의 경험담을 들려주고 영국 알츠하이머 리서치Alzheimer's Research UK가 선정한 알츠하이머 후원자 챔피언이 되었다.

"내가 배운 것은 행복에 이르는 길은 하나가 아니라 여러 갈래 라는 사실입니다. 알츠하이머 모임을 통해 흥미로운 사람들을 아주 많이 만났어요. 처음에는 다른 사람들이 나를 어떻게 생각할까 걱정하면서 여러 해를 보냈지만 지금은 별로 신경 쓰지 않아요. 나는 그런 끔찍한 병을 통해서 어머니와 끈끈한 유대 관계를 맺었어요. 그녀가 나중에 세상을 떠나고 나면 좋은 추억이 남을 거예요. 그리고 아빠는 엄마가 보살핌을 받고 있다는 사실을 알고 이 땅을 떠나셨어요. 나도 어느 정도 평안을 찾았답니다. 만약 집에서 무슨 일이 일어날지도 모른다는 사실에 안절부절 하면서 전 세계를 계속 돌아다녔다면 편안할 수 없었을 거예요."

나는 샤힌을 엄청나게 존경하지만 누구도 그렇게 힘든 일로 고통받아서는 안 된다고 생각한다. 우리가 직접 나서지 않더라도 '간호사 조시'와 같이 가족을 도와줄 사람들이 우리에게는 더 필요하다.

과로로 지쳐버린 무급 간병인들을 위한 휴일과 휴식이 필요하며, 경력을 다시 시작하고 싶어 하는 젊은 간병인들을 위한 지원도 필요하다. 그리고 사람들을 돌볼 수 있도록 적절한 자금을 확보한 시스템 역시 필요하다.

## 어떻게 요양 서비스 기금을 해결할 것인가?

우리 중 누구도 누가 알츠하이머병에 걸릴지, 심한 관절염에 걸릴지, 90세에도 여전히 티 댄스를 즐길지 알지 못한다. 나는 지금까지 이 책을 통해 우리 대부분이 90세에도 티 댄스를 출 가능성을 상당히 높일 수 있다는 확신을 심어주었기를 희망한다. 그러나 결코 불운을 배제할 수는 없다. 치매에 관한 한 여전히 일종의 러시안 룰렛(총알 한 개만 장전한 회전식 연발 권총을 머리에 겨누고 방아쇠를 당기는 게임_옮긴이)을 하는 것이다.

전 세계가 고령화 시대에 접어들면서 모든 나라는 양질의 요양 서비스를 제공하기 위한 기금을 공평하게 마련할 방법이 필요하다. 많은 OECD 국가들이 급성 의료 서비스에 대한 보편적인 사회보험 제도를 갖추고 있지만 '늙은-노인'을 돌보기 위한 제도가 있는 나라는 거의 없다.[8] 의료 서비스에 그렇게 많은 돈을 쓰는 미국도 장기요양 서비스에는 돈을 적게 쓰고 있고 그것 조차도 조각조

각 쪼개어져 있어 솔직히 치매라는 불확실한 위험을 보장할 수 있는 유일한 방법인 종합보험 같은 제도를 마련하는 것을 더 어렵게 만든다.

영국인들은 미국의 살인적인 보험료와 상업화를 염려하여 보험제도에 특히 더 신중하다. 그러나 네덜란드인들은 그들의 4대 보험 시스템을 '모든 사람이 반드시 가입해야 하고 모든 사람이 이용할 수 있는 보험을 통한 연대 책임'이라는 훌륭한 문구로 표현한다. 그것은 지금의 영국 제도보다 더 공평하게 들린다. 만약 우리가 불행하게 암에 걸렸다면 NHS에서 무료로 치료받을 수 있을 것이다. 하지만 치매 또는 파킨슨병에 걸리거나 단순히 몸이 쇠약해졌다면 거의 파산 지경에 이를 때까지 스스로 치료비를 내야 한다. 우리는 자산 조사가 필요하고 서비스의 질이 매우 들쑥날쑥한 지역 요양 서비스에 의존해야만 한다.

내가 영국 정부에서 일할 때 요양 기금 조달 문제는 당시 정부의 현안으로 슬금슬금 떠오르고 있었다. 자선단체인 에이지 UK는 140만 명의 노인들이 목욕이나 옷 갈아입기와 같은 필수적인 활동에 도움을 받지 못한다고 우리에게 알려주었다. 요양원 체인이 무너질지도 모른다는 우려가 있었다. 2015년 지출 검토 기간에 수석장관인 제레미 헤이우드 경Sir Jeremy Heywood은 자금 조달 '격차'의 규모를 철저히 조사하기 위해 자신의 사무실로 긴급회의를 소집했다. 회의에 참석한 세 개의 관련 부서 대표들은 의견 일치를 보지 못했다. 약 90분이 지났을 때 회의에 참석했던 관료 중 한 명은 요양원이 붕괴 직전에 있고 직원들은 사기가 떨어져 그 부문이 위기에 처했다며 웅변조로 자신의 의견을 강하게 늘어놓았다. 재무부를 공격한 그의 방식에 관해서는 말할 것도 없고 관료가 그렇게 직설적인 것은 보기 드물었다.

정치인이라면 누구나 유권자들이 세금을 더 내고 싶어 하지 않는다는 사실을 알고 있다. 요양 서비스를 상세히 아는 유권자는 거의 없지만 그것은 병원에 영향을 미치기 시작했다. 의학적으로 퇴원할 수 있어도 갈 곳 없는 노인이 병원 침대 열 개 중 한 개를 차지하고 있었다. 요양 서비스가 실패하면 NHS도 같이 무너진다. 하지만 일반인들은 응급실 현관에 줄이 더 길어지는 것을 목격해도 그 이유가 출구의 대혼란 때문이라는 사실을 거의 알지 못했다. 그것은 이제 변하고 있으며 독일과 일본에서 이미 시행하고 있는 사회보험 제도를 도입할 수 있는 시기가 무르익었다.

## 더 많이 내고
## 더 많이 얻는다

일본 소피아 대학교의 이치사부로 토치모토Ichisaburo Tochimoto 교수는 '정부는 상황이 바뀌어야만 한다는 사실을 깨달았다'고 말했다. 그는 사무실 책꽂이 위에 있던 먼지투성이 상자 중 하나를 끌어내려 그가 1990년대 작성을 도왔던 모든 지방 현의 추정치를 내게 보여주었다. 홋카이도 지방의 65세 이상 사람들에 대한 여러 수치 아래 밑줄이 깔끔하게 그어져 있었다. 그것은 혼자 사는 비율, 가족과 함께 사는 비율, 미래 요양 서비스의 필요성에 대한 추정치였다.

"우리는 특별한 필요성과 관련된 숫자가 가장 빠르게 증가하는 것을 알 수 있었어요. 그것은 치매의 그림자였지요"라고 토치모토가 말했다. 치매의 그림자가 모든 것을 덮어버렸고 오랫동안 커지고 있었다. 일본은 퍼펙트 스톰(두 가지 이상의 악재가 동시에 발생해 경제 위기가 초래되는 상황_옮긴이)에 직면해 있었다. 즉, 아파서 누워 지내는 사람과 혼자 사는 노인이 증가하고 간병인들도 점점 늙어가고 있었다. 치매 노인의 장기 입원 비용은 개인이 파산할 정도로 분명히 비쌌다. 가능하다면 사람들을 집에 머물도록 권할 필요가 있었다.

토치모토와 동료들은 비슷한 위기에 직면했던 독일에서 해결 방법을 찾았다. 독일의 의무적인 장기요양보험 기금은 1994년에 도입되었는데 그 당시 독일의 요양 시스템은 현재의 영국 시스템처럼 너덜너덜해 보였다. 하지만 그 기금은 모든 사람이 무언가를 얻어가고, 아무도 공짜로 받지 않으며, 모든 사람이 무언가 이바지하는 것을 확실히 하도록 공들여 정교하게 만들어졌다. 근로자들은 강제로 추가 부담금을 낸다. 고용주들은 직원을 대신하여 그중 절반을 내주며 퇴직자들은 전액을 낸다. 정부는 자산 조사를 폐지하기로 정당 간 합의를 보았다. 유권자들과의 거래는 명확했다. 당신은 돈을 더 많이 내지만 더 많이 얻어 간다. 즉 부담은 분담되고 위험은 분산되는 것이다.

일본은 비슷한 제도를 2000년에 도입했는데 40세 이상의 근로자들이 내는 국세가 이에 해당된다. 일본인들은 가족을 돌보는 문화가 강하기 때문에 국가가 개입하는 것을 기대하지 않았다. 그래서 그들은 저축하고, 노인을 보험 계약자로 만들며, 가능하면 그들이 보험료를 부담하는 것을 장려하는 제도를 원했다.

그 제도는 매우 포괄적이다. 그것은 가정 방문, 재가 간호, 식료품 쇼핑 도와주기 그리고 손 레일, 휠체어, 침대 등 매력적이지는 않지만 유용한 장비의 임대 서비스를 이용하려면 추가로 10퍼센트를 낸다. 임대 서비스의 수요가 증가함에 따라 공동 부담액도 증가했다. 가장 부유한 계층의 사용자들은 현재 추가로 20퍼센트를 내야 한다.

일본의 젊은이들과 이야기를 나누면서 나는 그들 중 다수가 국민연금보다 장기요양보험을 더 많이 신뢰한다는 사실을 알았다. 어느 전문가는 그의 아들이 더는 연금에 돈을 붓지 않는다며 정부가 서투르게 너무 많이 고쳤다고 말했다. 젊은이들은 자신들이 늙었을 때 연금은 사라질 수도 있지만 요양 제도는 더 안전하고 공평하다고 생각한다. 최대의 도전은 사정없이 증가하는 비용과 많은 사람이 친척들을 돌보지 않으려는 거부감이다. 그렇게 많은 노인이 결국 홀로될 것이라고는 아무도 예상하지 못했다.

독일은 노인을 돌보는 친척들에게 일정 비용을 지급하는 데 예산이 사용되도록 허용함으로써 이 문제를 해결하려고 노력했다. 가족 간병인들이 하는 일을 인정하고 세대가 결속하도록 도와주기 때문에 이 조치는 사람들의 호응을 이끌었다. 독일에서는 자녀 없는 부부가 자녀를 둔 부부보다 기금을 더 많이 내는데, 일부 사람들에게 이것은 너무 논리적이라고 여겨질지도 모르지만 유권자들은 비교적 성공을 확신하는 것처럼 보인다.

독일, 일본, 네덜란드 어디든 이런 제도들은 근로소득세에 기초한다. 이 제도를 영국에 적용해보면 현재는 보험료를 면제받는 65세 이상을 포함하여 40세 이상의 모든 사람이 부담할 국민보험료의 증가를 의미한다. 당장 현금이 없어도 주택을 소유한 연금 수급자들은 사후에 상환될 주택 지분을 양도하는 방식을 이용하여 보험료를 낼 수 있다.

이것은 인기가 없겠지만 내게는 시작 단계의 공평한 전략으로 보인다. 재차 강조하건데, 우리에게 필요한 것은 성숙한 정당 간의 논의와 더불어 더 좋은 의료 서비스다.

## 기술이 변화를<br>가져온다

의료 서비스 체계는 여전히 이미 일어난 어제의 문제들을 치료하도록 구축되어 있다. 즉 우리의 전후 의료 서비스 체계는 만성적인 장기 건강 상태를 예측, 예방하여 치료하기보다는 아직도 일회성 질병을 고치는 데 주로 맞춰져 있다. 이러한 현상의 한 가지 측면은 우리는 아직도 노인이 아니라 젊은 사람의 병을 치료하기 위해 전문가를 고용하는 것처럼 보인다는 것이다.

미국에서 의대생들은 주로 화려하고 보수가 더 좋은 종양학이나 소아청소년과를 선호하며 인구의 고령화에도 불구하고 노인병 전문의의 수는 실제로 감소하고 있다.[9] 영국에서는 노인 의학을 가르치는 의과대학의 수가 감소했다.[10] 하지만 병원 밖에 거주하는 환자를 돌보는 지역 간호사처럼 노인병 전문의가 앞으로 가장 필요한 사람들이다. 하지만 그들의 수는 영국과 프랑스 두 국가 모두 꾸준히 감소하고 있다.

논란의 여지는 있지만 우리는 소아청소년과 의사만큼 많은 수의 노인병 전문의를 목표로 해야 한다. 전통적으로 노인 요양 간호는 화려하지 않다. 어쨌든 쇠퇴하는 것을 관리하고 싶어 하는 사람이 누가 있겠는가? 그러나 최고의 노인병 전문의는 비관주의가 아닌 희망을 관리하고, 환자를 무릎이나 엉덩이에 문제가 있는 사람이 아니라 전인적인 인격으로 대우함으로써 경이로운 결과를 성취한다. 그들은 의료 서비스를 단순히 병을 치료하는 것이 아니라 건강을 유지하는 쪽으로 전환하도록 도와주어야 할 사람들이다.

기술이 변화를 가져올 것이다. AI는 이미 일부 질병을 의사보다 더 잘 진단하고 단순히 사람의 얼굴 모양을 분석하는 것만으로 희귀한 유전적 질환까지도 식별할 수 있다. 2018년 런던에 있는 딥마인드Deepmind(영국의 AI 전문기업_옮긴이)는 무어필즈Moorfields 안과 병원과의 공동 연구에서 AI를 이용하여 50개 이상의 눈병을 94퍼센트의 정확도로 식별했다. 의사들은 이것이 환자들을 진단하고 치료하는 데 걸리는 시간을 대폭 줄여줌으로써 시력 상실의 위험을 감소시켜줄 것이라고 말한다. 인간의 수명이 길어지면서 눈에 문제가 생기는 경우 역시 증가하므로 이러한 진료 방식은 특히 우리가 진정으로 엑스트라 타임을 활용하는 데 있어서 매우 적절하다.

의료 스캔의 양과 복잡성은 그것을 해석하는 인간의 능력을 넘어서기 때문에 기계 학습은 생명을 구할 수 있는 잠재력이 있다. 무어필드의 실험은 AI가 2D 영상뿐만 아니라 3D 구조도 해석할 수 있다는 것을 증명했다.

간단한 기술만 사용해도 바쁜 전문의들은 시간적 여유가 생겨 환자들과 시간을 더 많이 보낼 수 있다. 당장 퇴원해도 될 만큼 건강한 환자들이 지낼 장소를 찾기 위해 요양원과 통화하느라 몇 시간씩 전화기를 들고 사는 간호사들은 어디에 빈자리가 있는지 즉시 알려주는 소프트웨어를 이용할 수 있다. 또한 음성 인식은 환자의 데이터 접근에 필요한 시간을 줄여주기도 한다.

영국의 일부 병원에서는 모든 치료를 추적하고 의료품을 관리하기 위해 '스캔퍼세이프티Scan4Safety'라는 바코드 추적 시스템을 사용하고 있는데 이를 통해 NHS는 예산을 최대 9억 5,000만 달러까지 절감할 수 있을 것으로 예상된다. 옷이나 손목밴드에 내장된 '착용 기술Wearable tech'을 적용한 기기는 생생한 징후를 추적하여 그 정보를 병원으로 전송할 수 있다. 무엇보다도 DNA를 사용하여 개개인의 체질에 꼭 들어맞는 가장 효과적인 약품을 찾을 수 있다는 가능성을 보여주는 유전자학 덕분에 유전자 검사는 훨씬 더 광범위하게 이용될 것으로 전망된다.

이러한 모든 변화는 특히 사이버 보안과 정보 보호 측면에서 여러 가지 도전 과제를 제기한다. 직원들은 디지털 기술을 좀 더 잘 알아야 할 것이다. 미국의 에릭 토폴Eric Topol 교수의 2018년 한 조사에 따르면 20년 이내에 NHS의 열 개 직업 중 아홉 개는 디지털 기술이 어느 정도 필요할 것이라고 한다. 하지만 우리가 모든 것을 로봇에 위임하지 않는 한 기술을 활용하면 스스로 자신의 건강에 대한 책임을 더 많이 지고, 관료 체제를 간소화하며, 전문의들의 부담을 일부 덜어줄 기회를 얻을 수 있다. 우리는 여전히 인정 많은 간병인들이 필요하고 그들을 소중히 여겨야 한다.

## 지금이
## 두 번째로 좋을 때다

개인적으로 문명 사회를 결정하는 한 가지 특징은 '늙은-노인'을 보살피는 방법이라고 생각한다. 그러나 우리의 의료 서비스와 요양 시스템은 너무 복잡하고 규칙과 규제들이 얽히고설켜 때때로 그것들이 사람을 상대한다는 사실을 간과한다. 네덜란드의 뷔르트조르흐 모델을 살펴보면 친절과 신뢰, 효과적인 요양 서비스를 실천한다고 해서 반드시 몰인정하고 파산해야 할 필요가 없다는 것을 알 수 있다.

치매야 말로 장기요양 서비스가 필요한 가장 흔한 이유다. 치매 환자가 전 세계 요양원에 있는 환자의 5분의 4를 차지하고 있고,[11] 그들은 집중적인 도움이 필요하다. 로봇이 부담을 일부 덜어주겠지만 저렴한 비용으로 될 수 있는 게 아니다. 독일과 일본의 강제적인 종합보험 기금의 형태가 비용을 공동으로 부담하고 위험을 줄이는 가장 공평한 방법이다.

우리는 각자 가능한 한 튼튼하고 독립적으로 살기 위해 자신의 건강에 대한 책임을 더 많이 져야 할 것이다. 앞서 언급했던 샤힌처럼 우리 중 많은 사람이 부모님을 돌볼 것이다. 우리는 좀 더 나은 노후 생활을 위한 기금 조성을 위해 세금을 조금 더 낼 준비가 되어 있어야 한다.

남편의 네덜란드 친척 중 한 명이 인용한 네덜란드 격언이 하나 있다. "나무 심기에 가장 좋았을 때가 20년 전이었다. 두 번째로 좋을 때는 바로 지금이다."

새로운 시대를 위하여 공평하고 꽤 훌륭한 의료 서비스와 요양 시스템의 토대를 마련하는 것이 바로 내가 속한 X세대(1965~1981년에 태어난 세대)의 책임이다.

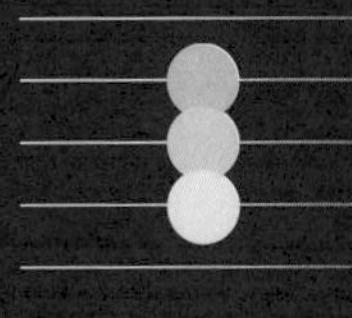

9장

# 목적 있는 삶이 필요하다

"존재의 이유,
삶의 의미가 우리를 지켜준다."

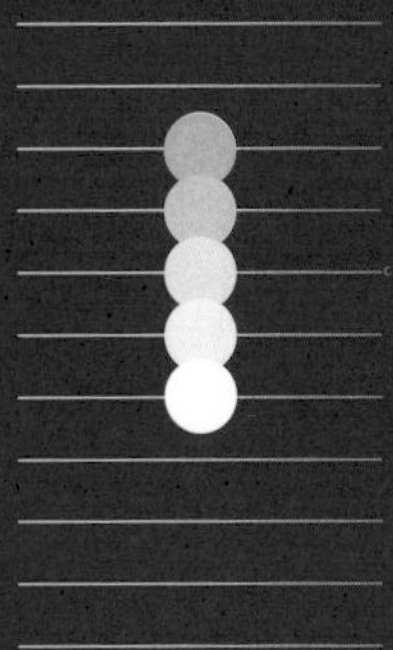

우리에게 주어진 엑스트라 타임은 틀림없이 큰 선물이다. 그러나 우리가 그 시간을 어떻게 보내야 할지 모른다면 그 시간은 큰 짐이 될 수 있다. 모든 75세 노인의 절반이 TV가 그들의 소중한 친구라고 말한다면[1] 우리는 정상적인 상태에서 벗어나 무언가 비참하게 잘못된 것이다.

인류는 창의력, 과학의 획기적인 발전, 의료 서비스 등을 통해 '젊은-노인'이라는 완전히 새로운 인생의 단계를 창조했다. 이제 우리는 그것으로 무엇을 해야 할지 찾아야 한다.

나는 이 책을 쓰기 위해 자료를 조사하면 할수록 우리 인간은 만족스러운 삶을 살기 위해 '목적이 필요하다'는 사실을 더욱 확신하게 되었다. 사람들이 직장을 그만두거나, 정년퇴직을 하거나, 자식들이 성장해 집을 떠나면 무심결에 의지해오던 중요한 삶의 의미가 사라질 수 있다. 내가 인터뷰했던 은퇴자들은 비록 처음에는 여유가 많이 생겼다고 환영했지만 결국 자기 자신을 찾기 위해 몸부림치며 절벽에서 추락하는 것 같은 느낌을 받았다고 한다. 자기 앞에 놓인 인생의 사다리를 한 칸 한 칸 오르면서 마주치는 도전들을 용감하게 이겨냈던 사람들이 갑자기 더 오를 사다리 칸도 없고, 나침반도 없는 자신을 발견하게 된 것이다. 인생의 즐거운 시간이라고 여겼던 과거가 슬며시 정신적 상처가 될 수도 있다. 그것이 바로 내가 노인들이 일을 그만두어서는 안 되며, '황금 같은' 조기 은퇴라는 말에 맞서야 하고, 특히 기술을 다시 배우고 재취업하기 위한 새로운 방법을 모색할 필요가 있다고 강력하게 주장하는 이유다.

〈성공적인 노화에 관한 맥아더 연구The MacArthur Study of Successful Aging〉에서 70대에 자신이 쓸모 있다고 생각하는 사람들이 그렇지 않은 사람들보다 건강에 문제가 생기거나 사망할 가능성이 훨씬 적다는 사실을 발견했다.[2] 하버드대 공중보건대학원Harvard's School of Public Health의 연구에서도[3] 악력과 걷는 속도 등 신체적 민첩성이 우리가 강한 목적의식을 갖는 것과 상관관계가 매우 높은 것으로 드러났다는 점은 시사하는 바가 크다. 러시대학병원Rush University Medical Center은 합목적성에 대한 10점짜리 시험에서 높은 점수를 받은 사람들이 7년 기간을 두고 볼 때 알츠하이머병에 걸리지 않을 가능성이 2.4배나 더 높다고 한다.[4] 어느 것도 절대적이지는 않지만 분명 시사점이 있다.

한 가지 알 수 있는 것은 목적의식이 스트레스를 줄여준다는 사실이다. 다른 하나는 목적의식이 있는 사람이 더 활동적이고 자신의 건강을 더 보살피는 경향이 있다고 한다. 어느 것이든 삶의 의미와 방향을 갖는 것이 외로움, 질병, 심지어 고통으로부터 자신을 지키는 데 도움이 된다는 말은 직관적으로 맞아 보인다.

"오, 그래요"라며 요즘 요통으로 고생하는 옆집에 사는 86세의 우르술라Ursula가 말했다. "나는 계속 움직여야 해요. 우리는 내일 멋진 콘서트를 개최할 예정이랍니다. 학생들에게는 내가 있어야 해요."

남편과 사별한 우르술라는 자식은 없어도 친구들이 많다. 자전거를 타고 사방을 돌아다니고 음악에 열정적이며 세상에 대한 호기심이 그칠 줄 모른다. 우연히 길에서 마주쳤을 때 그녀는 나에게 "우리 꼭 만나요. 그런데 요즘 너무 바쁘네요!"라며 서둘러 걸음을 옮겼다.

내가 이 책을 쓰기 위해 인터뷰한 사람 중에 일본 에도가와 실버센터Edogawa Silver Centre에서 만난 초고령 부인들보다 더 행복해 보이는 사람들은 거의 없었다(132~135쪽 참조). 그렇다, 그들은 모닝커피 모임을 하면서 서로 교제하고 잡담을 즐긴다. 하지만 그들은 지역 회사를 위하여 실제 일하기 때문에 자신을 쓸모 있는 존재라고 여긴다. 그것이 매일 그들이 센터로 모이고 계속 활동하는 진정한 이유다.

어쩌면 우리는 노인들이 서로 교제하도록 한데 모아 다과회를 준비할 때 사소한 것을 놓칠 수도 있다. 사람들은 지독하게 외로워하면서도 나이를 제외하고 아무런 공통점이 없는 사람들과 같이 모이는 행사에 불려나오는 것을 싫어한다. 목적 없는 모닝커피 모임보다는 아마도 목적 있는 다과회가 필요할 것이다.

내가 방문한 영국 남부 해안의 주간 요양원에서 나는 어느 노부인과 대화를 나눌 생각에 "자, 알아맞혀 볼게요. 빙고 게임 하고 싶으시죠?"라고 분위기를 띄우며 말을 걸었다. "망할 빙고 같으니!"

그러나 그녀는 퉁명스럽게 대꾸했다. "나는 빙고라면 질색이야! 보는 사람마다 빙고만 말한다니까." 나는 단지 머리카락이 희다고 그녀가 다른 사람들과 똑같은 게임을 즐길 것이라고 가정한 것이 얼마나 민망했는지 모른다. 주최자들도 시야가 너무나 좁았다.

일본의 실버센터는 '존재의 이유' 즉, '이키가이'의 개념으로 운영된다. 그것은 오키나와에 사는 사람들에게 매우 중요하며 문자 그대로 보면 '삶(이키)과 목적(가이)'을 의미한다. 우리의 노년을 보다 가치 있게 바라보는 한 가지 방법은 아침에 우리를 계속 일어나게 하는 이키가이를 찾는 데 초점을 맞추는 것이라고 말할 수 있다.

우리는 이키가이가 서구의 쾌락주의와 너무나 달라서 제대로 해석하기 위해 열심히 노력한다. 많은 일본인에게 그것은 정신 세계와 현실 세계의 융합을 의미한다. 그것은 직업, 소명, 임무, 열정 등을 분리하지 않고 서로 연결한다. 이키가이는 보통 4가지 사항의 교차 부분에서 나타난다.

[표 9-1]과 같은 벤 다이어그램은 직업 찾기 과정처럼 보일 수도 있다. 그러나 교차 부분에서 우리는 내면의 평화를 발견한다. 그것은 '의무감'과 '책임감'에서 벗어나는 것을 의미한다. 서양 전통에 익숙한 독자에게 이것은 이해하기 쉬운 개념이 아니다. "월요일 아침이면 너무 죄책감을 느껴요"라고 최근 초등학교 앞에서 아이들을 픽업하려고 함께 기다리던 76세의 할아버지가 내게 말했다. "다른 사람들은 모두 일하러 가니까요." 이 할아버지는 손수 일손도 거들고 여러 가지 도움을 주는 역할을 하면서도 출근하지 않는 것에 대

[표 9-1] 이키가이를 찾는 과정

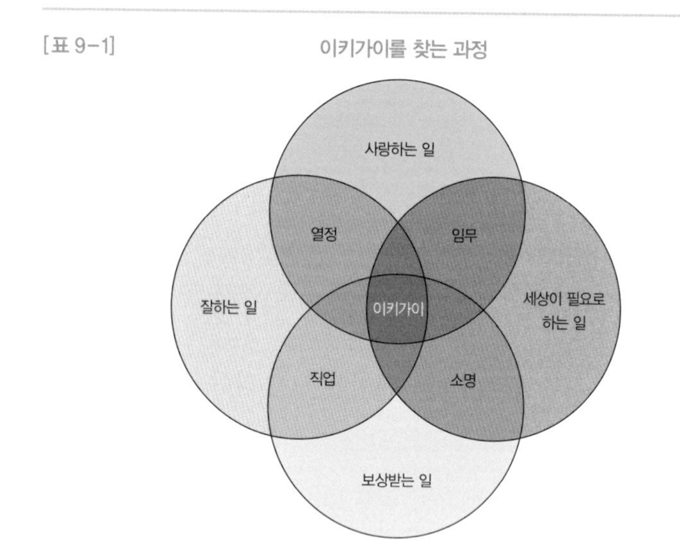


해 여전히 죄책감을 느끼고 있었다.

퇴직한 사람 중에 어떤 사람들은 그들의 인생에 또 다른 위대한 이야기를 만들기 위해 어찌 보면 너무 열심히 노력한다. 또 다른 사람들은 합창단에서 노래를 하거나 이웃을 위해 쇼핑을 해주는 등 작은 일에서 깊은 만족감을 얻는다.

내가 아는 가장 온화한 사람 중 한 명인 일본인 친구 도라Dora는 '나의 더 높은 목표가 무엇인가?'에 대한 답을 찾으려고 안간힘을 쓰기보다 '무엇이 내 삶에 의미를 가져다주는가?'라고 물어보는 것이 더 좋다고 조언한다. 그녀의 말에 따르면 그것은 감사에 관한 일이지 야망에 관한 일은 아니라고 한다.

그렇다면 우리는 어떻게 그러한 목적을 찾을 수 있을까? 나이가 들수록 많은 사람들이 그것을 다른 사람을 도와주는 데서 찾을 수 있을 것이다.

## 우정의 벤치가 주는 지혜

딕슨 치반다Dixon Chibanda 박사는 고국 짐바브웨에서 정신과 의사로 일하던 초창기에 환자 한 명을 잃었다. 그녀는 진찰을 받기 위해 하라레Harare(짐바브웨의 수도_옮긴이)에 있는 그의 병원에 오기로 되어 있었지만 나타나지 않았다. 며칠 후, 그는 그녀가 망고나무에 목을 맸다는 전갈을 받았다.

치반다 박사는 몹시 괴로웠다. 그녀의 어머니에게 "왜 따님이 저를 만나러 오지 않았을까요?"라고 물었다. 버스비가 없었기 때문이라는 대답에 그는 경악했다. 그리고 순간 자신의 직업을 철저히 다시 생각해볼 필요가 있다는 사실을 깨달았다. 인구 1,000만 명인 나라에서 정신과 의사는 겨우 다섯 명이었다. 치반다는 그중 한 명으로 그가 조력자들을 더 많이 모아 병원 밖에서 일하지 않는다면 결코 국가 전체의 압도적인 수요를 맞출 수 없었다. 그렇다면 마을에서 사람들을 상담할 만한 사람이 누가 있을까? 답은 할머니들이었다.

할머니들은 치반다 박사가 가장 필요로 하는 3가지 자질을 갖추고 있었다. 바로 뛰어난 경청 능력, 공감 능력, 맞장구칠 줄 아는 능력이었다. 그래서 그는 자신의 할머니가 살았던 엠바레Mbare 교외에서 이미 지역사회 자원봉사자로 활동하고 있는 할머니 열네 명과 함께 일을 시작했다. 치반다 박사는 그들에게 대화 치료법을 훈련하고 소위 '우정의 벤치Friendship Bench'를 만들었다. 그것은 야외에서 친절하고 온정적인 조언을 하는 할머니들이 사람들을 앉아 기다릴 수 있는 공원 벤치다.

상담에 있어 중요한 것은 무엇보다 '경청'이다. 어떤 사람이 벤치에 앉으면 할머니는 제일 먼저 "내가 당신을 위해 여기 있어요. 당신의 이야기를 나와 함께 나누지 않을래요?" 하고 말을 건넨다. 만약 그 사람이 자살할 것 같다는 생각이 들면 할머니는 그러한 위험을 병원에 알린다. 그렇지 않으면 그녀는 일대일 치료 기간에 그 사람을 여섯 번 만날 것이다.

치반다 팀은 남성과 젊은 여성 등 다른 유형의 사람들을 벤치에 앉혀 보았다. 그러나 그들보다 할머니들이 더 나았다. 사실, 할머니들이 정규 의사들보다도 우울증 치료에 훨씬 더 효과적인 것으로 밝혀졌다. 우정의 벤치를 떠나고 6개월이 지난 사람들을 살펴보면 그곳에서 치료를 받은 사람들이 표준적인 치료를 받은 사람들보다 불안증과 우울증 발생률이 더 낮았다.[5]

첫 번째 임상시험이 끝난 후 치반다 팀은 자금이 바닥났다. 그들은 할머니들이 이 일을 그만둘까봐 걱정했다. 하지만 할머니들은 일의 가치를 믿었고 성취감을 맛보았기 때문에 그 일을 계속했다. 연구팀이 할머니들의 정신 건강을 분석했을 때 예상했던 것보다 훨씬 더 건강하다는 사실을 알게 되었다. 연구팀은 이것이 아마도 일을 통하여 새로운 사람들과 접촉하고 지역사회에서 중요한 역할을 하게 된 결과라고 결론지었다.

현재 짐바브웨의 70개 지역사회에 우정의 벤치가 있다.[6] 벤치마다 치반다의 훈련뿐만 아니라 세월의 깊은 지혜를 바탕으로 듣고 이해하며 충고할 준비가 되어 있는 할머니가 한 명씩 앉아 있다.

할머니들은 아프리카에서 여전히 존경을 많이 받는다. 특히 서양에서 고령화 사회가 계속 발전하기를 원한다면 우리는 이런 종류의 지혜를 이용할 필요가 있다. 결국, 우리는 이 책에서 우리의 뇌는 평생 명석한 상태를 유지하고 새로운 뇌세포의 연결을 만들 수 있다는 것과 많은 연금 수급자가 이전 어느 세대보다 더 건강하고 더 정력이 넘친다는 사실을 알았다. 앙코르닷오르그Encore.org의 창업자 겸 사회사업가인 마크 프리드먼Marc Freedman이 말했듯이 "우리의 고령화 인구가 유일하게 증가하는 천연자원이다." 자, 이제 그것을 활용해보자.

## 좋은 일을 하면 기분이 좋아진다

1990년대 메릴랜드 주 볼티모어에서 단호하게 결심한 학부모들이 모였다. 그들은 자녀들이 낙제나 중퇴가 많은 것을 두고 걱정했다.

학부모들은 3학년 전에 일어나는 일이 결정적인 원인이며 교사들은 이미 한계에 다다랐다는 사실을 알았다. 짐바브웨의 딕슨 치반다처럼 그들은 이용 가능한 다른 자원이 있는지 살피다가 우연히 지역사회의 노인들을 발견했다. 그들은 노인들이 아이들에게 읽기와 쓰기, 수학, 학교의 다른 우선순위 과목 등을 집중적으로 가르치고 멘토 역할도 하는 자원봉사 계획을 고안했다. 하지만 그것을 하려면 대단한 헌신이 필요했다. 학교마다 15~20명 정도의 자원봉사자가 일 년 내내 일주일에 적어도 15시간을 학교에서 보내야 했기 때문이다.[7]

린다 P. 프라이드Linda P. Fried라는 젊고 정력적인 노인병 전문의가 참여하고 존스 홉킨스 의과대학원과 제휴를 맺은 그룹은 선견지명을 갖고 어른들에게도 도전이 될 만한 역할을 설계했다. 프라이드는 신체적·정신적 건강과 삶의 목적 사이에 연관이 있다고 확신했다. 그녀는 노인 환자에게 "의미 있는 일을 찾아야 해요"라고 조언해왔지만 정작 그들은 아무 데도 자신들의 기술을 활용할 곳을 찾을 수 없다는 말에 실망했다. 볼티모어 실험자들은 그들이 만든 프로그램이 5장에서 다룬 뇌에 대한 몇 가지 초기 생각을 반영하는 방식으로 학생들의 '인지 건강'을 증진할 수 있기를 희망했다.

프로젝트는 성공적이었다.[8] 행동 문제로 교장실에 불려간 학생들의 수가 놀랍게도 30~50퍼센트 감소했다. 교사들은 노인들의 많은 참여로 교실의 분위기와 모든 학생에 대한 가능성의 범위가 바뀌었다고 보고했다.

프로그램에 참여한 자원봉사자들의 신체적·정신적 건강이 다른 동료들보다 개선되었다는 점도 눈에 띄었다.[9] 일부 자원봉사자의 두뇌를 스캔해본 결과 자원봉사 경험으로 문제해결 능력이 향상됐다는 사실이 밝혀졌다.

이 실험은 현재 미국의 22개 도시에서 활동하는 '경험단Experience Corps'이라는 영구적인 조직으로 발전했다.[10] 세 개 도시의 2~3학년 학생 약 900명의 성적을 조사한 연구에 따르면[11] 경험단으로부터 도움을 받은 아이들은 비교 가능한 다른 학생들보다 독해력이 60퍼센트 향상됐는데 이것은 학급 규모를 절반으로 줄이는 것과 비슷한 효과였다.

이런 조직이 전 세계에 너무 적다는 것은 놀라운 일이다. 인구가 고령화되면서 공공 서비스에 대한 압박이 증가하고 있다. 교사, 간호사, 놀이터의 감독관이 될 수 있는 젊은 사람들이 점점 더 적어지는 동시에 시간과 경험이 많은 노인들이 넘쳐난다. 왜 이 두 부류의 사람들을 하나로 합치지 못할까? 그렇게 하면 결과적으로 젊은이들에게도 더 좋고 노인들의 의료 서비스 수요 또한 줄일 수 있다.

이와 같이 자원봉사자들은 다양한 형태와 규모로 활동할 수 있으며 일부 사람들은 자신들이 만들어낸 효과에 스스로 놀라기도 한다.

## 자원봉사만큼 효과적인 게 없다

77세의 밥 그로브스Bob Groves[12]가 자신의 일터인 영국의 어느 대형 병원에서 나를 맞이할 때 보여준 미소 덕분에 나 역시 미소가 절로 나왔다. 검은 머리를 매끈하게 뒤로 넘긴 그가 휴식 중일 때 보인 얼굴빛은 조금 파리하여 내성적으로 보였다. 병원 건물의 넓은 현관에 앉아 내가 그곳에 왔다는 것을 눈치채지 못한 그가 시야에 들어왔다. 그러나 이내 나를 보자마자 환한 얼굴로 씩 웃는다. 나는 그가 왜 이곳 직원들과 차를 가져다주는 환자들에게 인기가 많은지 알 수 있었다.

밥은 1년 전부터 이 지역 병원에서 자원봉사를 시작했다. 그는 가장 신뢰받는 전문가로 의사와 간호사를 꼽은 신문 기사를 읽고 자신도 환자들을 도와주고 싶다는 생각 외에는 다른 무엇이 그를 이 일로 끌어들였는지 설명하지 못했다. 그는 결코 자신을 사교적이라고 생각해본 적이 없었다. "사실 나는 항상 외톨이라고 생각해요"라고 자신을 소개했다. "대학교를 다닐 때도 내 사업을 했으니까요. 그러나 여기서는 처지가 바뀌었지요"라고 그는 의아하다는 듯 이야기했다. "병원에 오는 것은 정말 굉장한 일이에요. 나는 의사와 간호사들에게 무척 감탄했고 그럴 때마다 가슴 속에서 무언가가 다시 깨어난답니다."

밥은 환자들을 도와주고 의사와 간호사를 지원하기 위해 2017년에 조직된 자선단체인 헬프포스HelpForce의 회원이다. 그는 일주일에 세 번 아침 근무를 하면서 간호사들이 식기 도구를 챙기고 음식 준비하는 것을 도와주며 환자들을 찾아가 편안하게 해준다. "어떤 환자들은 병원에 다시 입원하게 됐을 때 나를 기억해요. 그럴 때마다 '맙소사, 왜 나를 기억하지?'라는 생각이 들어요. 때때로 그들은 나의 웃는 얼굴을 보면 기분이 좋아진다고 하더군요. 그건 정말 기분 좋아요."

밥은 나에게 자선단체와 그것의 개선 방법에 대해 자기 생각을 열심히 설명하고 싶어 했다. 그는 이 일을 돈 받고 하는 그 어떤 일 못지않게 진지하게 생각하고 있었다. "나는 매우 확고한 생각을 가지고 있어요. 직원들이 자원봉사자들을 믿을 만한 사람으로 여길 수 있어야 한다고요." 그는 솔직하게 말했다. "아내만 해도 자원봉사는 훌륭한 일이지만 언제든지 자신이 원할 때만 출근할 수 있다고 생각해요. 그런데 규칙적으로 오지 않거나 온다고 약속한 시간에 봉사자들이 나타나지 않는다면 직원들이 어떻게 우리를 의지할 수 있겠어요?" 자기를 내세우지 않는 온순한 사람치고 그는 정말 단호해 보였다.

모든 일이 중요하다. 환자가 퇴원할 때 간호사들이 너무 바쁘면 밥이 침대를 정돈한다. "나는 근무시간 내내 서 있어요. 가끔 4시간보다 더 오래 근무하기도 해요. 할 일이 너무 많아요. 그렇지만 간호사들은 12시간씩이나 일해요."

그는 직접 사업을 운영해보았기 때문에 분주한 상황에서도 한결음 뒤로 물러서서 작업 전체를 바라볼 수 있었다. "나는 청소하는 사람들이 좋아요" 그가 열성적으로 말했다. "그들이 조금 과소평가되고 있다고 생각해요. 그래서 그들을 격려하려고 노력합니다." 전직 디자이너이기도 한 그는 공간을 가능한 살기에 적합하도록 하는 것이 중요하다고 생각한다. "사람들이 깨끗하게 정돈된 공간에서 더 긍정적으로 반응한다고 생각해요. 그래서 바닥에 떨어진 쓰레기를 줍고, 의자를 다시 정돈하고, 환자들이 떠나면 모니터를 '0'으로 돌려 칸막이 안에 집어넣어요. 그런 일은 내가 집에서도 늘 하는 일이지요."

'자원봉사'라는 말은 조금 약하게 들릴 수 있다. 자원봉사라고 하면 사람들은 종종 자선단체 상점의 계산대 뒤에서 일을 보거나 교회에서 꽃꽂이하는 성실한 부인들을 떠올린다. 자원봉사자들이 그런 일들을 하는 것이 어느 정도 틀린 말은 아니지만 헌신적인 자원봉사자들이 공공 서비스에 실질적이고 주목할 만한 차이를 만들어낼 수 있다는 사실은 잘 알려지지 않았다.

헬프포스의 어느 자원봉사자가 사람들에게 기억력 클리닉의 예약 내용을 다시 알려주는 전화를 걸기 시작하자 클리닉 출석률은 15퍼센트에서 100퍼센트로 급증했다. 어떤 사람은 환자들을 약속 장소로 데리고 가서 상담하는 동안 함께 있으며 메모도 해주고 다시 집으로 데려다주었는데 때로는 집으로 오는 길에 그들이 마실 우유도 찾아주었다. 이것은 혼자 사는 사람들에게 실제로 기운을 북돋아주는 도움이며, 이렇게 하면 환자 운송 비용이 연간 수백만 달러에 달하는 병원들은 비용 절감 효과를 보게 된다.

또한 그것은 국가와 국민의 공동 프로젝트에 대한 사회 개혁가 윌리엄 베버리지William Beveridge의 본래 비전으로 되돌아가는 움직임이다. 1942년에 베버리지는 전후 영국의 복지 국가 청사진이 되었던 보고서를 발표했다. 그는 "국가는 안전을 체계화하는 데 있어 동기, 기회, 책임을 억눌러서는 안 된다. 국가가 필요로 하는 최소치를 설정할 때 국가는 각 개인이 자신과 가족들의 최소치를 넘는 것을 기부하는 행동을 격려할 수 있도록 여지를 남겨두어야 한다"고 주장했다.[13]

헬프포스는 암 자선단체인 마리 퀴리Marie Curie의 전 최고경영자였으며 현재는 런던의 첼시 웨스트민스터 병원Chelsea and Westminster Hospital의 원장인 톰 휴스-할렛Tom Hughes-Hallett의 아이디어로 탄생했다. 휴스-할렛은 뿔테 안경 뒤로 날카로운 눈매에 목소리가 우렁찼으며 놀라울 정도로 호리호리하고 활력이 넘치는 인물이다. 그의 설명에 따르면 그가 하려는 것은 '이익과 책임의 공유라는 최초의 NHS 비전'인 베버리지의 원칙으로 되돌아가는 것이다. 나는 그가 분명히 성공할 것으로 생각한다.

그는 말했다. "오늘날, 우리는 국민으로서 세금을 내는 대가로 모든 것을 공짜로 얻으려고 합니다. 권리와 의무가 균형을 유지하던 사회에서 의무 없이 권리만을 신봉하는 사회로 옮겨갔지요. 아니나 다를까 온정적인 공동체는 멸종 위기에 놓인 종이 되었습니다."

휴스-할렛은 사람들에게 자원봉사를 장려하면 환자들이 지원을 더 많이 받고, 시간에 쫓기는 직원들의 기초적인 임무를 덜어줄 수 있다고 믿는다. 그는 "우리는 가능한 한 많은 사람이 영국 국민의 의료와 요양 서비스의 한 부분이 되었다는 것을 즐기도록 영감을 불어넣는 임무를 수행하고 있어요"라고 강조하며, "내 마음 속에 세계 최고의 의료 시스템이라고 생각하는 NHS의 모든 분야를 자원봉사자들이 뒷받침하는 모습을 보고 싶습니다"라고 희망을 이야기했다.

NHS가 혜택을 보는 것은 분명하다. 하지만 밥 그로브스의 경우 혜택은 매우 양면적이다. 밥은 자원봉사자가 되기 전 수년간 심각한 우울증과 불안증에 시달렸고 이로 인해 자녀들과의 관계가 틀어졌다고 털어놓았다. 그것은 불쌍한 아버지 신세라고 느낄 정도로 그의 인생에 커다란 그림자를 드리웠다. 지금 그들은 아버지를 어떻게 생각할까?

"아이들은 제가 자원봉사자로 활동하는 것을 매우 자랑스러워해요." 그는 이렇게 말하고는 쑥스러운 듯 어깨를 으쓱했다. "아무튼 나는 정상적인 세계로 돌아가려고 노력하고 있어요. 어떤 치료도 자원봉사만큼 효과적인 것은 없어요."

## 더 큰 선을 위한 인생

2016년, 〈파이낸셜 타임스〉의 칼럼니스트였던 루시 켈러웨이Lucy Kellaway는 권위 있고 편안했던 31년간의 언론계 생활을 떠나 완전히 다른 일을 시작하기로 했다. 바로 수학을 가르치는 일이었다. 사회사업가인 케이티 월드그레이브Katie Waldegrave와 함께 그녀는 성공한 노인들을 전임교사로 채용하는 '나우 티치Now Teach'라는 교육기관을 설립했다. 두 사람은 인생의 다양한 분야에서 성공한 사람들은 교실에서 가르칠 게 많을 것이라고 믿었다. 노인들이 잘하는 수학, 과학, 어학을 담당하는 교사가 심각하게 부족한데도 영국의 3만 5,000명의 교사 연수생 중에서 55세 이상은 단지 100명뿐이었다.

이 프로젝트는 지금까지 120명의 교사를 훈련했다. 그들은 바닥에서부터 다시 시작하는 것을 꺼리지 않았다. 58세의 켈러웨이는 언론계에서 교직으로 삶의 축을 전환하면 자신의 사회적 지위가 내려앉을 것으로 예상했지만 실제로는 오히려 그 반대 현상이 일어났다고 말했다. 사람들이 그녀의 새로운 도전을 격려해주고 예전보다 더 많은 관심을 보였기 때문이다.

그녀는 "다른 길에서 어느 정도 성공을 거둔 사람이 50대에 교사가 된다는 것은 20대에 교사가 되는 것과는 전혀 다른 것 같아요"라고 말했다. 켈러웨이는 자신과 비슷한 생각을 가지고 있던 기록

영화 제작자에서 영어 교사로 변신한 사람의 말을 인용했다. "누구든 젊을 때는 지위라는 것이 외부로부터 주어지는 거라고 생각할 거예요. 인정, 승진, 경쟁 등의 단어는 외부에서 바라볼 때 말하자면 '상승'을 의미하지요. 이제 나는 늙었고, 지위에 대한 생각도 조금 변했어요. 그것이 내면으로부터 훨씬 더 많이 나온다는 사실을 깨달았기 때문이죠. 나의 공헌, 나의 가치에 대한 내 생각이 바로 지위랍니다"라고 새내기 선생님은 말했다.

조사 연구에 따르면 사람들은 나이가 들면서 보답하는 일에 관심이 더 많아진다고 한다. 50세 이상의 사람들을 추적한 어느 연구[14]에서는 일반적으로 사람들이 나이가 들면서 더 따뜻해진다는 사실을 발견했다. 정신분석학자 에릭 에릭슨Erik Erikson은 이것을 노인들이 '횃불을 전달'하여 다음 세대를 도와주려는 충동인 '생식성Generativity'이라고 불렀다. 스탠퍼드 대학교 장수연구소장이자 심리학과 교수인 로라 카스텐슨에 따르면 젊었을 때는 무언가 얻으려고 애쓰고 싸우는 경향이 있으며 삶의 끝은 요원해 보인다. 그러나 나이가 들수록 우리는 의미 있는 경험과 친밀한 관계에 더 집중하게 된다. 그것이 내면 깊이 자리 잡은 욕구를 채워줄지도 모른다.

7장에서 언급한 하버드 대학교 정신과 의사인 조지 베일런트는 다른 사람에게 조언하거나 도움을 주는 70대 사람들은 그렇지 않은 사람들보다 3배나 더 행복하고 결혼 생활이 더 탄탄하다는 사실을 발견했다.

## 돕는 기쁨

조기 은퇴한 지 20년이 지난 73세의 론 모린Ron Morin은 일을 다시 시작한 이후 '몇 년은 더 젊어진' 기분이라고 말했다. 론은 그림을 그리고 글을 쓰기 위해 50세가 되던 해 다니던 직장을 그만두었다. 그의 아내가 사업을 운영하고 있었고 그들에게는 자식이 없었으므로 경제적으로는 여유가 있는 편이었다. 그러나 20년이 지난 후, 그는 자신이 바랐던 것과는 달리 일이 제대로 풀리지 않았다. 비록 그림 작품전은 지역에서 성공적으로 열렸지만 소설은 출판되지 않았고, 그가 쓴 희곡은 지역사회 단체가 연출했지만 큰 성공을 거두지 못했다. 그는 그때를 생각하며 "나는 우울했어요. 딱히 나에 대한 감정은 아니었지만 무슨 일을 해도 특별히 신나지 않았지요"라고 말했다.

그는 여기저기 일자리를 알아보았지만 면접 기회가 없었다. "나를 고려조차 하지 않아요. 확실히 나이 탓이에요." 비록 이력서에 나이를 명시하지는 않았지만 "그들은 내 경력을 보기만 해도 내가 경험이 많다는 사실을 알아차릴 수 있었을 겁니다."

"당신은 시간을 낭비하고 있는지도 몰라요"라며 그의 아내는 "왜 자원봉사하려는 생각은 안 해요? 스스로에 대해 기분이 좋아질 거예요"라고 권했다.

론은 은퇴한 전문직 종사자들을 미국의 비영리 단체에 소개해주는 '임파워 석세스 코프Empower Success Corps, ESC'에 지원했다. 그 결과 그는 현재 매사추세츠 주 북부의 370만 평에 달하는 숲을 관리하는 '프렌즈 오브 미들섹스 펠스Friends of the Middlesex Fells'의 대표를 맡고 있다. 이곳은 세계에서 두 번째로 큰 도시 숲이다. "국가 유적지 등록부를 찾아보면 바로 저기에 러시모어산Mount Rushmore(미국 대통령 네 명의 두상 조각이 있는 산_옮긴이)과 함께 있어요!"라고 말하며 그는 껄껄 웃었다.

"여기에는 조류가 183종, 국가 지정 희귀식물이 10종, 토종식물이 560종 있어요. 그런데 그것들은 현재 멸종 위기에 처해 있답니다. 예전에는 몰랐던 온갖 것을 알게 되었어요"라며 그는 흥분해서 말했다.

펠스의 그 자리를 두고 젊은 사람들도 지원했지만 그들은 이사회가 필요로 하는 경영 능력을 갖추고 있지 않았다. "내가 유리했던 점은 관리자 경험이 있다는 사실이었어요. 과거에 조직을 재정비하고 성장시킨 적이 있었죠. 반면에 가장 큰 약점은 환경보호 전문가가 아니라는 것이었어요. 하지만 나는 사람들이 최선을 다하게 하는 방법을 알고 있답니다."

수천 명도 넘는 사람이 론처럼 ESC와 그 모체이자 '더 큰 선을 위한 인생 2막'이라는 멋진 구호를 가진 앙코르닷오르그를 통해 새로운 역할을 찾았다. 비영리 단체들은 퇴직한 지원자들을 신중하게 심사하고 지배구조와 금융 분야에 대한 연수를 시행하는 ESC에 소개 수수료를 지급한다.

"그들을 돕는 게 기분 좋아요"라고 론은 만족스럽게 이야기했다. "나는 머리를 쓰고 있어요. 문제를 해결하는 것이 나에게 정말 유익하지요. 정치적으로 어려운 상황에 대처하고 해결책도 찾습니다." 그는 '건강이 허락하는 한' 이 일을 계속하는 자신을 상상해보았다. "나는 자연보호센터Nature Centre를 만들려고 해요. 자금을 조달하고 건물을 설계해야 하므로 몇 년은 걸리겠지요. 그래도 그 일을 꼭 하고 싶어요. 나는 내 인생에 있어서 지금, 정말로 숲을 구하고 싶습니다."

## 정체성 회복은 봉사와 돌봄에서 온다

나는 자원봉사자들을 인터뷰할 때마다 그들의 친구들이 자원봉사에 대해 어떻게 생각하는지를 물어본다. 대부분은 친구들이 자신을 존경한다면서도 그 일에는 관심이 없다고 대답했다. 어느 자원봉사자는 "그들은 더는 그런 종류의 책임을 지기 싫어해요. 그들은 제가 전보다 활력이 넘치고 좋아 보인다고 말하면서도 정작 자신들은 자원봉사에 참여하는 것을 원치 않아요"라고 내게 말했다. 모든 사람이 박애주의자가 되려고 자원봉사에 뛰어드는 것은 아닌 듯하다.

그런 경우를 물론 이해한다. 나의 아버지는 평생 어떤 종류의 클럽이건 그곳에 가입하는 것을 단호히 반대했다. 그는 대단히 사교적이고 매우 친절했지만 어느 기관의 요구에도 완벽한 혐오감을 내비쳤다. 학교를 몹시 싫어했고, 이러저러한 사무직 자리도 싫어했다. 아버지는 자신이 다니던 지역 교회에서 저녁 시간에 종종 개최하던 퀴즈 대회에 나가 퀴즈 달인이 되는 것에서 엄청난 즐거움을 찾았다(그 행사를 생각해낸 교구 목사에게 나는 평생 감사해야 한다). 그 역할은 아버지 본연의 모습과 그가 잘하는 일에 딱 들어맞았기 때문에 효과가 있었다. 그러나 나는 아버지에게 낯선 노인에게 차를 가져다주라든지 80대 이상의 사람들과 함께 어울려 나들이를 가라고 설득할 수 없었다. 아버지의 중요한 특징은 80대 노인이 아니라 재즈와 고양이를 사랑하는 작가 겸 역사가라는 점이었다. 아버지의 나이는 그의 정체성과 아무런 관계가 없었다.

나는 이 사실을 매사추세츠 주 렉싱턴에 있는 최고급 양로원인 브룩헤이븐Brookhaven에서 깨달았다. 하버드 케네디 스쿨에 다니는 한 학생의 조부모를 방문하기 위해 그곳에 갔었다. 그들은 서로에게 세심하게 신경을 쓰면서 삶의 모든 순간을 아끼는 멋진 부부였다. 남편은 외과 의사였고 여전히 정정했지만 부인은 허약했다. 그래서 그들은 아직 기력이 있을 때 이사하는 것이 현명하다고 판단했다. 그들은 새로 사귄 친구들과 주민들의 식료품점 운영을 도와주면서 어떻게 자신들이 즐겼는지에 대해 들려주었다. 그때 부인이 무심결에 "그런데 여기에는 의사들이 별로 없어요"라고 말했다. 그러자 남편이 웃으면서 "아, 그들은 모두 저 윗동네 X에 있어요"라면서 더 북쪽에 있는 다른 양로원을 알려주었다. 또한 내 쪽으로 몸을 돌리더니 미소를 지으며 넌지시 다음과 같이 말했다. "보다시피 여기에 있는 우리는 모두 민주당이에요. 저 위에 있는 사람들은 공화당 무리랍니다." 아무도 그의 정체성을 뺏으려 하지 않았다.

나에게 이 대화는 심리학자 엘렌 랭어Ellen Langer와 주디스 로딘Judith Rodin이 어느 양로원에서 시험했던 전설적인 작업과 일치했다. 양로원 주민들은 각자 자기 방에 놓을 화분을 받았다. 절반은 간호사가 화분을 돌본다는 말을 듣고, 나머지 절반은 화분을 돌볼 책임이 자신에게 있다는 말을 들었다. 두 번째 집단의 정신적·육체적 행복이 눈에 띄게 개선되었다. 18개월 후 두 번째 집단의 사망자 수는 첫 번째 집단의 절반밖에 되지 않았다. 그것은 자주성과 정체성이 우리 마음 가장 깊은 곳에 있는 자아에 중요한 영향을 끼친다는 것을 보여주는 훌륭한 사례다.

## 삶의 가치를 바꾼다

여가를 30년 동안 즐기며 지낼 수 있는 사람은 거의 없을 것이다. 어떤 사람은 탈진하고 또 어떤 사람은 누군가를 간호해야 할 책임을 지기도 한다. 우리는 인생의 후반기가 여가의 '황금기'라는 생각을 떨쳐버리고 고쳐야 할 사회적 문제가 너무도 많은 지금의 시기에 노인들이 이러한 사회에 이바지할 수 있는 것이 무엇인지에 대해 생각해야 한다.

길어진 인생의 후반기를 종말의 시작이 아닌 새로운 출발점으로 볼 필요가 있다. 그것은 노인들이 현장에서 젊은 사람들을 훈련하고, 예방 건강 프로그램을 운영하고, 요양 분야에서 신뢰받는 중개인 역할을 하거나 교사, 사회복지사, 간호사가 되는 것 등을 의미하는 것일 수도 있다. 그러한 사람들이 되지 말라는 법은 어디에도 없으니 말이다.

'마라톤을 뛸 때 우리는 어느 순간 난관에 부딪힌다'고 미국의 밀켄 연구소US Milken Institute for the Future of Aging 회장인 폴 어빙Paul Irving이 말했다. "난관에 부딪힌 뒤 우리는 그 일을 헤쳐 나갑니다. 결승점을 향해 뛰어가는 동안 직장에서 '해고'되기도 하지요. 남은 햇수가 적을수록, 마지막이 가까워질수록 남은 시간의 가치는 올라갑니다. 우리는 이 시간을 가속할 기회로 생각해야 해요. 사람들이 이것을 그들의 삶에서 가장 귀중한 시간이 될 수 있다고 믿게끔 만들어야 합니다."

엑스트라 타임, 즉 우리 인생에 있어 마지막 남은 시기에 우리는 모든 것을 해볼 수 있다는 사실을 선언하는 것이 가장 좋을 것이다.

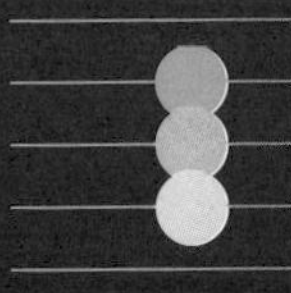

# 10장

# 새로운 사회계약이 필요하다

"운 없는 세대를
위하여."

지난 50년 동안 선진국 국민은 '열심히 일하고 세금을 내면 생활 수준이 상승하고, 일이 잘못되면 안전망이 지켜주고 연금을 받는다'는 묵시적 사회계약을 누려왔다. 그 계약은 20세기의 가장 위대한 업적 중 하나인 사회적 연대 책임을 강력하게 표방한다. 하지만 이제 그것은 위협받고 있다.

이 책의 앞부분에서 우리는 전통적으로 다수의 젊은 납세자들이 소수의 나이 든 은퇴자 집단을 부양하던 인구 피라미드 모양이 어떻게 원통 모양으로 서서히 바뀌었는지 살펴보았다(30~33쪽 참조). 베이비붐 세대가 은퇴하면서 납세자의 수에 비해 연금 수급자의 수는 계속 늘고 있다.[1] 1950년에는 전 세계적으로 연금 수급자 한 명당 약 열두 명의 근로자가 있었다. 오늘날 연금 수급자 한 명당 근로자 수는 대부분의 선진국이 여섯 명 미만이고, 유럽의 일부 지역은 세 명 미만이다. 연금 수급자들이 더 오래 일하지 않는다면 현재의 '부과 방식(매년 지급하는 연금을 그해 거두어들인 보험료로 충당하는 방식_옮긴이)' 복지제도를 지속할 수 없을 것이다.

그것이 전부가 아니다. 많은 국가에서 부와 공공 지출의 증가분은 베이비붐 세대(1946~1965년생)에게 돌아가고 X세대(1965~1981년생)에게는 더 적게, 밀레니얼 세대(1981~1996년생)에게는 그보다도 더 적게 돌아간다. 미국, 일본, 유럽에서 내가 만났던 20~30대 사람들은 그들이 늙었을 때 연금이 존재할 것으로 기대하지 않는다고 말했다. 일부는 자신들의 부모보다 더 가난해질 것을 두려워하기도 했다. 그것의 일환으로 우리가 살펴보았듯이 출산을 미루는 현상이 점점 더 늘고 있다.

노인과 젊은이의 비율 변화, 기성세대가 소유하는 부의 비율 증가, 젊은이들의 열악한 취업 전망 등으로 기존의 사회계약이 한계점에 도달했다. 그러나 대부분의 고소득 국가에서 연금 수급자의 빈곤은 거의 사라졌지만 연금 수급자가 모두 부유하지는 않다. 영국의 센터포에이징베터Centre for Ageing Better의 계산에 따르면 65세 이상 인구의 12퍼센트는 사회적 고립과 빈곤, 건강 악화 등을 겪으며 '고군분투' 중이다. 나는 우리가 제2형 당뇨병과 같은 생활습관 관련 질병의 발병을 줄이면 수십억 달러에 달하는 의료 서비스 비용을 절약하는 것은 물론 삶의 질을 향상시킬 수 있다고 열정적으로 믿지만 그것은 하룻밤 사이에 이루어지지 않을 것이다.

중요한 질문은 '우리가 어떻게 젊은이들을 파산시키지 않고 우아한 노년을 준비할 수 있을까?'이다.

내 생각에 밀레니얼 세대와 베이비붐 세대 사이에 전쟁의 불을 지피는 것은 도움이 되지 않는다. 〈뉴욕 타임스〉의 칼럼니스트인 토마스 L. 프리드먼Thomas L. Friedman은 베이비붐 세대를 향해 '굶

주린 메뚜기처럼 거의 모든 것을 깡그리 먹어치우는 베짱이 세대'라고 멋지게 악담을 퍼부었다. 또한 '영국 레졸루션 파운데이션UK Resolution Foundation의 회장인 데이비드 윌렛츠David Willetts는 '베이비붐 세대들은 자기 자식들의 미래를 빼앗아갔다'고 주장했다. 하지만 이것은 두 가지 이유에서 그렇게 간단한 것만은 아니다.

첫 번째 이유는 세대 간 상호 의존성이 줄어들지 않고 오히려 더 증가했다는 점이다. 엄마·아빠 은행The Bank of Mum and Dad(실제 은행이 아니라 부모가 자식을 경제적으로 도와주는 것을 비유하는 말_옮긴이)은 초과 근무를 하고 있고, 조사에 따르면 밀레니얼 세대는 노인 수당을 삭감하는 것을 특별히 지지하지 않는 것으로 나타났다.[2] 두 번째 이유는 새로운 분열은 노인과 젊은이들 사이에서뿐만 아니라 네트워크로 연결된 전문가 계층과 나머지 계층 사이에서도 일어나고 있기 때문이다.

## 기술이 있는 사람과 없는 사람의 분열

2016년 영국의 브렉시트 투표는 세대 간 충돌의 대표적인 사건이라고 널리 묘사된다. 74세의 국회의원 빈스 케이블Vince Cable은 '노년층이 젊은이들을 속였다'고 주장하기도 했다. 그리고 실제로 18~24세의 인구 가운데 3분의 1도 안 되는 사람들이 EU 탈퇴에 찬성한 데 비해 65세 이상 인구의 3분의 2가 찬성했다. 하지만 더 큰 격차가 나타난 것은 대학 졸업생은 대부분 EU 잔류에 찬성한 데 비해 대학 졸업장이 없는 사람들은 압도적으로 탈퇴에 찬성했다는 사실이다.[3]

중간 일자리가 자동화로 인해 없어지므로 모든 연령대에서 숙련도가 낮은 사람들은 안정적이고 영속적인 일자리를 찾기 위해 더 힘든 싸움을 치러야 한다. 그것은 내가 보기에 세대 간의 분열만큼이나 관심을 기울일 필요가 있는 분열이다.

좋은 의미를 지닌 엄마·아빠 은행은 점점 더 상속의 형태로 주택 소유권을 강화함으로써 이러한 분열을 악화시키고 있다. 영국 주택 거래의 4건 중 하나는 현재 부모들의 재정적인 도움으로 쉽게 성사된다. 일부 부모들은 자신들이 아직 앞으로 수십 년을 더 살아야 할지도 모르는 상황에서 자식들을 돕기 위해 연금에서 돈을 빼낼 정도로 지나치게 관대할지 모른다. 〈파이낸셜 타임스〉의 칼럼니스트인 메린 서머셋 웹Merryn Somerset Webb은 '부모가 자식에게 줄 수 있는 가장 큰 선물 중 하나는 그들 자신의 재정적 보증이다'라고 날카롭게 관찰했다.[4] 그러나 최종적인 결과는 일반적으로 대부분의 사람들이 소유하게 될 가장 중요한 자산인 부동산에 집중한다. 자신의 집을 소유한 밀레니얼 세대의 83퍼센트는 부모들도 집을 소유하고 있다.[5] 바로 그것이 문제다.

# 곤경에 빠진
# 운 없는 세대

2005년 나는 BBC 라디오 4에서 '운 없는 세대Generation Hexed'라는 프로그램의 진행을 맡았다. 편집자와 나는 프로그램명이 꽤 마음에 들었다. 이 프로그램은 1970년대와 1980년대에 태어난 세대가 집을 마련하는 것이 어떻게 점점 더 어려워지고, 학자금 대출에 짓눌리며, 전후에 태어난 많은 베이비붐 세대가 풍족한 조기 은퇴를 고대할 정도로 만끽했던 회사의 후한 연금 계획에서 제외되었는지에 대해 살펴보는 시간이었다.

우리가 인터뷰한 밀레니얼 세대 대부분은 나 자신이 그랬던 것처럼 그런 종류의 호화스러운 연금을 결코 누릴 수 없다는 사실을 체념한 듯 받아들였다. 그들은 비교적 자립하기를 원했고 더 오래 일해야 할지도 모를 가능성에 대비했다. 그것은 2007~2008년에 발생한 금융위기 이전이었다.

오늘날 20~30대는 금융위기의 직격탄을 맞았다. 오랜 어려움 끝에 임금이 다시 오르기 시작했지만 여러 유럽 국가의 청년 실업률은 여전히 높아 잃어버린 세대(1차 세계대전 무렵의 환멸과 회의에 찬 미국의 젊은 세대_옮긴이)에 대한 우려를 다시금 불러일으키고 있다. 자동화로 안전하던 중간 수준의 많은 일자리가 사라지고 자영업이 증가하여 불안감이 팽배해졌다. 또한 금융위기 이후 임금 상승은 지지부진하고 대학 입학이 봇물 터지듯 불어나는 바람에 학자금 빚이 늘어났지만 더 높은 소득을 반드시 보장하는 것은 아니었다.

젊은층과 노인층의 재산 격차는 현대에 들어서 전무후무한 수준에 도달했다. 영국에서 밀레니얼 가정들은 30세까지 그들의 집을 소유할 가능성이 같은 나이의 베이비붐 세대들과 비교하면 절반에 불과하다.[6] 그들은 소득의 거의 4분의 1을 주택에 지출하는 반면 같은 나이의 침묵 세대(1929년~1946년 출생자)는 소득의 8퍼센트만 지출했다. 1983년 전형적인 미국 노인층 가구는 전형적인 젊은층 가구보다 약 8배 더 부유했고, 2013년에는 20배나 더 부유했다.[7]

베이비붐 세대는 저축을 하고 주택담보대출의 높은 이자를 내기 위해 애썼다. 하지만 부동산 거품이 팽창하는 즐거움도 누렸다. 반면 가까스로 사다리에 올라탄 몇몇 젊은 사람들은 그 거품이 터지는 직격탄을 맞았다.

소득에도 근본적인 변화가 있었다. 영국의 경우, 주택 비용을 고려하면 평균적인 연금 수급자의 가구소득이 평균적인 생산가능인구의 가구소득보다 많다.[8] 엎친 데 덮친 격으로 많은 고소득 국가는 젊은이들이 갚아야 할 수십억 달러를 차입했다. 영국의 국가채무는 현재 GDP의 84퍼센트를 차지한다.[9]

종합해보면 이것은 많은 부유한 국가가 지금 '가장 나이 든 세대의 경제적 자원에 대한 사상 유례 없는 청구로 말미암아 세대 간 사회계약을 유지하고 경제 성장을 지속할 수 있다는 전망을 위협하고 있다'는 것을 의미한다. 이러한 말들은 선동적인 행동주의자, 정치인 혹은 베이비붐 세대의 자기 혐오적인 칼럼니스트들에게서 나온 것이 아니다. 앤드류 메이슨Andrew Mason과 로널드 리Ronald Lee라는 두 명의 품위 있고 존경받는 인구학자가 한 말이다.

메이슨 교수와 리 교수는 인구변동이 젊은이와 노인 모두를 부양하려는 인간의 이타적 충동을 왜곡하는 방식을 깊이 파헤쳤다. 그들은 세계 60여 개국의 소득, 자산, 저축, 소비의 흐름을 상세하게 분석하는 일련의 '국민 이전계정National Transfer Accounts'을 만들었다.[10] 역사를 통틀어 자원의 이전은 노년층에서 젊은층으로 흘러가는 하향 방향으로 이루어졌다. 그러나 인구 고령화로 말미암아 이러한 하향 이전의 강도가 꾸준히 감소했다.

일본, 독일, 오스트리아, 슬로베니아, 헝가리 등과 같이 최고령층 인구가 있는 부유한 국가들에서 메이슨 교수와 리 교수는 아마도 인류 역사상 처음으로 자원의 이전 방향이 역전되었다는 사실을 발견했다. 이것은 지금 현재 세대가 미래 세대의 자원을 사용하고 있음을 의미한다. 그들은 만약 아무런 조치도 시행하지 않는다면 2050년이 되었을 때 더 많은 나라에서 이전 흐름의 방향이 역전되리라고 예측했다. 그들은 주요 이유로 은퇴 연령이 낮아지고 건강관리에 대한 지출이 증가했다는 두 가지 사실을 들었다.[11]

이것은 누구의 잘못도 아니다. 그저 인구변동의 결과이며 우리가 이에 대응해 시스템을 갱신하지 못했기 때문이다. 하지만 공평하지도 않다. 그것은 젊은 사람들이 자신들은 되돌려 받을 희망이 없을지도 모르지만 노인들을 위한 일정 수준의 혜택을 지원하기 위해 세금을 내야 하는 것을 시사하기 때문이다.

정치인들은 당연히 노인 세대와의 약속을 어기기 싫어한다. 또한 그들은 노년층 표를 자극할까봐 주저한다. 열심히 일하고 세금을 낸 많은 사람들은 자신들이 '낸' 돈을 '꺼내 갈' 자격이 있다고 믿는다. 하지만 불행하게도 그것은 그렇게 간단하지 않다. '부과 방식' 복지제도에서 오늘날의 근로자들은 그들이 필요할 때 회수하기를 기대하면서 자신들의 이름이 적힌 항아리에 세금을 넣는 게 아니다. 그들의 세금은 오늘 은퇴하는 사람들의 연금으로 사용된다. 영국의 국가 보험료와 미국의 급여세Payroll tax는 정부 채권에 투자되는데 그 가치는 채권 이자를 갚아야 하는 미래 납세자들의 능력에 달려 있다.

문제는 베이비붐 세대가 단지 더 오래 산다는 이유만으로 그들이 낸 돈보다 훨씬 더 많은 돈을 꺼내 갈 예정이라는 데 있다. 이것이 바로 인간의 늘어난 수명에 대한 중요한 결과다. 부자들로부터 가난한 사람들에게로, 건강한 사람들로부터 장애인들에게로, 젊은이들로부터 노인들에게로 부를 재분배하기 위해 고안된 복지 시스템이 오늘날 '모든 사람으로부터 더 오래 사는 사람들에게로' 부를 재분배하고 있다. 결국 가장 오래 사는 사람들이 가장 부유한 사람들이 될 가능성이 크다.

## 여전히 도움이 필요한 사람들

최근 몇 년 동안 내가 가장 좋아하는 영화의 한 장면은 2017년 모건 프리먼Morgan Freeman과 마이클 케인Michael Caine이 주연한 〈고잉 인 스타일Going in Style〉의 들치기 장면이다. 두 명의 연금 수급자는 주머니 사정이 나빠지자 동네 슈퍼마켓에서 식료품을 훔칠 음모를 꾸몄다. 프리먼은 슬그머니 진열대 통로를 지나가며 물건을 훔쳤고, 케인이 도주 차량에 그를 태우는 순간은 현대 영화의 걸작이다. 그 차는 전동 스쿠터였다.

일본을 방문했을 때 나는 그런 장면이 더는 허구가 아니라는 사실에 놀랐다. 일본은 노인 좀도둑들의 범죄 물결로 타격을 받았다. 현재 일본 교도소의 전체 수감자 중 20퍼센트가 60세 이상이라는 것은 깜짝 놀랄 만한 수치다(미국은 6퍼센트다).[12] 그리고 이들 중 다수는 프리먼과 케인이 연기한 영화 속 인물들과는 달리 먹고살기가 힘들어서 일부러 체포되기 위해 범행을 저지른 것으로 알려졌다.

"이러한 현상은 생존의 한 방법으로 감옥에 잠입하려는 의도적인 절도입니다"라고 도쿄 외곽에서 컨설팅 회사인 '주문 상품 연구소Custom Products Research'를 경영하는 마이클 뉴먼Michael Newman이 말했다. 럭비 선수처럼 보이지만 실제로는 통계광이며 열성적인 뉴질랜드인인 뉴먼은 노인 범죄의 이상 급증은 쥐꼬리만 한 수입에 의존하는 연금 수급자들이 되풀이해 범죄를 저지르기 때문이라는

사실을 발견했다.[13]

이들은 잊힌 사람들이다. 저축한 돈이 없는 남자들과 남편의 연금이 자동으로 아내에게 양도되지 않는 샐러리맨들의 남은 부인들이다. 전통적으로 그들은 친척들의 보살핌을 받았겠지만 일본 정부의 2017년 조사에 따르면 노인 좀도둑의 절반 이상이 혼자 사는 것으로 나타났다.[14] 뉴먼이 지적했듯이 "감옥에서 그들은 비를 막아줄 지붕이 있고, 하루 세끼 알찬 식사를 하며, 공과금 고지서도 없고, 건강관리를 공짜로 무제한 받는다."

수감자 중 한 명인 89세의 한 여성은 블룸버그 기자에게 자신은 쌀, 딸기, 감기약을 훔쳤다고 말했다. "나는 생활 보조비를 타며 혼자 살았어요. 예전에 딸아이 가족과 함께 살았는데 폭력적이고 학대를 일삼는 사위를 뒤치다꺼리하느라 저축한 돈을 몽땅 써버렸어요."[15]

이런 예상치 못한 범죄자들의 유입으로 일본 감옥은 노인 요양원으로 바뀌고 있다. 교도소는 노인들이 옷 갈아입는 것과 목욕하는 것을 도와주기 위해 전문 직원들을 고용했다. 덕분에 교도소 의료비는 10년 만에 80퍼센트나 급증했다.[16]

뉴먼은 정부가 가난한 노인들이 그들의 연금으로 음식을 사 먹고 의료 시설을 이용할 수 있는 대규모 기숙사를 짓는 것이 더 저렴하고, 더 인도적일 것으로 생각한다. 그는 정부가 성공을 꿈꾸며 도시로 떠난 지방의 젊은이들 덕분에 공동화된 지방의 광활한 토지 위에서 이 일을 할 수 있을 것으로 여겼다. 실제로 10년 안에 이것은 매력적인 해결책이 될지도 모른다.

내가 이 이야기를 하는 이유는 그것이 많은 나라를 괴롭히는 지속적인 빈곤의 숨겨진 경계선을 부각하기 때문이다. 영국의 경우, 190만 명의 연금 수급자가 연간 약 4만 2,000달러인 국가 중위소득의 60퍼센트 미만으로 생활한다.[17] 미국에서는 중산층 연금 수급자의 40퍼센트가 빈곤층으로 빠질 수 있다고 추산한다.[18] 상당수의 베이비붐 세대들은 어리석든 그렇지 않든 간에 은퇴를 대비해 저축을 충분히 하지 못했다. 부분적인 이유로는 그들이 얼마나 오래 살 수 있을지를 과소평가했기 때문이다.

낮은 이자율은 젊은 차입자들이 주택담보대출을 받도록 부추기지만 고정수입에 의존하는 연금 수급자들의 저축에 타격을 주었다. 더욱이 개인연금은 그것을 가진 사람들도 시장 움직임에 따라 변동하는 '확정기여형' 제도가 연간 고정소득을 보장하던 '확정급여형' 제도를 추월하는 바람에 훨씬 덜 안전하게 되었다. 저축에 대한 책임은 가장 인기 있는 공공 부문을 제외한 모든 부문에서 고용주로부터 노동자에게로 떠밀려갔다. 세계 최대 규모의 자금운용사 블랙록Blackrock의 회장 래리 핑크Larry Fink는 2017년 주주들에게 보낸 서한에서 이 같은 변화를 '대중적 불안이 인정을 덜 받은 요인'이라고 불렀다.

현대의 개인연금은 솔직히 터무니없다. 아무리 빈틈없는 회계사라 할지라도 얼마나 오래 살지, 혹은 너무 아파서 일을 못하게 될지, 인플레이션율은 또 얼마나 될지도 모르면서 은퇴 계획을 세운다는 것은 분명 어려운 일이다. 고용주들은 사람들이 오래 살기 때문에 한도를 정할 수 없는 위험을 떠맡는 일에서 당연히 손을 뗐다. 하지만 우리는 반대 방향으로 너무 멀리 왔다. 더 좋은 제도라면 고용주와 종업원 사이의 위험을 분리하고 연금개시연령을 기대 수명과 연동할 것이다. 대부분의 베이비붐 세대는 특히 집을 소유하고 있다면 밀레니얼 세대보다 여전히 훨씬 더 부유하다. 하지만 우리가 사회적 안전망을 다시 만들 때 여전히 도움이 필요한 사람들을 놓치지 않는 것이 절대적으로 필요하다.

## 새로운
## 낀 세대

세대 간 불공평에 대한 논쟁에서 빠진 한 가지는 오래 사는 것과 경제적 부담이 베이비붐 세대를 새로운 '낀' 세대로 만들고 있다는 사실이다. 그들은 예전의 어떤 세대보다 나이 든 부모를 돌보고, 아이 같은 어른을 부양하거나 손자들을 돌볼 가능성이 더 크다.

호주 조부모들의 육아 시간은 매달 평균 58시간에 이르는데 이를 돈으로 환산하면 월 3억 2,800만 달러에 달한다.[19] 이탈리아와 포르투갈에서는 맞벌이 부모를 위하여 할머니 다섯 명 중 한 명이 매일 손주를 돌본다.[20] 미국에서 취학 전 아동의 거의 4분의 1을 조부모가 돌보며 열 명 중 한 명은 조부모가 가장인 가정에서 산다.[21]

영국 조부모들은 부모들의 양육비를 연간 약 2,400달러 절약하게 해주고,[22] 영국의 무급 노인 간병인들은 연간 약 136억 달러에 달하는 국가 예산을 절감할 수 있게 해준다.[23]

게다가 지역사회 봉사도 있다. 미국 노인들은 2016년 자원봉사로 33억 시간을 사용했는데, 이를 경제적 기여 가치로 환산하면 780억 달러에 해당한다.[24] 이러한 사항을 대차대조표 어딘가에 기록해야 하지 않을까?

덴마크와 헝가리의 인구통계학자인 피터 밴후세Pieter Vanhysse와 로버트 갈Robert Gal, 릴리 바가Lili Vargha가 내놓은 한 가지 답은 영국, 프랑스, 독일, 이탈리아, 스페인, 핀란드, 스웨덴의 노인들이 제공하는 현금과 시간의 모든 것을 평가하는 것이었다. 그들은 육아에서부터 정원 가꾸기에 이르기까지 모든 것을 계량화하려고 노력했다. 이러한 '가족 이전'을 모두 포함한다면 그들은 도움받는 기간인 유년 시절은 현재 25세까지 늘어나고, 순공헌 기간인 독립적인 성인 기간은 79세까지 지속된다고 주장한다. 그것에 근거를 두고 노인들이 국가로부터 더 많이 받지만 젊은이들은 사회로부터 더 많이 받는다고 주장한다. '유럽은 자녀 지향적인 가족으로 튼튼하게 구성된 사회 안에 깊이 자리 잡은 친노인 복지 국가들의 대륙이다.'[25]

이러한 계산은 특히 '가족 기여'라는 개념을 너무 광범위하게 정의했기 때문에 비판받을 수도 있다. 하지만 그들은 공적 자금만이 중요한 것이 아니라 가족 또한 중요하다고 강조한다. 틀림없이 가족이 정부보다 더 민첩하게 대응할 것이기 때문이다.

## 사회계약의 재작성

정부가 불균형인 혜택 부분을 없애지 않고 노인들에게 한 약속을 모두 지키고자 하는 것은 곧 불가능해질 것이다. 이미 연금기금이 부족해지고 있고 일부 지방정부 차원의 계획은 파산했다. 게다가 기대 수명이 예상보다 길어졌다는 사실은 부유하고 교육을 더 많이 받은 사람들이 더 오래 살고, 돈을 더 많이 벌고, 지금까지 계획했던 것보다 복지 시스템의 혜택을 더 많이 받을 가능성이 크다는 것을 의미한다.

기본적인 원칙은 어떤 세대도 자신들이 받을 예상치보다 더 많이 노인 세대에게 도움을 제공하도록 요청받아서는 절대로 안 된다는 것이다. 분명한 출발점은 노인 연령이 65세부터 시작한다는 제도적인 개념과 실제로 서구의 많은 국가에서 그보다 더 일찍 은퇴하는 관행에 도전하는 것이다. 2장에서 보았듯이, 이것은 기대 수명이 너무 많이 증가했을 때 더는 이치에 맞지 않는다. 스위스, 프랑스, 독일, 오스트리아에서는 65세 이상 사람들의 3분의 1 이상이 계속 일할 수 있다고 말한다. 그것은 지금 실제 노동력보다 훨씬 더 큰 수치다.[26] 그런 사람들이 일자리를 찾을 수 있도록 도와주는 것이 절대적으로 필요하다.

영국의 도전은 2011년 '3중 잠금장치Triple-lock'를 통해 연금을 보호하기로 한 결정 때문에 더욱 악화됐다. 이 장치는 물가상승률, 임금상승률 또는 2.5퍼센트 중 어느 것이든 높은 수치를 연금에 연동해 사용하는 것을 의미한다. 저조한 소득 증가와 낮은 인플레로 인해 연금 증가율이 근로자 임금 상승률의 두 배에 달하게 되었다.[27] 그것은 공평하지도 않고 지속할 수도 없다. 3중 잠금장치에서 2.5퍼센트 요소를 없애고, 기대 수명에 맞춰 연금개시연령을 높이며, 연금개시연령을 초과해 일하는 근로자에게 모든 근로자가 소득에 따라 내는 국민보험세를 면제해주는 변칙을 없애는 것이 이치에 맞을 것이다.

그리스와 프랑스에서의 시위를 보면 정부가 기존 수급권을 없애는 것이 얼마나 어려운지 알 수 있다. 공공정책은 보통 모든 사람이 공동의 이익을 위해 무언가를 거래할 때 가장 잘 작동한다. 그것이 바로 독일과 일본이 그들의 요양 보험 제도를 만들면서 성취한 것이다. 영국에서는 그러한 제도를 도입하는 데 필요한 자금을 국민보험세의 변칙을 제거함으로써 조달할 수 있는 연간 약 13억 달러에 달하는 자금으로 일부 충당할 수 있을 것이다.[28] 만약 그것이 노년의 확실한 안전망을 가져다준다면 대중의 지지 또한 얻을 수 있다.

## 운명론에
## 도전하라

우리는 결산일을 계속 미룰 수 없다. 65세가 되는 세대는 세금으로 이바지하는 것보다 복지 국가로부터 혜택을 훨씬 더 많이 받을 것이다. 우리가 행동하지 않으면 젊은 세대가 대가를 치르게 된다. 그러나 우리가 노화를 둘러싼 운명론에 도전장을 낸다면 이것 때문에 자포자기하지 않아도 될 것이다. 생산성은 50세 이후 감소하고 사람들은 65세 혹은 그 이전에 계속 은퇴하며, 점점 더 많은 사람들이 만성 질환으로 시달리는 등 우리는 더 적은 수의 사람들이 점점 더 많은 세금을 내면서 건강과 복지 비용이 소용돌이처럼 치솟는 암울한 여정에 있다고 '인구 시한폭탄' 시나리오는 가정한다.

그러나 우리는 실제로 숫자가 제시하는 것만큼 빨리 '노화'하는 것은 아니다. 중년의 삶이 길어진 만큼 사람들은 예전보다 더 오래 살고, 더 오래 일하며, 더 오래 사회에 이바지할 수 있다. 우리의 도전 과제는 '늙은-노인'은 그들이 필요로 하는 지원을 받지만 '젊은-노인'은 반드시 경제에 생산적으로 이바지할 수 있도록 책임질 수 있는 구조를 만드는 것이다.

또한 우리는 모든 것 중에서 가장 오래된 안전망인 '가족'을 도와야 한다. 독일이 실험하는 것처럼 그것은 친척들이 간병인으로 일할 수 있도록 돈을 지급하는 것을 의미하기도 한다. 배우자를 계속 돌보고 싶지만 한계점에 도달한 사람들에게 휴식 시간을 제공하는 방안도 반드시 포함해야 한다. 보험을 통해 자금을 조달하는 포괄적인 요양 시스템은 영국, 미국 및 기타 국가의 현재 세분화되고 두려움을 유발하는 시스템을 변화시킬 수 있다.

그러나 무엇보다 앞으로 나아가려면 젊은이를 배신하고 이기적으로 유람선을 타고 전 세계를 누비고 다니려는 베이비붐 세대의 고정관념을 버려야 한다. 인구변동은 적대 행위가 아니다. 사실 많은 베이비붐 세대가 젊은이들을 위해 많은 일을 하고 있다. 우리는 일을 훨씬 더 많이 하기 위해 그들의 에너지를 이용할 필요가 있다.

하버드 대학교에서 어느 공부 모임에 합류한 한 노인은 학생들에게 자신이 이바지할 방법을 찾고 싶다고 애타게 말했다. "도전 과제가 너무나 많습니다." 사려 깊은 목소리였다. "기후변화, 빈곤, 주거 등등, 우리 모두 이 문제와 함께 있다고 생각해요. 우리 노인들은 시간이 더 많답니다. 우리는 그것을 사용해야만 해요. 어떻게 사용해야 하는지 알려주세요."

길어진 중년의 삶으로 얻게 된 엑스트라 타임은 우리 모두를 위해 '젊은-노인'의 이타심과 정력을 더 좋은 미래로 연결할 수 있는 기회다.

맺으며

# 아직 모든 것을 즐길 수 있는 시간이 있다

나에게 있어서 '엑스트라 타임'의 출현은 우리 시대의 가장 극적인 이야기 중 하나다. 우리는 오늘날 전 세계에 지대한 영향을 미칠 전례 없는 인구 구조의 변화를 겪고 있다. 인구 감소는 머지않아 국가 간 힘의 균형을 바꾸고 이민 정책의 변화를 가져올 것이다. 인간의 길어진 수명으로 말미암아 다세대 가정이 되살아나고 다양한 연령층이 뒤섞인 노동력이 등장할 것이다. 또한 노인들에 대한 젊은 사람들의 비율이 급격히 감소하고 있기 때문에 정부는 사회계약을 다시 쓰게 될 것이다.

사실상 노화의 진정한 생물학적 경로가 매우 다르게 보일 수 있다면 우리는 몸이 쇠약해지는 것을 막는 건 불가피하다고 주장하는 정크푸드 판매업자와 운명론자들에 맞서 행동해야 한다.

그러나 우리는 아직 준비되지 않았다. 우리는 '노인'을 60세로 간주하며, 조기 은퇴가 바람직하고, 치매는 피할 수 없으며, 좋은 아이디어와 정열은 오직 '젊은이'에게서 나오는 것으로 생각하는 데 익숙하다. 솔직히 말하면 우리 모두 늙는다는 생각을 전혀 좋아하지 않기 때문에 '노인'이라는 개념이 새롭게 정의되고 있다는 사실을 알아차리지 못했다. 심지어 우리가 얼마나 오래 살 수 있을지 충분히 깨닫지 못했을 뿐만 아니라 그것을 위한 계획도 세우지 못했다.

엑스트라 타임의 출현과 이로 인한 변화의 대부분이 틀림없이 좋은 소식일 것이다. 제4차 산업혁명 시대에 우리는 AI와 로봇이 우리의 일자리를 빼앗을 것이라는 두려움에 사로잡혀 있다. 그러나 앞으로 다가올 인간 부족 현상으로 기업들은 인적 자원을 충분히 확보하려고 필사적으로 노력할 것이기 때문에 오히려 경제력을 자본에서 노동으로 전환할 수 있다. 만약 우리가 교육의 제4단계를 만들어낸다면 소득, 삶의 목적, 동료애 등을 추구하며 '재취업'하려는 많은 사람에게 활기를 되찾아주고 그들을 동원할 수 있다. 따라서 우리는 모든 종류의 사회 문제를 해결하는 데 그들의 재능을 활용할 수 있음을 인식해야 한다.

마찬가지로 우리는 '몸은 쇠약해진다'는 운명론에 빠지기 쉽다. 그러나 특히 운동처럼 더 건강한 생활 방식은 기적의 치료법이 될 수 있다는 증거가 넘쳐난다. 우리는 우리 자신과 의료 체계에 대해 훨씬 더 야심차게 생각할 필요가 있다. 의료 체계는 환자들을 치료하고 돌려보내는 의료 공장에서 사람들이 가능한 한 오랫동안 독립적으로 건강하게 지내도록 도와주는 네트워크로 변화해야 한다.

정부, 기업, 언론은 나이에 대해 그들이 전달하는 신호를 변화시킴으로써 도울 수 있다. 이를 위해 새로운 제도들이 필요할 것이다. 여기에는 긱 경제를 헤쳐 나가는 것을 도와줄 스타트업 노동조합, 계속 배울 수 있는 다기능 종합대학교, 낯선 사람들도 참여할 수 있는 회원 공동체, 공동 주택 협동조합, 인간애가 관료주의를 이기는 간호팀, 요양 보험 제도, 노화를 질병으로 인정하는 새로운 의료 면허 모델, 건강 기대 수명을 측정하고 목표로 하는 더 좋은 방법들이 있다. 우리가 들여다보기만 하면 세계 각국에서 좋은 아이디어가 쏟아져 나온다.

나는 이 책에서 우리에게 남은 시간이 얼마든간에 그것을 즐길 가능성을 개선할 방법이 얼마든지 있다는 것을 알려주려고 노력했다. 하지만 우리 모두 노화가 운에 달렸다는 사실을 알고 있다. 우리 중 누구도 자신의 종말을 지시할 수 없고, 다른 사람의 종말도 비난해서는 안 된다. 무엇보다 우리는 더 친절해야 한다. 우리 대부분은 언젠가는 반드시 늙는다. 만약 우리가 아무것도 하지 않는다면 우리 또한 아무것도 얻을 수 없을 것이다. "당신이 대접받고 싶은 만큼 남을 대접하라"는 옛 격언에 귀를 기울이는 것은 분명 의미가 있다.

이 책은 법적으로 20년 젊어지기를 원했던 대담한 네덜란드인의 이야기로 시작했다. 그는 친구들에게 나이를 속이고 싶지 않다고 말했다. 아마도 그것이 우리의 목표가 되어야 할 것이다. 나이를 속여야만 한다고 생각하는 사람이 우리 중 아무도 없는 단계까지 도달할 수 있다면 우리는 우리에게 주어진 엑스트라 타임을 완전히 받아들이는 것이다.

## 감사의 글

이 책을 쓰는 과정에서 자신의 시간을 기꺼이 할애해준 멋지고 영감 어린 사람들을 많이 만났다. 너무 많아서 모든 이름을 일일이 댈 수는 없지만 그중에서도 특히 다음 분들의 지지와 통찰력에 감사를 전한다. 플래그십 파이어니어링Flagship Pioneering의 제이슨 폰틴Jason Pontin, 밀켄 연구소Milken Institute의 폴 어빙Paul Irving, 웰컴 트러스트Wellcome Trust의 마크 헨더슨Mark Henderson과 앤드루 웰치맨Andrew Welchman, 피터 윌슨Peter Wilson대사와 폴 매든Paul Madden 대사, 루디거 반 리난Rudiger van Leenan, 잔 케슬러Jan Kessler, 리처드 로이드 패리Richard Lloyd Parry, 치 마추모토Chie Matsumoto, 조수아 오가와Joshua Ogawa, 알렉 러셀Alec Russell, 엘리노 밀스Eleanor Mills, 모니크 찰스워스Monique Charlesworth 그리고 물론 그렇게 되지 않기를 바라지만 최근 자신의 마지막 저서라며 88세의 나이에 책을 출간한 나의 대부 브라이언 매기Bryan Magee에게 감사드린다.

특별히 고마운 사람들은 하버드 케네디 스쿨Harvard Kennedy School의 제프 리브만Jeff Liebman 교수, 존 헤이그John Haigh 교수, 리처드 제크하우저Richard Zeckhauser 교수다. 그리고 누구보다도 래리 서머스Larry Summers 교수에게 감사드린다. 그가 아니었다면 이 책을 절대 시작하지 않았을 것이다.

세컨드 홈Second home에 장소를 제공해준 로한 실바Rohan Silva, 지칠 줄 모르는 연구 조교 에밀리 벤Emily Benn, 원고에 빈틈없이 의견을 달아준 알 바우먼Al Bowman과 로버트 핸즈Robert Hands, 나의 훌륭한 대리인인 노스뱅크Northbank의 마틴 레드펀Martin Redfern, 하퍼콜린스HarperCollins의 뛰어난 편집장인 에드 폴크너Ed Faulkner와 그의 팀에게도 고마움을 전하고 싶다. 그리고 이 책을 쓰는 과정과 해외 출장을 참아주고 내게 가장 훌륭한 가족이 되어준 휴Huw, 코스모Cosmo, 사샤Sasha, 네드Ned에게도 감사한 마음을 전한다.

이 책에 있는 모든 견해와 의견, 그리고 오류나 과실은 전적으로 나의 책임이다.

# 미주

## 시작하며.
## 나이가 우리를 규정해서는 안 된다

1. Bingham, John, 'Queen's "birthday card team" expands to cope with surge of 100-year-olds', Telegraph Online, 25 September 2014.
2. 'Life expectancy and healthy life expectancy', Health Profile for England, Public Health England, 2017.
3. 'US life expectancy falls for third year in a row', BMJ, 2018, 363, k5118.
4. Chen, A., Munnell, A.H., Sanzenbacher, G.T., Zulkarnain, A., 'Why Has U.S. Life Expectancy Fallen Below Other Countries?' Boston College Center for Retirement Brief, December 2017, http://crr.bc.edu/wp-content/uploads/2017/11/IB_17-22.pdf.
5. 'The Cavendish Review: An Independent Review into Healthcare Assistants and Support Workers in the NHS and Social Care Settings', Department of Health, July 2013.
6. The Care Quality Commission.

## 1장.
## 인구가 힘의 균형을 바꾼다

1. 미국 통계국, 'An Aging World: 2015', March 2016.
2. 유엔 인구국, 2017년 세계 인구 전망(개정).
3. 세계은행그룹의 인구조사 보고서와 국가 통계청들의 통계 간행물.

4. 위와 같음.
5. 위와 같음.
6. UN은 세계 인구가 2030년에 86억 명, 2050년에 98억 명, 2100년에는 112억 명이 될 것으로 예측한다. 국제 응용 시스템 분석 연구소(IIASA)는 세계 인구가 2070년경 94억 명으로 정점을 찍은 후 감소하기 시작하여 2100년에 약 90억 명이 될 것으로 예상한다.
7. Takenaka, Kiyoshi, 'Ageing Japan - Akita prefecture may be glimpse of country's greying future', Reuters Online, July 2018.
8. 'Law requires Chinese to visit their aging parents', Yahoo News, July 2, 2013.
9. Hatton, Celia, 'New China law says children "must visit parents"' BBC News Online, July 2013.
10. 'In rapidly aging Japan, adult diaper sales are about to surpass baby diapers', The Atlantic, July 2013.
11. 'In sexless Japan, almost half of single young men and women are virgins: survey', Japan Times, 2016.
12. 'Single living trend continues to grow in Japan', Nippon Online, April 2018.
13. 제15회 출생 동향 기본 조사, 2015, (일본) 국립 사회보장 인구문제 연구소
14. 중국 국가 통계국.
15. 'China's population set to peak at 1.44billion in 2029-government report', Reuters, January 2019.
16. Wangshu, Luo, 'New rules for visas to help Chinese "return home"', China Daily Online, January 2017. Attracting Skilled International Migrants to China: A review and comparison of policies and practices, International Labour Organisation Report, 2017.
17. Xinying, Zhao, 'Authorities working on plan to delay retirements', China Daily Online, July 2017.
18. 세계은행 온라인 데이터 세트, 'Life Expectancy at Birth (Total Years).'
19. Wang Feng and Mason, Andrew, 'The demographic factor in China's transition', in Loren Brandt and Thomas G. Rawski, eds, China's Great Economic Transformation (Cambridge: Cambridge University Press, 2008), 136-66.
20. 유엔 인구국, 2017년 세계 인구 전망(개정).
21. 2007년 세계은행 연차 보고서.
22. Livingstone, Gretchen, 'Over the past 25 years, immigrant moms bolstered

births in 48 states', Pew Research Analysis of National Center for Health Statistics Data, Pew Research Center.
23. 위와 같음.
24. 'US women are postponing motherhood, but not as much as other as in most other developed nations', Pew Research Center Fact Tank, June 2018.
25. Case, Anne and Deaton, Angus, 'Rising morbidity and mortality in midlife among white non-Hispanic Americans in the 21st century', Proceedings of the National Academy of Sciences, 2015, 1-6.
26. 미국 질병통제예방센터, 'Mortality in the United States 2016', US Department of Health and Human Services, https://www.cdc.gov/nchs/data/databriefs/db293.pdf.
27. 미국 질병통제예방센터.
28. 'The empty crib', The Economist, August 2016.
29. Jensen, Robert and Oster, Emily, 'The power of TV: cable television and women's status in India', Quarterly Journal of Economics, 2009, 124 (3), 1057-94.
30. La Ferrara, Eliana, Chong, Alberto and Duryea, Suzanne, 'Soap operas and fertility: evidence from Brazil', American Economic Journal: Applied Economics, 2012, 4 (4), 1-31.
31. Kotkin, Joel, 'Singapore's midlife crisis', City Journal Online, March 2016.
32. 2017년 인구 동향, 싱가포르 통계청.
33. 이탈리아 통계청.
34. European Commission/Eurostat, 'Mean age of women at childbirth across EU regions', Eurostat Data.
35. European Commission/Eurostat, 'Young people living with their parents', Eurostat Data.
36. Edwards, Catherine, 'The real reasons young Italians aren't having kids', The Local, Italy, September 2016.
37. 이탈리아 통계청, 2011.
38. Reiter, Chris, 'How Germany is defusing a demographic time bomb', Bloomberg Online, May 2018.
39. HMG, Public Expenditure: Statistical Analyses 2017, Controller of Her Majesty's Stationery Office, 2017.

40. 영국 국가 통계청, 'Births by Parents' Country of Birth, England and Wales: 2017.'
41. 영국 국가 통계청, 'Births in England and Wales: 2017.'
42. 'Trends in life expectancy in EU and other OECD countries: Why are improvements slowing?', OECD Health Working Paper 108, Veena S. Raleigh (The King's Fund), 28 Feb 2019
43. 'Great Expectations', RBC Capital Markets, 13 February, 2019
44. 유엔 인구국, 2017년 세계 인구 전망(개정).
45. 'Tanzania's President Magufuli calls for end to birth control', BBC News Online, September 2018.
46. Davis VanOpdorp, 'Polish government urges citizens to multiply like rabbits', DW.com, 8 November 2017.

## 2장.
## 당신은 생각보다 더 젊다

1. 'Scientists up stakes in bet on whether humans will live to 150', Nature, October 2016.
2. Sawyer, S., et al, 'The age of adolescence', Lancet Child and Adolescent Health, 2018, 2 (3), 223-8.
3. Jagger, C., Matthews, F.E., et al., 'A comparison of health expectancies over two decades in England: results of the Cognitive Function and Ageing Study I and II', Lancet, 2016, 387: 779-86.
4. 'The Population 65 Years and Older in the United States: 2016', American Community Survey Reports, October 2018.
5. YouGov Poll, 'Are you worried about dementia?', May 2012.
6. NHS 치매 가이드.
7. Qiu, C., von Strauss, E., Bäckman, L., Winblad, B., Fratiglioni, L., 'Twenty year changes in dementia occurrence suggest decreasing incidence in central Stockholm, Sweden', Neurology, 2013, 80, 1888-94.
8. Ahmadi-Abhari, S., Guzman-Castillo, M., et al., 'Temporal trend in dementia

incidence since 2002 and projections for prevalence in England and Wales to 2040: modelling study', BMJ, 2017, 358, j2856. Matthews, F.E., Stephan, B., et al., 'A two-decade dementia incidence comparison from the Cognitive Function and Ageing Studies I and II', Nature Communications, 2016, 7 (11398).

9. Kolata, Gina, 'U.S. dementia rates are dropping even as population ages', New York Times Online, November 2016.
10. Satizabal, C.L., Beiser, A. Chouraki, V., Chêne, G., Dufouil, C., Seshadri, S., 'Incidence of dementia over three decades in the Framingham Heart Study', New England Journal of Medicine, 2016, 374, 523-32.
11. 현재 독일인의 정년은 1947년생 이전은 65세, 1964년생 이후는 67세다.
12. 'Economic labour market status of individuals aged 50 and over, trends over time', Department of Work and Pensions, October 2018.
13. 영국 국가 통계청, 'How has life expectancy changed over time?', September 2009.
14. 영국 국가 통계청, National Life Tables, UK: 2015 to 2017.
15. Sanderson, W.C. and Scherbov, S., 'Faster increases in human life expectancy could lead to slower population aging', PLoS One, 2015, 10 (4), e0121922.
16. 'Fifty-somethings should be forced to work until 70', Daily Telegraph, 20 May 2016.
17. Normand, Patrice, 'How to be sexy at 50 (according to French dating expert Mylène Desclaux)', The Times Online, 24 November 2018.
18. Cavendish, Camilla, 'The Magazine Interview: Margaret Atwood, author of The Handmaid's Tale', Sunday Times Magazine, 29 October 2017.
19. Matthews, Steve, 'Here's proof that age discrimination is widespread in the job market', Bloomberg Online, October 2015.
20. Levy, Becca, 'Stereotype embodiment: a psychosocial approach to aging', Current Directions in Psychological Science, 2009, 18 (6), 332-6.
21. 'Jerry Hayes: Treasury cuts have crippled justice system', The Times, 15 December 2017.
22. Olshanksy, S.J., Antonucci, T., et al., 'Differences in life expectancy due to race and educational differences are widening, and many may not catch up', Health Affairs, 2012, 31 (8), 1803-13.

23. 'Life expectancy by sex and education level', Health at a Glance, OECD Indicators.
24. Mackenzie, Debora, 'More education is what makes people live longer, not more money', New Scientist, April 2018.
25. Office for National Statistics, Life Expectancy at Birth, Westminster Council Ward Profiles.
26. Jagger, Carol, 'We need a completely new approach to caring for people', Independent, 20 October 2014.
27. J House et al, 'Continuity and Change in the Social Stratification of Aging and Health Over the Life Course' The Journals of Gerontology: Series B, Volume 60, Issue Special_Issue_2, 1 October 2005, Pages S15-S26.
28. Marmot, M. and Brunner, E., 'Cohort profile: the Whitehall II study', International Journal of Epidemiology, 2005, 34 (2), 251-6.
29. Kuper, H. and Marmot, M., 'Job strain, job demands, decision latitude, and risk of coronary heart disease within the Whitehall II study', Journal of Epidemiology and Community Health, 2003, 57 (2), 147-53.
30. Jagger, C., 'Trends in life expectancy and healthy life expectancy', Newcastle Institute for Ageing, 2015.
31. Ministerial Notification No. 430, 일본 후생노동성
32. Comprehensive Survey of Living Conditions, 일본 후생노동성
33. 일본 후생노동성, Abridged Life Tables for Japan, 2013 and 2016.
34. www.springchicken.co.uk.

## 3장.
## 바로 시작하라

1. McPhee, J.S., French, D.P., et al., 'Physical activity in older age: perspectives for healthy ageing and frailty', Biogerontology, 2016, 17 (3), 567-80. Daskalopoulou, C., Stubbs, B., et al., 'Physical activity and healthy ageing: a systematic review and meta-analysis of longitudinal cohort studies', Ageing Research Reviews, 2017, 38, 6-17.

2. Academy of Medical Royal Colleges, 'Exercise - the Miracle Cure', 2015.
3. Pollock, R.D., et al., 'Properties of the vastus lateralis muscle in relation to age and physiological function in master cyclists aged 55-79 years', Aging Cell, 2018, e12735.
4. Buettner, Dan, The Blue Zones (Boone, IA: National Geographic Books, 2008).
5. Gries, K.J., et al., 'Cardiovascular and skeletal muscle health with lifelong exercise', Journal of Applied Physiology, 2018, 125 (5), 1636-45.
6. Akkari, A., Machin, D., Tanaka, H., 'Greater progression of athletic performance in older Masters athletes', Age and Ageing, 2015, 44 (4), 683-6.
7. Reaburn, P. and Dascombe, B., 'Endurance performance in masters athletes', European Review of Aging and Physical Activity, 2008, 5, 29.
8. 'Olympian lifespan possible for all', BBC News Online, 14 December 2012.
9. Curtis, E., Litwic, A., Cooper, C., Dennison, E., 'Determinants of muscle and bone aging', Journal of Cell Physiology, 2015, 230 (11), 2618-25.
10. 'Physical activity 2016: progress and challenges', Lancet Series.
11. Morris, J.N., Heady, J.A., Raffle, P.A., Roberts, C.G., Parks, J.W., 'Coronary heart-disease and physical activity of work', Lancet, 1953, 265, 1111-20.
12. Bey, L. and Hamilton, M.T., 'Suppression of skeletal muscle lipoprotein lipase activity during physical inactivity: a molecular reason to maintain daily low-intensity activity', Journal of Physiology, 2003, 551 (Pt 2), 673-82.
13. Lee, I.M. and Skerrett, P.J., 'Physical activity and all-cause mortality: what is the dose-response relation?', Medicine & Science in Sports and Exercise, 2011, 33 (6 Suppl), S459-71.
14. Tigbe, W.W., et al., 'Time spent in sedentary posture is associated with waist circumference and cardiovascular risk', International Journal of Obesity, 2017, 41, 689-96.
15. McNally, S., Nunan, D., Dixon, A., Maruthappu, M., Butler, K., Gray, M., et al., 'Focus on physical activity can help avoid unnecessary social care', BMJ, 2017, 359, j4609.
16. Cadore, Eduardo, Casas, Alvaro, et al., 'Multicomponent exercises including muscle power training enhance muscle mass, power output, and functional outcomes in institutionalized frail nonagenarians', Age (Dordrecht,

Netherlands), 2014, 36 (2), 773-85.
17. Age UK, 'Falls Prevention Exercise - following the evidence', 2013.
18. 'Exercise for Life: Physical Activity in Health and Disease', Royal College of Physicians Working Paper, 2012.
19. Gillespie, L.D., Robertson, M.C., Gillespie, W.J., Sherrington, C., Gates, S., Clemson, L.M., Lamb, S.E., 'Interventions for preventing falls in older people living in the community', Cochrane Database of Systematic Reviews, 2012, 9, Art. No.CD007146.
20. Stanmore et al., 'The effectiveness and cost-effectiveness of strength and balance Exergames to reduce falls risk for people aged 55 years and older in UK assisted living facilities: a multi-centre, cluster randomised controlled trial', BMC Medicine, t o be published 2019.
21. 'Making prescription drugs free for people 65 and over', Premier of Ontario, News Release.
22. 'Treatment to delay dementia by five years would reduce cases by 33%', Alzheimer's Research UK, June 2014.
23. 남성 대상. 여성들은 위험이 훨씬 낮았기 때문에 연구 대상에 포함하지 않았다. were not included in the study.
24. Elwood, Peter, et al., 'Healthy lifestyles reduce the incidence of chronic diseases and dementia: evidence from the Caerphilly cohort study', PloS One, 2013, 8 (12), e81877.
25. 주로 금연 덕분이다.
26. 'Prof. Peter Elwood on exercise link to avoiding dementia', BBC News Online Video.
27. Livingston, Gill, et al., 'Dementia prevention, intervention, and care', The Lancet Commission, Lancet, 2017, 390 (10113).
28. Cadore, Eduardo, Casas, Alvaro, et al., 'Multicomponent exercises including muscle power training enhance muscle mass, power output, and functional outcomes in institutionalized frail nonagenarians', Age (Dordrecht, Netherlands), 2014, 36 (2), 773-85.
29. Livingston, Gill, et al., 'Dementia prevention, intervention, and care', The Lancet Commission, Lancet, 2017, 390 (10113).

30. Dr Sally Fenton, 'Why can't parents recognise when their children are overweight or obese?', University of Birmingham Online Blog.
31. OECD, Health at a Glance 2017: OECD Indicators (Paris: OECD Publishing, 2017).
32. 미국 질병통제예방센터.
33. 'Road cycling: statistics', House of Commons Library Standard Note: SN/SG/06224, 2013.
34. 'Study: surge in obesity correlates with increased automobile usage', University of Illinois Online Research News Post, https://news.illinois.edu/view/6367/205328.
35. Ronan, L., et al., 'Obesity associated with increased brain-age frommid-life', Neurobiology of Aging, 2016, 47, 63-70.
36. Diabetes UK, 'Number of people living with diabetes doubles in twenty years', Research Factsheet, https://www.diabetes.org.uk/about_us/news/diabetes-prevalence-statistics.
37. Corriere, M., et al., 'Epidemiology of diabetes and diabetes complications in the elderly: an emerging public health burden', Current Diabetes Reports, 2013, 13 (6), 805-13.
38. Lustig, Robert, Fat Chance, The Hidden Truth About Sugar (New York: Hudson Street Press, 2013).
39. Wansini, B. and Kim, J., 'Bad popcorn in big buckets: portion size can influence intake as much as taste', Journal of Nutritional Educational Behaviour, 2005, 37 (5): 242-5.
40. 'Sugar levy leaves bitter taste for drinks makers', Financial Times, 1 April 2018.
41. Aveyard, P., et al., 'Screening and brief intervention for obesity in primary care: a parallel, two-arm, randomised trial', Lancet, 2016, 388 (10059), 2492-500.
42. Booth, H.P., Prevost, T., Gulliford, M.C., 'Access to weight reduction interventions for overweight and obese patients in UK primary care: population-based cohort study', BMJ Open, 2015, 5 (1), e006642.
43. 2010년 〈예방 심장학〉에 실린 연구에 따르면 미국에서 참여한 의사의 5분의 1 미만, 의사 수련생 중 단지 10퍼센트만이 체중 문제를 꺼내는 데 자신 있다고 한다.
44. Lean, M. et al., 'Primary care-led weight management for remission of type 2

diabetes (DiRECT): an open-label, cluster-randomised trial', Lancet, 2018, 391 (10120), 541-51.
45. Jebb, S.A., Astbury, N.M., et al., 'Doctor Referral of Overweight People to a Low-Energy Treatment (DROPLET) in primary care using total diet replacement products: a protocol for a randomised controlled trial', BMJ Open, 2017, 7, e016709.
46. 'Severe obesity four times more likely in poor primary schools', BBC News, October 2018.
47. Andrea T. Feinberg, MD, Allison Hess, Michelle Passaretti, BSN, RN, CCM, Stacy Coolbaugh, MBA, RDN, LDN & Thomas H. Lee, MD, MSc, 'Prescribing Food as a Specialty Drug', 10 April 2018, Geisinger Health System, 10 April 2018.
48. OECD Indicators, 'Health at a Glance 2013'.

## 4장.
## 본업을 포기하지 마라

1. Kashiwagi, Shigeo, 'Japan must abolish mandatory retirement', Nikkei Asian Review Online, May 2018.
2. 위와 같음.
3. Mankad, Prerna, 'Japan finds the cure for Retired Husband Syndrome', Foreign Policy, April 2007.
4. 'Spring cleaning: Japan's grey divorcees', The Economist, April 2016.
5. 영국 국가 통계청, 'Marriage and divorce on the rise at 65 and over', ONS Online Factsheet, July 2017.
6. Hill, Amelia, 'Older entrepreneurs employ more staff than start-ups run by younger people', Guardian, December 2017.
7. Kauffman Foundation, 'Startup Activity Reports', 2017.
8. Azoulay, Pierre, Jones, Benjamin, Kim, J. Daniel, Miranda, Javier, 'Research: the average age of a successful startup founder is 45', Harvard Business Review, July 2018,https://hbr.org/2018/07/research-the-average-age-of-a-successful-startup-founder-is-45.

9. 'Who pays the bill?', The Economist, July 20013, https://www.economist.com/united-states/2013/07/27/who-pays-the-bill.
10. McMahon, E.J. and McGee, Josh B., 'The never-ending hangover: how New York City's pension costs threaten its future', The Manhattan Institute, June 2017.
11. www.fidelity.com.
12. OECD Data Library, 'Pensions at a Glance 2011'.
13. PwC, 'Golden Age Index', June 2018.
14. OECD Data Set, 'Employment Rate by Age Group'.
15. PwC, 'Golden Age Index', June 2018.
16. Lee, Ronald and Mason, Andrew, Population Aging and the Generational Economy: A Global Perspective (Cheltenham: Edward Elgar, 2011).
17. Maestas, Nicole, 'Back to work: expectations and realizations of work after retirement', Journal of Human Resources, 2010, 45 (3), 718-48.
18. Davis, Kevin, 'The age of retirement', AIST-ACFS Research Project, 2013.
19. Maestas, Nicole, Mullen, Kathleen J., Powell, David, von Wachter, Till, Wenger, Jeffrey B., Working Conditions in the United States: Results of the 2015 American Working Conditions Survey (Santa Monica, CA: RAND Corporation, 2017).
20. Maestas, Nicole, Mullen, Kathleen J., Powell, David, von Wachter, Till, Wenger, Jeffrey B., The American Working Conditions Survey Finds That More Than Half of Retirees Would Return to Work (Santa Monica, CA: RAND Corporation, 2017).
21. Schneider, Howard, 'INSIGHT - Many who have left U.S. labor force say they would like to return', Reuters, August 2014.
22. 위와 같음.
23. Drydakis, Nick, MacDonald, Peter, Chiotis, Vangelis, Somers, Laurence, 'Age discrimination in the UK labour market: does race moderate ageism? An experimental investigation', Applied Economics Letters, 2018, 25 (1), 1-4.
24. Neumark, David, Burn, Ian, Button, Patrick, 'Age Discrimination and Hiring of Older Workers', Research from the Federal Reserve Bank of San Francisco, February 2017.

25. 'Older workers failed by weak enforcement of age discrimination', Women and Equalities Select Committee Report, July 2018.
26. Court of Appeal, Fourth District, Division 1, California: George Corley, Plaintiff and Respondent, v. San Bernardino County Fire Protection District, Defendant and Appellant. D072852. Decided: 15 March 2018.
27. OECD Data Set, 'Employment Rate by Age Group'.
28. Munnell, Alicia and Wu, April Yanyuan, 'Will Delayed Retirement by the Baby Boomers Lead to Higher Unemployment Among Younger Workers?', Boston College Center for Retirement Research Working Paper No. 2012-22, September 2012.
29. Marangozov, Rachel, Williams, Matthew, Buchan, James, 'The labour market for nurses in the UK and its relationship to the demand for, and supply of, international nurses in the NHS', Institute for Employment Studies, July 2016.
30. 영국 국가 통계청, 'Agriculture in the United Kingdom 2017', Department for Environment, Food and Rural Affairs, 2018.
31. 'Where have the skilled workers gone?', Der Spiegel, 22 June 2007.
32. Wong, Perry, Chng, Belinda, Garcia, Amos, Burstein, Arielle, 'Redefining Traditional Notions of Aging', Milken Institute Center for the Future of Aging, 2016.
33. Yamamoto 2013, quoted in Sanzenbacher, Geoffrey and Sass, Steven, 'Is working longer a good prescription for all?' Center for Retirement Research at Boston College, Issue in Brief, 2017, 17-21.
34. 'Gender Pay Gap Service', Online Portal.
35. 영국 국가 통계청, UK Survey of Carers in Households-England, 2010.
36. Elkins, Kathleen, 'Here's the age at which you'll earn the most in your career', CNBC, August 2017.
37. PwC, 'Women Returners: The £1 Billion Career Break Penalty for Professional Women', Online Insights Portal.
38. 영국의 성인평생교육협회(National Institute of Adult Continuing Education)에서는 중년 경력 검사(Mid-Life Career Review)를 실시했다. 존 크리랜드(John Cridland)는 이 검사를 50대 후반 혹은 60대 초반의 사람들에게 제공해야 한다고 추천했지만 나는 그것은 너무 늦다고 생각한다. 다음을 참조하라. Cridland, John, 'Independent Review of the State Pension Age: Smoothing the Transition',

HMG, Final Report, March 2017.
39. Barlow, John Perry, 'A declaration of the independence of cyberspace', Electronic Frontier Foundation.
40. Garnero, A., Kampelmann, S., Rycx, F., 'Part-time work, wages, and productivity: evidence from Belgian matched panel data', ILR Review, 2014, 67 (3), 926-54. Backes-Gellner, Uschi and Veen, Stephan, 'The impact of aging and age diversity on company performance', January 2009, https://ssrn.com/abstract=1346895. Ilmakunnas, P. and Ilmakunnas, S., 'Diversity at the workplace: whom does it benefit?', De Economist, 2011, 159, 223.
41. Börsch-Supan, Axel and Weiss, Matthias, 'Productivity and age: evidence from work teams at the assembly line', MEA Discussion Paper Series, 2011, no. 07148, Munich Center for the Economics of Aging (MEA) at the Max Planck Institute for Social Law and Social Policy.
42. CVS Caremark, 'Talent is Ageless', The Center on Aging and Work at Boston College.
43. Kunze, F., Boehm, S.A., Bruch, H., 'Age diversity, age discrimination climate and performance consequences - a cross organizational study', Journal of Organizational Behavior, 2011, 32, 264-90.
44. Lawrence, B.S, 'Age grading: the implicit organizational timetable', Journal of Organizational Behavior, 1984, 5, 23-35.
45. National Institute for Adult Continuing Education, 'Final report to the Department for Business, Innovation and Skills', July 2015.
46. Jossoff, Maya, 'Uber just released its first report on its drivers - here are the numbers', Business Insider, January 2015.
47. Auerbach, Alan J., et al., 'How the growing gap in life expectancy may affect retirement benefits and reforms', The Geneva Papers on Risk and Insurance - Issues and Practice, The Geneva Association, 2017, 42 (3), 475-99.
48. Milne, Richard, 'Finland's finance minister rejects universal basic income', Financial Times, 1 May 2018.
49. Couglan, Sean, 'Pisa tests: Singapore top in global education ranking', BBC News Online, 2018.
50. 싱가포르는 2050년까지 이민 인구가 20퍼센트 증가할 것으로 예상된다.

51. Cavendish, Camilla, 'The Cavendish Review', 영국 보건부, 2013.
52. 성인 학생을 가르치기 위해 비상한 노력을 하는 탁월한 교육 기관인 통신대학 제외.

## 5장.
## 정신 수명을 연장하라

1. 토마스 비요크 에릭손(Tomas Bjork Eriksson)은 50대, 60대, 70대의 말기 암 환자들의 뇌에서 새로운 뉴런을 여전히 하루 500개에서 1,000개 놀라운 속도로 생산하는 것을 발견했다.
2. Nottebohm, F., 'A brain for all seasons', Science, Dec. 1981, 214, 1368-70.
3. 1998년 피터 에릭손(Peter Eriksson)과 프레드릭 게이지(Frederick Gage)에 의해 발견되었다.
4. Gage, F., 'Neurogenesis in the adult brain', Journal of Neuroscience, 2002, 22, 612-13.
5. Maguire, E.A., Woollett, K., Spiers, H.J., 'London taxi drivers and bus drivers: a structural MRI and neuropsychological analysis', Hippocampus, 2006, 16, 1091-101.
6. Kempermann, G., Kuhn, H.G., Gage, F.H., 'More hippocampal neurons in adult mice living in an enriched environment', Nature, 1997, 386, 493-5.
7. Van Praag, H., Christie, B.R., Sejnowski, T.J., Gage, F.H., 'Running enhances neurogenesis, learning and long term potentiation in mice', Proceedings of the National Academy of Sciences USA, 1999, 96 (23), 13427-31.
8. Colcombe, S.J., et al., 'Aerobic exercise training increases brain volume in aging humans', Journals of Gerontology. Series A, Biological Sciences and Medical Sciences, 2006, 61 (11), 1166-70.
9. Shors, T.J., et al., 'Use it or lose it: how neurogenesis keeps the brain fit for learning', Behavioural Brain Research, 2011, 227 (2), 450-58.
10. Van Praag, H., Kempermann, G, Gage, F.H., 'Running increases cell proliferation and neurogenesis in the adult mouse dentate gyrus', Nature Neuroscience, 1999, 2, 266-70.
11. Hanna-Pladdy, B., et al., 'The relation between instrumental musical activity and cognitive aging', Neuropsychology, 2011, 25, 378-86.

12. Merzenich, M.M., et al., 'Somatosensory cortical map changes following digit amputation in adult monkeys', Journal of Comparative Neurology, 1984, 224, 591-605.

13. 영국 뇌졸중 협회, 'State of the Nation: Stroke Statistics', Report, February 2018.

14. Wolf, Steven L., Winstein, Carolee J., Miller, J. Philip, 'Effect of constraint-induced movement therapy on upper extremity function 3 to 9 months after stroke: the EXCITE randomized clinical trial', Journal of the American Medical Association, 2006, 296 (17), 2095-104.

15. 뇌 생체표지자의 연구는 초기 단계지만 예를 들어, 뇌의 반구 두 개 사이에 있는 상호 억제력을 보존하는 능력을 포함할 수 있을 것이다.

16. Doidge, Norman, The Brain That Changes Itself (New York: Penguin Books, 2007).

17. Wan, Catherine Y. and Schlaug, Gottfried, 'Music making as a tool for promoting brain plasticity across the life span', The Neuroscientist, 2010, 16 (5), 566-77.

18. Verghese J., Lipton R.B., Katz M.J., Hall C.B., Derby C.A., Kuslansky G., et al., 'Leisure activities and the risk of dementia in the elderly', New England Journal of Medicine, 2003, 348(25), 2508-16.

19. Gottlieb, S., 'Mental activity may help prevent dementia', BMJ, 2003, 326 (7404), 1418. Verghese, J., et al., 'Leisure activities and the risk of dementia in the elderly', New England Journal of Medicine, 2003, 348, 2508-16.

20. Staff, R.T., Hogan, M.J., Williams, D.S., Whalley, L.J., 'Intellectual engagement and cognitive ability in later life (the "use it or lose it" conjecture): longitudinal, prospective study', BMJ, 2018, 363, k4925. Pillai, J.A., Hall, C.B., et al., 'Association of crossword puzzle participation with memory decline in persons who develop dementia', Journal of the International Neuropsychology Society, 2011, 17 (6), 1006-13.

21. Snowdon, David, Aging with Grace: The Nun Study and The Science of Old Age: How We Can All Live Longer, Healthier and More Vital Lives (London: Fourth Estate, 2001).

22. SantaCruz, K.S., Sonnen, J.A., Pezhouh, M.K., Desrosiers, M.F., Nelson, P.T., Tyas, S.L., 'Alzheimer disease pathology in subjects without dementia in 2

studies of aging: the Nun Study and the 66 Adult Changes in Thought Study', Journal of Neuropathology and Experimental Neurology, 2011, 70, 832-40.

23. Riley, K.P., Snowdon, D.A., Desrosiers, M.F., Markesbery, W.R., 'Early life linguistic ability, late life cognitive function, and neuropathology: findings from the Nun Study', Neurobiology of Aging, 2005, 26 (3), 341-7.
24. Livingston, Gill, et al., 'Dementia prevention, intervention, and care', The Lancet Commission on Dementia, Lancet, 2017, 390 (10113).
25. 위와 같음.
26. 하버드 의과대학, A Guide to Cognitive Fitness, Harvard Health Publishing, 2017.
27. 미국 연방 통상 위원회, 'Lumosity to Pay $2 Million to Settle FTC Deceptive Advertising Charges for Its "Brain Training" Program', FTC Online, January 2016.
28. 스탠퍼드 대학교 장수연구소, 'A Consensus on the Brain Training Industry from the Scientific Community'.
29. 위와 같음.
30. Emamzedah, A., 'Evidence that computerized cognitive training works', Psychology Today Online, August 2018.
31. Simons, Daniel J., et al., 'Do brain training programs work?', Psychological Science in the Public Interest, October 2016.
32. Rebok, George W., et al., 'Ten-year effects of the advanced cognitive training for independent and vital elderly cognitive training trial on cognition and everyday functioning in older adults', Journal of the American Geriatrics Society, 2014, 62 (1), 16-24.
33. Simons, Daniel J., et al., 'Do "brain-training" programs work?', Psychological Science in the Public Interest, 2016, 17 (3), 103-86.
34. Yong, Ed., 'The weak evidence behind brain-training games', The Atlantic, 3 October 2016.
35. Edwards, Jerri D., et al., 'Speed of processing training results in lower risk of dementia', Alzheimer's & Dementia (N.Y.), 2017, 3 (4), 603-11.
36. National Academies of Sciences, Engineering, and Medicine, Preventing Cognitive Decline and Dementia: A Way Forward (Washington, DC: The National Academies Press, 2017).
37. 세계보건기구, Depression Factsheet.

38. Ma, S.H. and Teasdale, J.D., 'Mindfulness-based cognitive therapy for depression: replication and exploration of differential relapse prevention effects', Journal of Consulting and Clinical Psychology, 2004, 72, 31-40.
39. Goldapple, K., Segal, Z., et al., 'Modulation of cortical-limbic pathways in major depression: treatment-specific effects of cognitive behavior therapy', Archives of General Psychiatry, 2004, 61, 34-41.
40. Davidson, Richard J. and Lutz, Antoine, 'Buddha's brain: neuroplasticity and meditation', IEEE Signal Processing Magazine, 2008, 25 (1), 174-6.
41. Klingberg, Torkel, The Overflowing Brain (New York: Oxford University Press, 2009).
42. 하버드 의과대학, 'More than sad: depression affects your ability to think', Blog Post.
43. Bullmore, Edward, The Inflamed Mind (London: Short Books, 2018).
44. Santarelli, L., et al., 'Requirement of hippocampal neurogenesis for the behavioral effects of antidepressants', Science, 2003, 301 (5634), 805-9.
45. 'Keyboard style could give early warning of dementia', New Scientist, 19 August 2009.
46. Klingberg, Torkel, The Overflowing Brain (New York: Oxford University Press, 2009).
47. Livingston, Gill, et al., 'Dementia prevention, intervention, and care', The Lancet Commission on Dementia, July 2017.
48. Alzhimer's Society, 'How to reduce your risk of dementia', Online Factsheet.

## 6장.
## 유전자, 불멸을 향한 골드 러시

1. 오키나와 100세인 연구.
2. Mattison, Julie, et al., 'Caloric restriction improves health and survival of rhesus monkeys', Nature Communications, 2017, 8 (14063).
3. Wei, M., et al., 'Fasting-mimicking diet and markers/risk factors for aging, diabetes, cancer, and cardiovascular disease', Science Translational Medicine,

2017 9 (377), ii: eaai8700.

4. 'UNSW-Harvard scientists unveil a giant leap for anti-ageing', UNSW Sydney Newsroom, March 2017. Zhang, Hongbo, et al., 'NAD+ repletion improves mitochondrial and stem cell function and enhances life span in mice', Science, 2016, 352 (6292), 1436-43.
5. Dellinger, R. W., et al., 'Repeat dose NRPT (nicotinamide riboside and pterostilbene) increases NAD+ levels in humans safely and sustainably: a randomized, double-blind, placebo-controlled study', Aging and Mechanisms of Disease, 2017 3 (17).
6. 'Dietary supplements: Nobel or Ignoble', Boston Globe, 31 March 2017.
7. Kenyon, Cynthia, et al., 'A C. elegans mutant that lives twice as long as wild type', Nature, 1993, 366, 461-4.
8. Ohnishi, T., Mori, E., Takahashi, A., 'DNA double-strand breaks: their production, recognition, and repair in eukaryotes', Mutation Research, 2009, 669 (1-2), 8-12.
9. 'Jeanne Calment, world's elder, dies at 122', New York Times, 5 August 1997.
10. Watts, Geoff, 'Leonard Hayflick and the limits of ageing', Lancet, 2011, 377, 9783.
11. Bernardes de Jesus, B., Vera, E., Schneeberger, K., et al., 'Telomerase gene therapy in adult and old mice delays aging and increases longevity without increasing cancer', EMBO Molecular Medicine, 2012, 4 (8), 691-704.
12. Barbi, E., et al., 'The plateau of human mortality: demography of longevity pioneers', Science, 2018, 360, 1459-61.
13. Schoenhofen, Emily A., Wyszynski, Diego F., et al., 'Characteristics of 32 supercentenarians', Journal of the American Geriatrics Society, 2006, 54 (8), 1237-40.
14. 'Naked mole rats defy the biological law of aging', Science, 26 January 2018.
15. 구체적인 설명은 다음을 참조하라. Mellon, Jim and Chalabi, Al, Juvenescence: Investing in the Age of Longevity (Douglas, IoM: Fruitful Publications, 2017).
16. Howitz, K.T., et al., 'Small molecule activators of sirtuins extend Saccharomyces cerevisiae lifespan', Nature, 2003, 425 (6954), 191-6.
17. 'Glaxo drops version of resveratrol "red wine" drug', Reuters, December 2010.
18. Bannister, C. A., Holden, S.E., et al., 'Can people with type-2 diabetes live longer

than those without?', Diabetes Obesity and Metabolism, 2014, 16 (11), 1165-73.
19. TAME, 'Targeting Ageing With Metformin', Albert Einstein College of Medicine.
20. Silver, Dave, 'New Taiwan study contradicts earlier findings on Metformin's neurodegenerative disease protective effect', Biotech East, 31 March 2017.
21. Li, J, et al., 'A conserved NAD + binding pocket that regulates protein-protein interactions during aging', Science, 2017, 355 (6331), 1312-17.
22. Mannick, J.B., et al., 'mTOR inhibition improves immune function in the elderly', Science Translational Medicine, 2014, 6 (268), 268ra179.
23. Kennedy, Brian K. and Pennypacker, Juniper K., 'Ageing interventions get human', Oncotarget Journal, 2015, 6 (2), 590-91.
24. mTOR 은 'Mechanistic target of rapamycin(포유류 라파마이신 표적 단백질)'을 의미한다.
25. 'Hope for thousands as stem-cell treatment restores eyesight', The Times, 20 March 2018.
26. Takahashi, K. and Yamanaka, S., 'Induction of pluripotent stem cells from mouse embryonic and adult fibroblast cultures by defined factors', Cell, 2006, 126 (4), 663-76.
27. Cookson, C., 'Experts warn on proliferation of dubious stem-cell clinics', Financial Times, 10 July 2018.
28. Olshansky, S.J., Carnes, B.A., Cassel, C., 'In search of Methuselah: estimating the upper limits to human longevity', Science, 1990, 250 (4981), 634-40.
29. Goldman, D.P., et al., 'Substantial health and economic returns from delayed aging may warrant a new focus for medical research', Health Affairs, 2013, 32 (10), 1698.
30. 'Here's what Bill Gates had to say in his latest Reddit "Ask Me Anything"', OnMSTF.com, 29 January 2015.

## 7장.
## 모두에게 이웃이 필요하다

1. Rocco, L. and Suhrcke, M., Is Social Capital Good for Health? A European

Perspective (Copenhagen: WHO Regional Office for Europe, 2012).
2. Holt-Lunstad et al, 'Social relationships and mortality risk: a meta-analytic review'. PLoS Medicine, 2010.
3. Holwerda, T.J., Deeg, D.J.H., et al., 'Feelings of loneliness, but not social isolation, predict dementia onset: results from the Amsterdam Study of the Elderly (AMSTEL)', Journal of Neurology, Neurosurgery and Psychiatry, 2014, 85 (2), 135-42.
4. Property Council of Australia-Retirement Living Council, 'National Overview of the Retirement Village Sector', October 2014.
5. Retirement Living Council Australia, 'Profile: Retirement Village Residents.'
6. Online Vimeo Video, 'Senior Cohousing: A Different Way of Living', https://vimeo.com/246241053.
7. Age UK, 'Later Life in the United Kingdom', April 2018.
8. 영국 주택 조사.
9. Age UK, 'Later Life in the United Kingdom', April 2018.
10. Cox, Hugo, 'The business of ageing: high-end housing for the elderly', Financial Times Online, January 2016.
11. National Union of Students, 'Almost half of 2015 graduates have moved back in with parents', Online Press Release.
12. 'A record 64 million Americans live in multigenerational houses', Pew Online, April 2018.
13. 위와 같음.
14. 유엔 경제사회국, '68% of the world population projected to live in urban areas by 2050, says UN', Online News, May 2018.
15. 'Action Plans for Ageing Cities', Arup.com.

## 8장.
## 건강은 마음 씀에서 온다

1. 'The State of the Adult Social Care Sector and Workforce in England', Skills for Care, September 2018.

2. Cavendish, Camilla, 'The Cavendish Review', UK Department of Health, 2013.
3. 위와 같음.
4. maatschappelijke Business Case (mBC), Buurtzorg Nederland, 2009, Transitieprogramma.nl.
5. 'Shortage of nursing care workers', Japan Times Editorial, 7 July 2015.
6. 'Record 16,000 people with dementia went missing in 2017', Japan Times, 14 June 2018.
7. Carers Trust, 'Key Facts About Carers and the People They Care For', Online Factsheet.
8. Finkelstein, Amy and Brown, Jeffrey, 'Insuring long-term care in the United States', Journal of Economic Perspectives, 2011, 25 (4), 119-42.
9. 'As population ages, where are the geriatricians?', New York Times, 25 January 2016.
10. Fisher, J.M., Garside, M., Hunt, K., Lo, N., 'Geriatric medicine workforce planning: a giant geriatric problem or has the tide turned?', Clinical Medicine, 2014, 14 (2), 102-6.
11. Prince, M., et al., 'Dementia UK: Update', report produced by King's College London and the London School of Economics for the Alzheimer's Society, 2014.

## 9장.
## 목적 있는 삶이 필요하다

1. Age UK, 'Help us save free TV for older people!' Online Press Release, December 2018.
2. Gruenewald, Tara L., et al., 'Feelings of usefulness to others, disability, and mortality in older adults: The MacArthur Study of Successful Aging', Journals of Gerontology: Series B, Psychological Sciences and Social Sciences, 2007, 62 (1), 28-37.
3. Kim, Eric S., et al., 'Association between purpose in life and objective measures of physical function in older adults', JAMA Psychiatry, 2017, 74 (10), 1039-45.
4. Boyle, Patricia A., et al., 'Effect of a purpose in life on risk of incident Alzheimer

disease and mild cognitive impairment in community-dwelling older persons', Archives of General Psychiatry, 2010, 67 (3), 304-10.

5. Chibanda, D., et al., 'Effect of a primary care-based psychological intervention on symptoms of common mental disorders in Zimbabwe: a randomized clinical trial', Journal of the American Medical Association, 2016, 316 (24), 2618-26.
6. www.friendshipbenchzimbabwe.org.
7. Fried, Linda, 'Making aging positive', The Atlantic Online, June 2014.
8. Rebok, G.W., Carlson, M.C., Glass, T.A., et al., 'Short-term impact of Experience Corps® participation on children and schools: results from a pilot randomized trial', Journal of Urban Health, 2004, 81 (1), 79-93.
9. Hong, S.I. and Morrow-Howell, Nancy, 'Health outcomes of Experience Corps®: a high-commitment volunteer program', Social Science & Medicine, 2010, 71 (2), 414-20.
10. 미국 은퇴자 협회(AARP)를 통해서 운영함.
11. 'Study finds students with Experience Corps tutors make 60% more progress in critical reading skills than students without tutors', Washington University in St Louis, Online Article.
12. 본명이 아님.
13. 영국 의회, 'Social Insurance and Allied Services' (Beveridge Report).
14. Damian, R. I., et al., 'Sixteen going on sixty-six: a longitudinal study of personality stability and change across 50 years', Journal of Personality and Social Psychology, 2018, http://dx.doi.org/10.1037/pspp0000210.

## 10장.
## 새로운 사회계약이 필요하다

1. 일부 연금 수급자들이 아직도 세금을 낸다는 사실을 인정한다. 여기서 나의 요지는 전체적으로 볼 때 균형이 변화했다는 것이다.
2. Pew Research Center, 'Angry Silents, Disengaged Millennials: The Generation Gap and the 2012 Election', November 2011.
3. Ipsos MORI, 5 September 2016.

4. Somerset Webb, Merryn, 'The Bank of Mum and Dad risks going out of business', Financial Times, 30 August 2018.
5. 'Passing On', Resolution Foundation, 2018, https://www.resolutionfoundation.org/app/uploads/2018/05/IC-inheritance-tax.pdf.
6. Resolution Foundation, 'A New Generational Contract', Resolution Foundation Intergenerational Commission Final Report, May 2018.
7. John C. Weicher, The Distribution of Wealth in America, 1983-2013(Hudson: 2017).
8. 'Recent Retirees Drive Pensioner Incomes Above Those of Working Families', Resolution Foundation, February 2017.
9. 영국 국가 통계청, 'PS: Net Debt (excluding public sector banks) as a % of GDP: NSA', Online Timeseries.
10. Lee, Ronald and Mason, Andrew, 'National transfer accounts', East-West Center.
11. Lee, Ronald and Mason, Andrew, Population Aging and the Generational Economy: A Global Perspective (Cheltenham: Edward Elgar, 2011).
12. 'Media starts to focus on Japan's aging prison population', Japan Times, 28 January 2017.
13. 'Crime in Japan', Custom Products Research Report.
14. Fukada, Shiho, 'Japan's prisons are a haven for elderly women', Bloomberg Online, March 2018.
15. 위와 같음.
16. Custom Products Research.
17. Age UK, 'Poverty In Later Life', Online Factsheet.
18. Dinkin, Elliot, '40% of the American middle class face poverty in retirement, study concludes', CNBC Online.
19. Collett, John, 'Grandparents stepping up as costs of childcare bite', Sydney Morning Herald Online, June 2018.
20. Glaser, K., Price, D., di Gessa, G., Ribe Montserrat, E., Tinker, A., Grandparenting in Europe: Family Policy and Grandparents' Role in Providing Childcare (Grandparents Plus, 2013).
21. '10 percent of grandparents live with a grandchild, Census Bureau reports', 미국 통계국, October 2014.

22. Shaw, Esther, 'No time for childcare grandparents to take it easy, they're worth £2,000 a year', Guardian Online, January 2016.
23. 'Retirement is out, new portfolio careers are in', The Economist Online, July 2017.
24. 'Older Americans provide services valued at $78 billion to U.S. economy', US Corporation for National and Community Service, 2017.
25. Gal, Robert I., Vanhuysse, Pieter, Vargha, Lili, 'Pro-elderly welfare states within child-oriented societies', Journal of European Public Policy, 2018, 25 (6), 944-58.
26. The Economist Intelligence Unit, 'Redrafting the Social Contract', Swiss Life, March 2016.
27. Emmerson, Carl, 'Would You Rather? Further Increases in the State Pension Age v Abandoning the Triple Lock', Institute for Fiscal Studies, 2017.
28. 'Passing On', Resolution Foundation, 2018.

## 참고도서

- 에드워드 불모어, 《염증에 걸린 마음: 우울증에 대한 참신하고 혁명적인 접근》
- 마르쿠스 툴리우스 키케로, 《어떻게 나이 들 것인가?: 품격 있는 삶을 살고 싶은 현대인을 위한 고대의 지혜》
- 조지프 F. 코글린, 《노인을 위한 시장은 없다: 고령화의 공포를 이겨낼 희망의 경제학》
- 노먼 도이지, 《기적을 부르는 뇌: 뇌가소성 혁명이 일구어낸 인간 승리의 기록들》
- 마크 프리드먼, 《앙코르: 오래 일하며 사는 희망의 인생설계》
- 대니얼 골먼, 《EQ 감성지능》
- 아툴 가완디, 《어떻게 죽을 것인가: 현대 의학이 놓치고 있는 삶의 마지막 순간》
- 린다 그래튼, 앤드루 스콧, 《100세 인생: 전혀 다른 시대를 준비하는 새로운 인생 설계 전략》
- 폴 어빙, 《글로벌 고령화 위기인가 기회인가》
- 조지 매그너스, 《고령화 시대의 경제학: 늙어 가는 세계의 거시 경제를 전망하다》
- 마이클 마멋, 《건강 격차: 평등한 사회에서는 가난해도 병들지 않는다》
- 데이비드 스노든, 《우아한 노년: 더 오래, 더 건강하게, 더 의미 있게 사는 삶에 관한 수녀들의 가르침》
- 셰리 터클, 《외로워지는 사람들: 테크놀로지가 인간관계를 조정한다》

- Begley, Sharon. 《The Plastic Mind: New Science Reveals Our Extraordinary Potential to Transform Ourselves》, Constable, 2009
- Gray, Sir Muir. 《Sod 70! The Guide to Living Well》, Bloomsbury Sport, 2015
- James, Oliver. 《Contented Dementia: A Revolutionary New Way of Treating Dementia: 24-Hour Wraparound Care for Lifelong WellBeing》, Vermilion, 2009
- Jolivet, Muriel. 《Japan: The Childless Society? The Crisis of Motherhood》, Routledge, 1997
- Mellon, Jim and Chalabi, 《Al. Juvenescence: Investing in the Age of Longevity》, Fruitful Publications, 2017
- Merzenich, Michael. 《Soft-Wired: How the New Science of Brain Plasticity Can Change Your Life》, Parnassus Publishing, 2013
- Taylor, Paul. 《The Next America: Boomers, Millennials, and the Looming Generational Showdown》, PublicAffairs, 2016
- Topol, Eric. 《Topol Review: Preparing the Healthcare Workforce to Deliver the Digital Future》, Health Education England, 2019
- Walker, Alan (ed.). 《The New Science of Ageing》, Policy Press, 2014

옮긴이 **신현승**

서울대학교 경제학과를 졸업하고 한국외환은행에 입행하여 외화자금부, 고객 만족혁신실, 상품개발부장, 삼성역지점장, 홍콩지점장, 외국 고객 영업본부장, 해외사업 그룹장, 영업 채널 그룹 부행장, 영업 총괄 부행장을 거치면서 국제금융, 기업금융, 개인금융 등 다양한 은행 업무를 담당했다. 또한 하나금융그룹 자문위원, 쌍용 C&E 금융자문위원, 애클레이드 경영 컨설턴트를 역임했다. 글밥아카데미를 수료하고 현재는 바른번역 소속 번역가로 활동 중이다. 옮긴 책으로는 《하버드 스타트업 바이블》《2020 세계 경제 대전망》(공역)《2021 세계 경제 대전망》(공역) 등이 있다.

**가치 있는 삶을 위한 10가지 조언**

당신의 나이는 당신이 아니다

초판 1쇄 인쇄 | 2021년 5월 25일
초판 1쇄 발행 | 2021년 6월 10일

지은이 | 카밀라 카벤디시
옮긴이 | 신현승
펴낸이 | 전준석
펴낸곳 | 시크릿하우스
주소 | 서울특별시 마포구 독막로3길 51, 402호
대표전화 | 02-6339-0117
팩스 | 02-304-9122
이메일 | secret@jstone.biz
블로그 | blog.naver.com/jstone2018
페이스북 | @secrethouse2018
인스타그램 | @secrethouse_book
출판등록 | 2018년 10월 1일 제2019-000001호

ISBN | 979-11-90259-63-7 03320